GEORG BÜCHNER · BRIEFWECHSEL

GEORG BÜCHNER
BRIEFWECHSEL

Kritische Studienausgabe
von
Jan-Christoph Hauschild

Stroemfeld / Roter Stern

Die Deutsche Bibliothek – CIP-Einheitsaufnahme

Büchner, Georg:
Briefwechsel / Georg Büchner. Kritische Studienausg. von Jan-Christoph Hauschild. –
Basel; Frankfurt am Main: Stroemfeld 1994 (Roter Stern)
ISBN 3-87877-412-5
NE: Hauschild, Jan-Christoph [Hrsg.]; Büchner, Georg: [Sammlung]

CH-4007 Basel, Oetlingerstrasse 19
D-60322 Frankfurt am Main, Holzhausenstraße 4

Gestaltung: Janis Osolin, Basel
Satz und Layout: Sibylle Spiegel, Wiesbaden
Lithos: Bufot, Reinach (BL)
Druck und Bindung: Offizin Andersen Nexö Leipzig

INHALT

EINLEITUNG

1 *Bestandsaufnahme*

Feuerkatastrophen und Fahrlässigkeiten, Angst vor Entdeckung durch ermittelnde Untersuchungsrichter und Argwohn gegenüber privater Neugier, nicht zuletzt auch schlichtes Desinteresse an archivalischer Bewahrung, – all dies zusammen hat Georg Büchners Korrespondenz wesentliche Einbußen erleiden lassen. Nahezu vollständig sind insbesondere die größeren Serien, die Briefwechsel mit der Familie in Darmstadt, mit der Straßburger Verlobten Wilhelmine Jaeglé und mit den politischen Freunden, unwiederbringlich verloren: teils weil die Briefe »nicht aufbewahrt worden«, teils weil sie anderweitig »in Verlust gerathen«[1] *waren.*

Für die erste Auswahledition, die von Ludwig Büchner in Verbindung mit seinen Geschwistern Luise und Alexander 1850 herausgegebenen »Nachgelassenen Schriften«, stand noch ein reicher, aus verschiedenen Quellen gespeister Fundus zur Verfügung. Wenige Monate nach Büchners Tod hatte seine Verlobte dem Schriftsteller Karl Gutzkow, der eine Biographie vorbereitete, ein »Heft«[2] *mit »Briefexcerpten«*[3] *ohne Angabe von Ort und Datum zur Verfügung gestellt, das Gutzkow im März 1842, als er das Projekt längst aufgegeben hatte, Luise Büchner überließ, die »diese Papiere zu Hause zu den Briefen und Schriftstücken Georgs ⟨legte⟩, und dabei fand sie Louis, als er den Nachlaß herausgab.« »⟨V⟩ergebens ⟨...⟩ widersetzte« Luise sich »der Benutzung« der ihr anvertrauten »Auszüge«, die doch »eine große Lücke ausfüllten.«*[4]

Wenn Jaeglé gegenüber Gutzkow die Chronologie der Briefe zurückhielt, so geschah dies, weil datierte Briefe Außenstehenden verraten hätten, wie intensiv die Beziehung zwischen Büchner und seiner

---

1 *Franzos 1879, S. 389.*

2 *Gutzkow 1838, S. 49.*

3 *Andler 1897, S. 192.*

4 *Hauschild 1985, S. 80–82.*

Freundin bereits lange vor der offiziellen Verlobung im April 1834 war. Außer den engsten Familienangehörigen und dem Verwandten Reuss wußte sonst kaum jemand davon; die Preisgabe dieser »Herzensangelegenheiten« gegenüber dem »Publicum« wurde noch Jahrzehnte später von Reuss als »unverantwortliche Indiscretion« der Büchner-Geschwister gerügt.[5] *Aus gleichem Grund hatte Jaeglé Gutzkow anscheinend den wörtlichen Abdruck von Büchners Briefen untersagt, woraufhin dieser zusicherte, »öffentlich nur* d a s*« zu »benutzen, was auf« Büchners »Person« gehe: »Für Sonstiges, was sie enthalten«, sei »die Zeit noch zu jung und frisch.«*[6] *Über die unbefugte auszugsweise Veröffentlichung in den »Nachgelassenen Schriften« war Jaeglé so aufgebracht*[7]*, daß sie seitdem zu keiner Zusammenarbeit mehr bereit war und namentlich dem Herausgeber der »Sämmtlichen Werke«, Karl Emil Franzos, auf dessen Anfrage jede Unterstützung verweigerte. Die in ihrem Besitz einstmals befindlichen Briefschaften, von denen sie wohl nicht zu Unrecht sagte, daß sie nur sie »persönlich ang⟨ingen⟩, und die es eine Indiscretion wäre drucken zu lassen«, müssen als verloren gelten*[8].

Auch die in Darmstadt jahrelang sorgsam und »wohlgeordnet«[9] *aufbewahrten »Briefe an die Familie« samt den von Jaeglé herrührenden Auszügen sind nicht erhalten. Sie waren zuletzt, zusammen mit allerlei »Erinnerungszeichen, Drucksachen, Korpsbändern, Rapieren« und anderen Studentica Ludwig und Alexander Büchners, »in einem großen Zimmer des Hinterbaues« des Büchnerschen Wohnhauses in der Grafenstraße deponiert, das schon Georg bewohnt und in dem er das Drama »Danton's Tod« geschrieben hatte. Diese »Bude« fing in der Nacht vom 21. auf den 22. Mai 1851 »Feuer und brannte nebst ihrem revolutionären Inhalt gänzlich ab«.*[10]

Eine unbekannte Anzahl von Briefen an Büchner, die von Wilhelmine Jaeglé und den Freunden Boeckel, Lambossy und Muston nach Gießen geschrieben worden waren, wurden im August 1834 von Universitätsrichter Georgi auf Büchners Zimmer bei Rentamtmann Bott (der nebenbei noch zu Protokoll gab, sein Untermieter habe »eine sehr starke Correspondenz geführt«[11]*), beschlagnahmt (s. Nr. 80, 11–13) und sind offenbar bei den Untersuchungsakten verblieben, mit denen zusammen sie um 1930 auf ungeklärte Weise aus dem Hessischen Staatsarchiv Darmstadt verschwanden, um nie mehr zum Vorschein zu kommen*[12].

---

5 *Ebd., S. 81.*

6 *Andler 1897, S. 192.*

7 *Hauschild 1985, S. 80–82.*

8 *Ebd., S. 291–299.*

9 *Ebd., S. 357.*

10 *Ebd., S. 56; Lehmann 1986/87.*

11 *Diehl 1920, S. 14.*

12 *Mihm 1928, S. 582; Mayer 1982, S. 32.*

Schließlich ist zu gewärtigen, daß es sich bei Büchners Briefwechsel mit seinen politischen Freunden und Verbündeten um brisante, die Korrespondenten unter Umständen vor Gericht schwer belastende Dokumente des »Hochverraths« handelte. Derartige Schriftstücke, die entweder als Einlage (unter Couvert) oder an Deckadressen verschickt, häufig auch nicht »durch die Post« *befördert (Nr. 125, 9), sondern durch Boten überbracht wurden, dürften in der Regel von den Empfängern unmittelbar nach Kenntnisnahme vernichtet worden sein*[13]*. Dies gilt insbesondere für die Briefe, die Büchner von Darmstadt aus mit seinen Gießener Freunden (s. Nrn. 87–89) und vermutlich von Gießen aus mit Sektionären der Darmstädter ›Gesellschaft der Menschenrechte‹ wechselte, wird auch im Falle eines konfidentiellen Briefwechsels mit Straßburger Gesinnungsfreunden (vgl. die Erläuterung zu Nr. 48) Praxis gewesen sein und trifft sogar für einen Teil der Briefe zu, die Gutzkow erhielt. Dessen Bitte:* »Vor allen Dingen vertilgen Sie meine Briefe!« *(Nr. 99, 16) dürfte sein eigenes Verhalten bezeichnen. Bereits 1837 mußte er einräumen, daß ihm »⟨m⟩ehre der aus Straßburg« an ihn »gerichteten Briefe Büchners ⟨...⟩ im Augenblicke nicht zur Hand«*[14] *seien. Auch von den 1837/38 von ihm veröffentlichten sind keine Handschriften überliefert; erhalten ist lediglich ein Brief von Januar 1836, den Gutzkow einem Autographensammler überlassen hatte.*

Wie hoch der Verlust zahlenmäßig einzuschätzen ist, läßt sich nur grob überschlagen. Büchner mag zeitweilig im Briefeschreiben, wie er selbst einräumte, »nachlässig« *gewesen sein (Nr. 17, 6), eine* »träge Hand« *bewiesen haben (Nr. 42, 3), und Eugène Boeckel, der sich Anfang 1836 auf eine sechzehnmonatige Studienreise begab, rechnete daher nicht damit, binnen sechs Monaten von seinem Freund öfter als* »ein einzigesmal« *Post zu erhalten (Nr. 153, 21–23), ja wagte,* »aus der Kenntnis« *von Büchners Charakter,* »kaum einen Brief zu hoffen« *(Nr. 165, 15f.). Tatsächlich aber dürften es Hunderte von Briefen gewesen sein, die Georg Büchner zwischen 1831 und 1837 schrieb und empfing. Bei einer von Thomas Michael Mayer vermuteten sieben- bzw. vierzehntägigen Frequenz für die Briefe an Jaeglé bzw. an die Familie*[15] *und unter Einschluß sporadischer Briefe an Verwandte und Freunde errechnet sich schnell ein ursprünglicher Bestand von 300, bei mutmaßlich ebensovielen Gegenbriefen.*

Die Summe der in den bisherigen Editionen abgedruckten Briefe und Briefauszüge liegt bei einem Bruchteil dessen. Die letzte Auflage der von Fritz Bergemann herausgegebenen »Werke und Briefe« aus dem Jahr 1962 brachte 65 Briefe von, 23 Briefe an Büchner; in der

---

13 *So heißt es in einem konspirativen Brief Wieners an Clemm vom Dezember 1834: »Das Verbrennen nicht zu vergessen!!!« (Mayer 1981, S. 282).*

14 *Gutzkow 1837, S. 337.*

15 *Mayer 1982, S. 274.*

jüngsten, Münchner Ausgabe (MA) des Hanser-Verlags ist dieses Korpus um sechs Briefe von und zwei Briefe an Büchner vermehrt.[16] *Etwas mehr als 70 Briefe Georg Büchners: Das ist zwar ungefähr ebensoviel, wie wir von Kleist, und weit mehr, als wir von Lenz oder Heine aus dem vergleichbaren Lebensabschnitt besitzen; bei keinem andern Autor von diesem Rang ist aber die Zahl der handschriftlich überlieferten Briefe so gering wie bei Büchner: Einschließlich eines Wechselbriefs und eines Widmungsexemplars sind es gerade einmal fünfzehn Autographen.*

Die Zahl der Gegenbriefe ist auf einen noch dürftigeren Rest von 25 reduziert. Ihre Überlieferung verdankt sich in nicht wenigen Fällen der Gepflogenheit, daß Privatbriefe nach dem Tod des Empfängers an die Absender zurückgegeben oder, von nahen Familienmitgliedern, an sich genommen werden. Insbesondere die Straßburger Freunde scheinen die an sie gerichteten Briefe nach Büchners Tod weitgehend Wilhelmine Jaeglé überlassen zu haben, wofür sie anscheinend bei Interesse die von ihr im Nachlaß vorgefundenen Gegenbriefe erhielten. Auf diese Weise kamen aus dem Besitz der Nachfahren Eugène Boeckels zwar nur ein einziger von mindestens acht Büchner-Briefen, dafür aber sieben Briefe Boeckels an Büchner zum Vorschein. Als einzige lückenlose Briefserie sind dreizehn Briefe Karl Gutzkows aus den Jahren 1835 und 1836 überliefert, die aus dem Nachlaß Jaeglés stammen.

Wenn diese Studienausgabe das traditionelle Korpus von Georg Büchners Briefwechsel von 96 auf 191 Stück annähernd zu verdoppeln vermag, so nicht, weil eine entsprechende Anzahl bislang unbekannter Briefhandschriften nachgewiesen werden konnte. Ursache hierfür ist vielmehr

- *die konsequente Weiterführung des bereits von Karl Emil Franzos (1879) eingeführten Prinzips, auch erschlossene Briefe wiederzugeben, sofern sie sich mit einem Originalzitat belegen lassen; darüber hinaus*
- *die Dokumentation der ohne Originalzitat, aber mit Inhaltsangabe oder -zusammenfassung, wie auch der ohne nähere Kenntnis des Inhalts aus dem Briefwechsel selbst oder anderen Zeugnissen sicher zu erschließenden Briefe von und an Büchner;*
- *die Erweiterung des Korpus privater ›Mitteilungsbriefe‹ durch behändigte briefähnliche Dokumente wie Wechsel, Albumblätter, Widmungen, Aktenschriftstücke, Bescheinigungen und Zeugnisse (Kriterien der Briefähnlichkeit sind hier: Adressatenbezug durch Widmung oder Schlußformel oder, bei amtlichen Dokumenten, der Nachweis, daß das betreffende Schriftstück zu Hän-*

16 *Georg Büchner: Werke und Briefe. Münchner Ausgabe. Hrsg. von Karl Pörnbacher, Gerhard Schaub, Hans-Joachim Simm und Edda Ziegler. München 1988 (desgl. München: dtv ^{3}1992).*

den Büchners kam; würden Briefe enger als »schriftliche Mitteilung an einen abwesenden Adressaten« definiert[17], *müßte eine Reihe von Stammbucheintragungen und Widmungen, wie sie etwa die Weimarer Ausgaben von Herders und Heines Briefen inkorporiert haben, ausgeschlossen bleiben, weil sie in Gegenwart des Adressaten angefertigt wurden);*

- *die Darbietung von kürzeren und bibliographische Verzeichnung von längeren Beilagen;*
- *die stark von pragmatischen Erwägungen geleitete Darbietung von Auszügen und Regesten und Dokumentation des Briefwechsels Dritter, sofern die Mitteilung für Büchner bestimmt oder der Brief in seinem Auftrag verfaßt ist oder ein enger Bezug vorliegt oder vorgelegen haben dürfte. Auch dies ist in neueren germanistischen Editionen längst verbreitete Praxis: So hat Alfred Bergmann »Schreiben in betreff« der in Grabbes amtlichem »Schriftwechsel verhandelten Angelegenheiten«*[18] *in seine kritische Ausgabe aufgenommen, weil sie ihm »für das Verständnis des Zusammenhangs unentbehrlich« schienen, »selbst auf die Gefahr hin, dadurch den üblichen Rahmen eines Briefwechsels zu sprengen und diesen zu einer Aktenpublikation sich erweitern zu lassen«*[19]*; die Weimarer Herder-Ausgabe teilt in einem Anhang »nach inhaltlichen Kriterien ausgewählte Briefe Karolines, die sie nicht unmittelbar in Herders Auftrag verfaßt hat«*[20]*, mit.*

Mag sich diese Studienausgabe damit auch in Teilbereichen der Edition von biographischen Dokumenten (»Lebensspuren«) nähern, so ist doch eine Überschneidung durch den ständigen Seitenblick auf Lebenszeugnisse, Berichte und Erinnerungen, deren Edition Verlag und Herausgeber ebenfalls vorbereiten, ausgeschlossen.

2 *Editionsgeschichte und Editionskritik*

Editorische Bemühungen um Überlassung von Briefautographen Georg Büchners aus Privatbesitz, teils in Form direkter Ansprache, teils mittels öffentlicher Aufrufe, setzten bereits im Todesjahr ein. Erfolgreich waren sie in keinem einzigen Fall: Wer Autographen besaß, dachte nicht daran, sie zur Verfügung zu stellen. Eine entspre-

---

17 *Literatur-Lexikon. Hrsg. von Walter Killy. München 1992, Bd. 13, S. 124.*

18 *Christian Dietrich Grabbe: Werke und Briefe. Historisch-kritische Gesamtausgabe in sechs Bänden. Bearb. von Alfred Bergmann. Emsdetten 1970, Bd. 5, S. IX.*

19 *Ebd., S. X.*

20 *Johann Gottfried Herder: Briefe. Gesamtausgabe 1763–1803. Vierter Band. Oktober 1776 – August 1783. Bearb. von Wilhelm Dobbek und Günter Arnold. Weimar 1979, S. 357.*

chende »Aufforderung« Karl Gutzkows an die »Freunde des in Zürich verstorbenen Dr. Georg Büchner aus Darmstadt«, im September 1837 in der auflagenstarken »Allgemeinen Zeitung« publiziert[21]*, blieb ebenso »ohne allen Erfolg«*[22] *wie vier Jahrzehnte später eine Annonce von Karl Emil Franzos, der seit 1875 von Wien aus Büchners »Sämmtliche Werke« edierte und auf »eigenhändige Briefe, Denkverse oder dergleichen« spekulierte*[23]*. Nicht anders erging es Fritz Bergemann, der es 1922 aufs neue mit einem »öffentlichen Aufruf« versuchte: Auch er konnte »kein erfreulicheres Ergebnis« als seine beiden Vorgänger mitteilen*[24]*.*

Initiativen außerhalb der Gesamtausgaben brachten bessere Resultate. Bereits 1878 publizierte Reinhold Rüegg Büchners Brief an Johann Jakob Hess in der »Frankfurter Zeitung«, 1914 wies Joseph Collin auf das Albumblatt für Heinrich Ferber in Gießener Privatbesitz hin, 1918 fand Heinrich Hubert Houben im Archiv von J. D. Sauerländer's Verlag in Frankfurt am Main den Brief an Sauerländer, und 1923 entdeckte Erich Ebstein in der Autographensammlung von Rudolf Brockhaus den Brief an Gutzkow von Januar 1836. 1935/36 konnte Jean Strohl den Brief an Eugène Boeckel und zwei weitere an die Brüder Stoeber, die er bei den Nachkommen ausfindig gemacht hatte, veröffentlichen; wenig später fand Karl Walter bei einem Nachfahren August Stoebers dessen Freundschaftsalbum mit einer Eintragung Büchners, die er 1943 publizierte. 1951 machte Heinrich Leippe auf ein Widmungsexemplar von »Danton's Tod« im Besitz von Wilhelm Baums Enkelin Harriet Wegener aufmerksam, 1955 gelangte der auf Sauerländer gezogene Sichtwechsel in den Autographenhandel. 1964 überließ Erika Pfuhl-Büchner, eine Enkelin Ludwig Büchners, Frieder Lorenz den an ihren Großvater gerichteten Brief vom 1. Januar 1836 zur Veröffentlichung; im selben Jahr fand Martin Bircher im Staatsarchiv des Kantons Zürich den Brief an das Präsidium des Erziehungsrats. Bei einer neuerlichen Sichtung des Fonds Littéraire Stoeber im Jahr 1974 entdeckten Thomas Michael Mayer und Werner R. Lehmann den Brief an Adolph Stoeber von November 1832 . Im Oktober 1983 gelang dem Herausgeber in den Straßburger Archives de la Ville der Fund zweier Briefe an Edouard Reuss aus den Jahren 1832 und 1833, und am 6. September 1993, unmittelbar vor dem ursprünglich vorgesehenen Erscheinungstermin dieser Ausgabe, publizierten Erika Gillmann, Thomas Michael Mayer, Reinhard Pabst und Dieter Wolf im Nachrichtenmagazin DER SPIEGEL zwei bereits am 11. Mai aufgefundene Briefe an Wilhelm Braubach und Georg

---

21 *Allgemeine Zeitung, Außerordentliche Beilage, 21. September 1837; Hauschild 1985, S. 410.*

22 *Andler 1897, S. 192.*

23 *Neue Freie Presse, Nr. 4522, 29. März 1877, Morgenblatt.*

24 *Bergemann ¹1922, S. 754. Zu diesem Abschnitt vgl. Hauschild 1985, S. 410f.*

Geilfus, die am selben Tag in einer kommentierten Edition der Öffentlichkeit präsentiert wurden. Aufgrund einer vorher nicht absehbaren Verzögerung bei der Drucklegung der vorliegenden Ausgabe konnten die beiden Briefe noch in diesen Band aufgenommen werden.

Während Überlieferungsweg und Editionsgeschichte der Briefhandschriften nahezu vollständig erforscht werden konnten, sind bei der Beurteilung der gedruckten Zeugen noch einige Fragen offen. Unsicher ist etwa, ob Ludwig Büchner für die »Briefe an die Familie« aus der Zeit des ersten Straßburg-Aufenthalts durchweg auf Originale zurückgreifen konnte oder, was die ungenauen und irrigen Datierungen nahelegen, auf undatierte Abschriften von der Hand Wilhelmine Jaeglés; fraglich ist ferner, ob diese Hypothese auf die Briefe aus dem Straßburger Exil anzuwenden ist. Kaum beachtet wurde bisher der Status der ebenfalls nur durch die »Nachgelassenen Schriften« überlieferten Zürcher Briefe an Jaeglé: Die Zuverlässigkeit ihrer Datierung sollte so lange als ungesichert gelten, wie der Überlieferungsweg nicht geklärt ist. Erst eine genaue Kenntnis oder übergreifende plausible Hypothese zu den Text- und Überlieferungsverhältnissen erlaubt es, den Text systematisch von Fremdeingriffen zu befreien, Fehler zu berichtigen.

Ludwig Büchner war, nachdem bereits Karl Gutzkow in seinem Nachruf aus Briefen Büchners an ihn zitiert hatte, der erste Editor nicht nur der Werke, sondern auch der Briefe Georg Büchners, wobei er sich vermutlich allein schon aus Umfangsgründen auf solche »B r i e f a u s z ü g e« beschränken mußte, die ihm »zur Kenntniß der politischen Bewegungen jener Zeit und des Antheils, den Büchner daran hatte, wichtig erschien⟨en⟩«[25]. Das ihm zugängliche und von ihm bearbeitete Material (frühere selektierende und manipulierende Eingriffe Anderer sind nicht auszuschließen) teilte er in die Rubriken »Aus den Briefen an die Familie« (42 Briefauszüge[26]) und »Briefe an die Braut, aus Gießen, 1833 und 1834« (5 Briefauszüge[27]); anderes zitierte er in der biographischen Einleitung »Georg Büchner«[28], darunter auch Auszüge dreier Zürcher Briefe an Wilhelmine Jaeglé.

Während der Kollektivtitel »Briefe an die Familie« Ludwig Büchner nicht ermöglichte, zwischen Briefen an die Eltern oder ein Elternteil, an einzelne Geschwister, an die im selben Haus lebende Großmutter oder einen anderen nahen Verwandten zu unterscheiden, konnte er in der Einleitung im Bedarfsfall bestimmte Empfänger namhaft machen. Auf diese Weise wurde Wilhelm Büchner als Adressat dreier Briefe nominiert. Doch noch eine ganze Reihe weiterer

---

25 *Ludwig Büchner 1850, S. 50.*

26 *Ebd., S. 237–280.*

27 *Ebd., S. 281–287.*

28 *Ebd., S. 1–50.*

Briefe könnte, soweit die vorliegenden Auszüge diesen Schluß gestatten, an einzelne Familienmitglieder adressiert gewesen sein und muß nicht dem Familienkollektiv gegolten haben. Wenn für diese Studienausgabe das von Ludwig Büchner festgelegte Rubrum übernommen wurde, dann nur deshalb, weil die Zuschreibung an einzelne Familienmitglieder heute nicht mehr möglich ist und alle derartigen Versuche[29] fragwürdig erscheinen. Mayers Vorschlag, »von der bislang allzu schematisch übernommenen Angabe ›An die Familie‹ abzuweichen«[30], kann für die Interpretation der Briefe von Belang sein, editorisch sollte er ohne Konsequenzen bleiben.

Die »Nachgelassenen Schriften« als einziger Zeuge eines erheblichen Teils von Büchners Briefen sind von den späteren Editoren mit einer philologischen Pietät behandelt worden, die ihnen nicht zukommt. Der Grad ihrer Bearbeitung durch fremde Hände ist hoch und Skepsis gegenüber der Textdarbietung daher mehr als angebracht. Erste Zweifel mußten bereits die Datumsangaben der Briefe des ersten Straßburg-Aufenthalts nähren, von denen die ersten neun in den »Nachgelassenen Schriften« nur mit Monats- und Jahresangabe überschrieben oder (›Wachensturm‹-Brief) nachweislich falsch datiert sind: »Straßburg, im October 1831«[31], »Straßburg, im December 1831«[32], »Straßburg, im Februar 1832«[33], »Straßburg, im December 1832«[34], »Straßburg, im Januar 1833«[35], »Straßburg, den 5. April 1833«[36], ⟨Straßburg, im Frühjahr 1833⟩[37], »Straßburg, im Mai 1833«[38], »Straßburg, im Juni 1833«[39].

Nicht nur die Gießener Briefe an Wilhelmine Jaeglé, auch die Briefe aus der Zeit des ersten Straßburg-Aufenthalts scheinen Ludwig Büchner nur in undatierten (unter Umständen auszugsweisen) Abschriften zugänglich gewesen zu sein – vielleicht, weil die Originale, aus Straßburg geschrieben und vorwiegend Straßburger Vorgänge betreffend, Jaeglé überlassen worden waren und lediglich in Form jenes erwähnten Heftes mit Briefauszügen, das Gutzkow erhalten hatte, nach Darmstadt zurückkehrten. Die Erkenntnis, daß jedenfalls nicht Georg Büchner für fehlende, irrige oder vage Datierungen verantwortlich sein dürfte, hat sich bis heute noch nicht in voller Konse-

---

29 *Vgl. Bergemann* [1]*1922, S. 565f.*

30 *Mayer 1982, S. 264.*

31 *Ludwig Büchner 1850, S. 237f.*

32 *Ebd., S. 238.*

33 *Ebd., S. 238f.*

34 *Ebd., S. 239.*

35 *Ebd., S. 239f.*

36 *Ebd., S. 240f.*

37 *Ebd., S. 3.*

38 *Ebd., S. 241ff.*

39 *Ebd., S. 243.*

quenz durchgesetzt. Ging Bergemann 1922 noch davon aus, daß die Briefdaten der »Nachgelassenen Schriften« von Georg Büchner selbst stammten, rang er sich 1940 zu der halbherzigen Erkenntnis durch, »daß an den Daten der Briefe« offenbar »geändert« worden sei[40]*. Und Viggo Wissing-Nielsen verlieh der deplorablen Überlieferung Echtheitscharakter, indem sie erklärte, »viele der Briefe Büchners« seien »von seiner Hand undatiert geblieben«*[41]*. Beide erkannten nicht, daß die Briefdatierungen keineswegs von Georg Büchner unterlassen oder von Ludwig Büchner willkürlich geändert wurden, sondern in den (mittelbaren oder unmittelbaren) Druckvorlagen fehlten und vom Herausgeber der »Nachgelassenen Schriften« weitgehend nach bestem Wissen annäherungsweise hinzugefügt worden waren, wobei Ludwig Büchner die bekannten Fehler unterliefen:*

- *der ›Ramorino‹-Brief kann unmöglich »im October 1831« geschrieben worden sein (ein Irrtum, der erst 1934 von Karl Viëtor*[42] *bemerkt wurde);*
- *der von Ludwig Büchner auf »Februar 1832« datierte ›Périer‹-Brief kann erst eine gewisse Frist nach Bekanntwerden von Périers Cholera-Erkrankung (Anfang April 1832) geschrieben worden sein;*
- *der ›Wachensturm‹-Brief ist zweifellos von Ludwig Büchner auf den 5. April datiert worden, wohl in der Sorge, übelmeinende Leser könnten aus einem längeren Abstand zum Frankfurter Putsch eine Teilnahme Büchners, wie dies von Gutzkow kolportiert worden war*[43]*, ableiten. Der auf ein besorgtes Schreiben der Eltern antwortende Brief wird kaum vor dem 6. April geschrieben worden sein*[44]*;*
- *die Angabe für den siebten Straßburger Brief (»im Mai 1833«) ist auf »nach dem 27. Mai« zu präzisieren, dem Datum der Neustädter Volksversammlung zum Jahrestag des Hambacher Festes*[45]*.*

Von Ludwig Büchner annäherungsweise und mitunter falsch datierte Briefe an die Familie gibt es zwar auch aus der Zeit des zweiten Straßburg-Aufenthalts. Allerdings dürfte hier ebenfalls gelten, was für die Briefe aus dem Exil an Gutzkow sicher nachzuweisen ist: daß sie »gewöhnlich«[46] *kein Datum trugen und vermutlich auch keinen ostensiblen Hinweis auf den Aufenthaltsort des Absenders enthielten, um die Fahndung der hessischen Behörden nach dem flüchtigen*

---

40 *Bergemann ³1940, S. 509f.*

41 *Wissing-Nielsen 1957, S. 104.*

42 *Viëtor 1934, S. 46.*

43 *Gutzkow 1837, S. 337.*

44 *Vgl. Mayer 1979, S. 368; Mayer 1982, S. 250, Anm. 3.*

45 *Bergemann ⁴1949, S. 205.*

46 *Gutzkow 1837, S. 346.*

»Hochverräter« zu erschweren. Überdies dürften die Briefe nur im Ausnahmefall auch mit der Post verschickt, häufiger durch persönliche Boten überbracht worden sein. Anfang August 1835 schreibt Büchner: »Sprengt übrigens immerhin aus, ich sey nach Zürich gegangen; da Ihr seit längerer Zeit keine Briefe von mir durch die Post erhalten habt, so kann die Polizey unmöglich mit Bestimmtheit wissen, wo ich mich aufhalte, zumal da ich meinen Freunden geschrieben, ich sey nach Zürich gegangen« *(Nr. 125, 7–12). Gelegenheit zum Kuriertransport bot sich, wenn die Straßburger Flüchtlinge Besuch von ihren Angehörigen aus Hessen erhielten: So kamen Ende Juli 1835 die Eltern von Hermann Dittmar mit ihrer Tochter Louise nach Straßburg*[47] *und vier Wochen später die Mutter von Adolf Heumann zusammen mit Karl Stamms Schwester Julia und einer Freundin*[48]*; »im Sommer«*[49]*, vermutlich im August 1836, wurde Büchner von seiner Mutter in Begleitung der Schwester Mathilde besucht. Da es sich hierbei um einige zufällig bekannt gewordene Visiten handelt, dürfte die tatsächliche Zahl viel höher liegen.*

Wenn von den Briefen an die Familie aus dem Straßburger Exil dennoch der überwiegende Teil ein Datum trägt, könnte dies darauf beruhen, daß sie beim Empfang datiert worden waren (wie vermutlich die Briefe vom 5. Mai, 16. und 28. Juli, 20. September, 2. November 1835 und 2. September 1836) oder sich Ludwig Büchner für die nachträgliche Datierung ausreichende Indizien boten, etwa Hinweise auf unmittelbar bevorstehende Geburtstage (die dann den Kürzungen für den Druck zum Opfer gefallen wären).

Für diese Ausgabe wurden sämtliche Datierungen der nicht handschriftlich überlieferten Briefe geprüft und vielfach gesichert. Der von Mayer geäußerte Verdacht »irriger Montagen« hat sich in keinem einzigen Fall bestätigt. Die von ihm in Anschluß an Ziegler Trump[50] *monierte »Unstimmigkeit der Datierung« des Briefs vom 5. Mai 1835*[51] *beruht auf einem Versehen des Briefschreibers, also Büchners selbst, der den Geburtstag Louis-Philippes mit dem Namenstag des Königs verwechselte*[52]*. Wesentliche Korrekturen, Präzisierungen oder wenigstens begründete Mutmaßungen gegenüber den bisherigen Datierungen auch in den jüngsten Editionen ergaben sich für folgende Briefauszüge:*

---

47 *Niedersächsisches Staatsarchiv Wolfenbüttel, Nachlaß Georg Fein.*

48 *Ebd.*

49 *Ludwig Büchner 1850, S. 33.*

50 *Ziegler Trump 1979, S. 101.*

51 *Mayer 1982, S. 277.*

52 *Kaukoreit 1985, S. 316–319.*

Datierung in den »Nachgelassenen Schriften« (1850)	*Datierung in der Münchner Ausgabe (³1992)*	*Datierung in dieser Ausgabe*
»im Februar 1832«	*»⟨vor dem 16. Mai⟩ 1832«*	*etwa Mitte April 1832*
mit andern Briefen summarisch auf 1833/34 datiert	*»um den 9.–12. März 1834«*	*zwischen dem 10. und 20. Januar 1834*
»	*»Februar 1834«*	*etwa 8. Februar 1834*
»	*»um den 7. März 1834«*	*8. März 1834*
»Ende August 1834«	*»Ende August 1834«*	*etwa 23. August 1834*
fehlt dort	*»März 1835«*	*etwa 14. März 1835*
ohne Datum in die Zeit des Straßburger Exils gerückt	*»1835«*	*März (?) 1835*
»	*»⟨Straßburg⟩«*	*Ende März / Anfang April 1835*
»im Juli 1835«	*»im Juli 1835«*	*um den 23. Juni 1835*
»um ⟨Sommer 1835⟩«	*»1835«*	*um Ende November 1835*
fehlt dort	*»um Anfang Januar 1836«*	*Mitte / Ende Januar 1836*
»im Mai 1836«	*»im Mai 1836«*	*Juni 1836*
»im Juni 1836«	*»im Juni 1836«*	*August 1836*
ohne Datum	*»1835«*	*1836/37 (?)*

Gelegentlich konnten auch Absender- und Adressatenzuschreibungen präzisiert oder korrigiert werden, wobei in zwei Fällen die ursprüngliche Angabe in den »Nachgelassenen Schriften« wiederhergestellt wurde:

Nr. 18	*An August und Adolph Stoeber (MA: »An August Stoeber«)*
Nr. 43	*Von Eugène Boeckel und Adolph Stoeber (MA: »Von Eugen Boeckel«)*
Nr. 164	*An die Familie (MA: »An Wilhelm Büchner«)*
Nr. 177	*An Wilhelm Büchner (MA: »An unbekannten Empfänger«)*

Schwerwiegender als fehlende oder irrige Datierungen und unzutreffende Angaben zu Absendern und Empfängern sind inhaltliche und textliche Korrumpierungen. Für rund 80% des Briefwechsels, wie er sich in den gängigen Ausgaben findet, gilt, daß der authentische Brieftext zum einen durch Kürzungen, Auslassungen und nicht mehr erkennbare Manipulationen, zum andern durch Versehen oder Eigenmächtigkeiten von Schreibern, Redaktoren, Setzern usw., nicht zuletzt auch durch die Willkür der Editoren mehr oder weniger entstellt ist. Das gilt zunächst für alle nicht handschriftlich überlieferten Briefe, also die Texte aus den »Nachgelassenen Schriften« und die Briefe, die Gutzkow veröffentlichte: Sie sind aus Umfangsgründen und politischen wie zivilisatorischen Rücksichten in unbekanntem Ausmaß und auf irreversible Weise gekürzt und entstellt worden. Aber auch die Wiedergabe der handschriftlich überlieferten Briefe von und an Büchner geschah bis in die jüngste Ausgabe des Hanser-Verlags hinein ohne gehörige Sorgfalt. Die vollständige Überprüfung aller Texte an den Handschriften (bei unzugänglichen Autographen in Privatbesitz anhand von Fotokopien) erbrachte eine Vielzahl wesentlicher Textverbesserungen. Schwerwiegende Lesefehler konnten korrigiert, eine Reihe von Textlücken durch Autopsie der oftmals mit Textverlust ausgerissenen Briefsiegel ergänzt werden. Im folgenden eine Auswahl der Korrekturen, parallel dazu die bisherigen Entzifferungen, wie sie sich noch in der Münchner Ausgabe finden:

Nr. 19, 31	Arnemann	*Armusière*
Nr. 43, 48	d⟨etails⟩	*⟨Einzelheiten⟩*
Nr. 52, 30f.	ab⟨gestorben⟩	*ab⟨gebrochen⟩*
Nr. 99, 16	allen	*allem*
Nr. 129, 34	⟨raschere⟩	*⟨unlesbar⟩*
Nr. 153, 59	eine	*unsere*
Nr. 153, 100	P⟨arole den⟩	*⟨...⟩*
Nr. 159, 33	touren	*tournée*
Nr. 159, 37	am phantome	*einer phacectomie*
Nr. 159, 109	Samstags	*Sonntags*
Nr. 165, 103	Adr. E.B. D.M. bey Hr. Broili, erstes Distrikt, N° 262 in Würzburg.	*fehlt*
Nr. 166, 23	hochgeehrtester	*hochgeehrter*
Nr. 172, 38	immer	*rund*
Nr. 181, 56	kennen	*lernen*
Nr. 182, 33	Grisi	*Guri*
Nr. 182, 68	hier viele	*hier sehr viele*
Nr. 182, 73	collège ⟨communal⟩ Schlettstadt	*collège Schlettstadt*
Nr. 182, 96	Meine adresse Eug. Bkl. quai st. Michel N° 13. hôtel d. l'étoile du nord.	*fehlt*
Nr. 182, 98f.	Adresse. Eug. Boeckel, D.M. quai st. Michel N° 13. hôtel d. l'étoile du nord.	*fehlt*

Sollte der Rückgriff auf die Handschriften heute die Herstellung objektiv bester Texte zumindest ermöglichen, erfüllen die bloß gedruckt überlieferten Briefauszüge den Anspruch philologischer Treue von vornherein nicht. Zu viele fremde Hände wirkten bei der Herstellung mit. Es kann davon ausgegangen werden, daß nur selten Originalhandschriften Georg Büchners als Satzvorlagen benutzt wurden; häufiger Abschriften, unter Umständen Abschriften von Abschriften.

Auch wurden die auf diese Weise erstellten Texte in drei verschiedenen Druckereien gesetzt: die Briefe an die Familie und an Wilhelmine Jaeglé aus den »Nachgelassenen Schriften« 1850 in der Druckerei von J.D. Sauerländer in Frankfurt am Main, die Briefe an Gutzkow aus dem Nachruf im »Frankfurter Telegraph. (Neue Folge.)« 1837 in der Frankfurter Druckerei von Ferdinand Hauch, die Ergänzungen im Sammelband »Götter, Helden, Don Quixote« 1838 in der Reimer'schen Druckerei in Grimma. Wir haben es also nicht nur mit einem mehrfachen Wechsel von Orthographie- und Interpunktionsnormen und -konventionen bei den Schreibern, sondern auch bei den Setzern, Korrektoren und anderen am Druckprozeß Beteiligten zu tun. All diese Umstände haben zu weitgehender Willkürlichkeit im Bereich der Schreibungen geführt.

Aufgabe dieser kritischen Studienausgabe war es, wo nur irgend möglich, den Autortext von Fehllesungen und durch das Prinzip der Restitution von zeitbedingten Fremdeingriffen zu befreien. Diesen Bemühungen sind freilich Grenzen gesetzt (wo Handschriften fehlen, läßt sich nur wenig restituieren), und so mußten sich entsprechende Versuche meist auf die Wiederherstellung der originalen Schreibweise beschränken. Inhaltliche Emendationen waren nur im Einzelfall möglich. Selbstverständlich wurde nur dort restituiert, wo sich eine durchgehende oder fast durchgehende Tendenz in der Schreibung ausmachen ließ. Schwankende Schreibungen wurden respektiert, da es nicht auf Normierung ankam. Im Bereich der Interpunktion wurde auf Restitution verzichtet, da hier keine einheitliche Tendenz auszumachen war. Stillschweigend restituiert (einschließlich der Nebenformen) wurden in dieser Ausgabe:

aa	*statt*	*a*	(Schaafsköpfen/*Schafsköpfen*, Maaße/*Maße*)
ä	*statt*	*e*	(verläugnet/*verleugnet*, Gränze/*Grenze*)
c	*statt*	*k*	(Aristocraten/*Aristokraten*, Capital/*Kapital*, Character/*Charakter*, Musicanten/*Musikanten*, Proclamationen/*Proklamationen*, Republicaner/*Republikaner*, Commissär/*Kommissär*, Producte/*Produkte*, Doctorhut/*Doktorhut*)
c	*statt*	*z*	(Officier/*Offizier*)
ee	*statt*	*e*	(seelig/*selig*)
h	*eingefügt*		(Willkühr/*Willkür*)
ie	*statt*	*i*	(giebt/*gibt*)
K	*statt*	*C*	(Komödie/*Comödie*)
ß	*statt*	*s*	(dieß/*dies*)
t	*statt*	*dt*	(Schwert/*Schwerdt*)
t (T)	*statt*	*d (D)*	(teutsch, Teutschland/*deutsch, Deutschland*)
th	*statt*	*t*	(abentheuerlichsten/*abenteuerlichsten*, Parthei/*Partei*, Heimath/*Heimat*)
y	*statt*	*i*	(bey/*bei*, sey/*sei*, beyde/*beide*, Polizey/*Polizei*, leyern/*leiern*, Osterey/*Osterei*, Kanzleybürste/*Kanzleibürste*, vielerley/*vielerlei*, allerley/*allerlei*)

Einfügung eines Doppelkonsonanten (Schaffott/*Schaffot*)

Der Einwand, diese Retuschen würden Authentizität nur vorspiegeln, weil sie lediglich an vergleichsweise unerheblicher Stelle den ursprünglichen Zustand herstellten, nicht aber etwaige massive inhaltliche Eingriffe rückgängig machen könnten, wurde bedacht. Doch fehlt es der Darbietung in dieser Ausgabe nicht an Signalen, die die offensichtliche Beschädigung dieser Texte verdeutlichen. Die Differenz gegenüber handschriftlich erhaltenen Texten wird durch den vorangestellten Hinweis Auszug *und die unmittelbar folgenden Angaben in der* Überlieferung *sichtbar gemacht. Auch ist die Orthographie von 1850 nicht so wesentlich verschieden von der Georg Büchners aus den 30er Jahren, daß die Beibehaltung den geringeren Grad an Authentizität vor Augen führen könnte. Die Erfahrung hat gerade das Gegenteil erwiesen.*

Auch unter rezeptionsgeschichtlichen Gesichtspunkten spricht nichts für eine strikte Bewahrung der schlechten Texte, die ihre Wirkung ohnehin meist nur in modernisierter Orthographie und Interpunktion gezeitigt haben. Es geht also nicht um die Fixierung einer historischen Beschädigung, sondern einzig um die Herstellung zuverlässiger Texte. Die gedruckten Zeugen dürfen nicht als historische Dokumente respektiert, sondern müssen einer umfassenden Kritik unterzogen werden, selbst wenn diese selten mehr erbringt als die Wiederherstellung originaler Schreibweisen.

Während wir über das Ausmaß der Veränderungen gegenüber den Originalen, was die von Wilhelmine Jaeglé und Karl Gutzkow hergestellten Brieftexte betrifft, keine verbindlichen Aussagen machen können, ist die ›Editions‹praxis Ludwig Büchners bzw. des Verlags J.D. Sauerländer durch die gründlichen Analysen von Hubert Gersch[53] für »Lenz« und Mayer[54] besonders für »Danton's Tod« und die Cato-Rede bereits hinlänglich bekannt. Untersuchungen an der Wiedergabe von Texten aus Gutzkows Büchner-Nachruf (Briefe Büchners und erzählende Texte Gutzkows) in den »Nachgelassenen Schriften« bestätigen die gewonnenen Ergebnisse und führen sie an einigen Punkten weiter.

Als mittelbare Vorlage diente Ludwig Büchner der dritte Druck des Büchner-Nachrufs im zweiten Band von Gutzkows »Gesammelten Schriften« aus dem Jahr 1845 (Bandtitel: »Oeffentliche Charaktere«); das Handexemplar konnte vom Herausgeber 1986 in Darmstädter Familienbesitz eingesehen werden. In diesem Exemplar hat Ludwig Büchner die von ihm ausgewählten Passagen am Rand markiert und Auslassungen innerhalb dieser Stücke durch Tilgungszeichen gekennzeichnet. Offenbar fertigte dann Luise Büchner[55] eine Abschrift der Auszüge an, die danach erneut von Ludwig Büchner und punktuell

---

53 *Gersch 1981.*

54 *Mayer 1987, S. 119–124.*

55 *Vgl. Hauschild 1985, S. 131.*

von weiteren Instanzen (Setzer, Korrektor, unter Umständen auch Zensor) bearbeitet wurde. Inhaltliche Forderungen und interne Regeln und Konventionen mehrerer Beteiligter überlagern sich also auf unlösbare Weise. Als Ergebnis läßt sich resümieren:

I. *Orthographie*

I.1 *Aufhebung der Elision* (eigne/ *eigene*, Erfolgs/*Erfolges*, Unsre/*Unsere*, seltnen/*seltenen*)

I.2 *Anfügung eines Schlußvokals* (Wrack/*Wracke*, Kampf/*Kampfe*, Topf/*Topfe*, Volk/*Volke*, Sohn/*Sohne*, Vaterland/*Vaterlande*)

I.3 *Tilgung von Doppelkonsonanten* (Allmosen/*Almosen*, Pallastfenster/ *Palastfenster*)

I.4 *Aufhebung der Aspiration* (Parthei/*Partei*)

I.5 *Gebrauch des scharfen Schluß-ß* (*dies*/dieß)

I.6 *Apostrophierung bei Genitiv-Endungen von Namen* (*Menzels*/Menzel's)

I.7 *Beibehaltung von Eigenheiten bei der Schreibung von Namen und Fremdworten* (*Shakespeare*/*Shakspeare*, *ägyptischen*/egyptischen)

II. *Interpunktion*

II.1 *Einfügung von Kommata bei Aufzählungen* (wahren und/*wahren, und;* heimlich und/*heimlich, und*)

II.2 *Tilgung von rhetorisch gesetzten Kommata zugunsten der 1850 üblichen grammatischen Interpunktion* (nicht über das Drama an und für sich, zu motiviren/*nicht über das Drama an und für sich zu motiviren*)

III. *Inhalt*

Eingriffe innerhalb der Brieftexte hat sich Ludwig Büchner nicht erlaubt, wohl aber die Weglassung eines kompletten Briefs (an Gutzkow, etwa 14. März 1835). Um sich eine ungefähre Vorstellung davon zu machen, was seinen Kürzungen zum Opfer gefallen sein könnte, hier ein Überblick der aus Gutzkows erzählendem Text übergangenen Inhalte. Ausgelassen wurden:

- *direkt auf die Eltern oder das Verhältnis Büchners zu ihnen bezügliche Stellen;*
- *der Aura des Kunstwerks abträgliche Informationen zu den Umständen der Entstehung von »Danton's Tod« (Eile der Niederschrift, Quellenabhängigkeit) und zu dessen Einschätzung;*
- *Hinweise auf sexuelle Anspielungen;*
- *jakobinische Anspielungen und Hinweise.*

Diese Eliminationen sind in den »Nachgelassenen Schriften« nicht immer gekennzeichnet. Für die markierten Kürzungen hat Ludwig Büchner zwischen drei und neun Auslassungspunkte verwendet, die unterschiedliche Anzahl signalisiert den unterschiedlichen Umfang der Auslassungen. Da auch bei der Wiedergabe der Brieftexte so verfahren worden sein dürfte, wurde die Zahl der Auslassungspunkte in dieser Ausgabe übernommen, was in sämtlichen Editionen nach 1879 nicht mehr der Fall war.

3 *Dank*

Herausgeber und Verlag danken der Universitätsbibliothek Basel, der Hessischen Landes- und Hochschulbibliothek Darmstadt, der Universitätsbibliothek Gießen, der Forschungsstelle Georg Büchner – Literatur und Geschichte des Vormärz – am Institut für Neuere deutsche Literatur und Medien der Philipps-Universität Marburg und der Sparkassen-Kulturstiftung Hessen-Thüringen, der Georg Büchner Gesellschaft Marburg, dem Jonas Verlag Marburg, Thomas Michael Mayer, Marburg, den Archives de la Ville/Archives Municipales Straßburg, dem Goethe- und Schiller-Archiv (Stiftung Weimarer Klassik) Weimar, dem Staatsarchiv des Kantons Zürich und der Zentralbibliothek Zürich für die Bereitstellung von Fotos und/oder die Erlaubnis zur Reproduktion.

Dr. Thomas Michael Mayer überließ dem Herausgeber Fotokopien aus dem Nachlaß Dr. Anton Büchners (Nr. 7), aus dem Fonds Littéraire Stoeber (Nrn. 18, 23, 25, 48 und 52) sowie freundlicherweise aus der Sammlung »Prozeß«, s. Quellen- und Literaturverzeichnis (Nrn. 87, 88, 89 und 155). Bezüglich der Überlassung weiterer Fotokopien aus dem Fonds Littéraire Stoeber (zu Nrn. 27, 28, 29 und 32) konnte keine Übereinkunft erzielt werden.

Gedankt sei schließlich dem Hessischen Staatsarchiv Darmstadt für Umkreisermittlungen und Auskünfte, Dr. Ingo Fellrath (Tours) und Dr. Herbert Wender (Saarbrücken) für instruktive Hinweise und kritische Anmerkungen, François Schwicker (Strasbourg) für gezielte Recherchen und Marianne Tilch (Düsseldorf) für sachkundige Beratung und Unterstützung bei der Textkritik und Korrektur dieses Bandes.

ZU DIESER AUSGABE

Die Texte erscheinen in chronologischer Folge. Das Briefkonzept Nr. 168 wurde unter dem Tag eingeordnet, auf den es datiert ist, die datumslosen Briefe Nr. 134 und 146 unter den Daten der Poststempel. Wo diese Möglichkeiten entfielen, wurde die Datierung nach inhaltlichen Kriterien vorgenommen. War ein Brief innerhalb eines größeren Zeitraums nicht vermutungsweise einzuordnen, wurde er ans Ende des Zeitraums gestellt, in den er mit Sicherheit gehört. Das gilt sowohl für die handschriftlich oder im Druck überlieferten Briefe und Briefauszüge als auch für die bloß erschlossenen Texte.

Die Texte werden vollständig dargeboten (die Autographen Georg Büchners, soweit zugänglich, zusätzlich durch Faksimiles), erschlossene Briefe nach Möglichkeit regestriert, in Form einer Inhaltsangabe oder -zusammenfassung mitgeteilt.

Die Wiedergabe etwaiger Adressen erfolgt im Anschluß an den Brieftext und linear, wobei das Zeichen: / Zeilensprung signalisiert, das Zeichen: // eine Plazierung außerhalb der voraufgehenden Abfolge.

Kleinere Beilagen (Zeugnisse, Prospekte), sofern sie als Teil eines Briefes oder einer Sendung ausgewiesen und überliefert sind, werden – soweit es sich nicht um selbständige Briefe handelt – im Anschluß an den Brieftext (und eine etwaige Adresse) wiedergegeben.

Jedem Text ist eine formalisierte Adressaten- bzw. Absenderzeile vorangestellt, bestehend aus Briefnummer, Absender bzw. Adressat und Zielort. Texte, die nicht mit Ort und Datum beginnen, wurden um eine Datumszeile ergänzt.

Anrede und Briefschluß sind zeilengetreu nach der Vorlage wiedergegeben, Absätze (mit oder ohne Einzug) normiert.

Grundsätzlich wurde auf die ältesten Textzeugen zurückgegriffen, d.h. die Handschriften (bei nicht erreichbaren Handschriften in Privatbesitz wurden Fotokopien benutzt) oder, wo diese nicht nachweisbar sind, die Erstdrucke. Überliefert ein Druckzeuge im Vergleich mit dem Leitzeugen zusätzlichen Text, wurde der Passus an der entsprechenden Stelle eingefügt und die Kontamination im Abschnitt Überlie-

ferung nachgewiesen. Tilgungen von Orts- und Personennamen, die mit großer Wahrscheinlichkeit erst in D *erfolgten, wurden, so weit dies möglich war, rückgängig gemacht, die Emendation im Abschnitt* Zum Text *begründet.*

Die Druckzeugen wurden textkritisch bearbeitet, Abweichungen von Büchners Orthographie restituiert (s. S. XIII), Druckfehler korrigiert. Die Wiedergabe der Handschriften erfolgt in Orthographie und Interpunktion in diplomatischer Treue. Charakteristische Schreibversehen, Eigenheiten der Orthographie und Interpunktion, grammatische Verstöße und Abkürzungen blieben auf diese Weise erhalten. Das gilt auch für die orthographischen und grammatischen Fehler und stilistischen Unebenheiten in den französischen Teilen von Büchners Briefen (in einem Fall als Zitat aus einem Brief Wilhelmine Jaeglés): Weder ist zwischen Absicht und Versehen zu unterscheiden, noch erscheint die Zuweisung des ›Fehlers‹ und damit seine eventuelle Elimination möglich. Korrekturen im Text erfolgten nur bei belanglosen, nicht charakteristischen Versehen oder wo der Briefschreiber eine Korrektur nicht konsequent zu Ende führte. Sie sind durch spitze Klammern gekennzeichnet. Alle Eingriffe sind im Abschnitt Zum Text *verzeichnet.*

Unsichere Lesungen sind durch Unterpunktung markiert, Textverluste als solche gekennzeichnet: ⟨+ +⟩ *oder, soweit erschließbar, in spitzer Klammer ergänzt:* ⟨Text⟩.

Nachträge am Briefrand sind als solche ausgewiesen.

In den Briefhandschriften durch flüchtiges Schreiben ›ausgefallene‹ Buchstaben (z.B. dß *statt* daß, sy *statt* sey, sh *statt* sch*) wurden im Text in Kursiven ergänzt.*

Nicht nachgewiesen sind einige Vereinheitlichungen und Flüchtigkeitskorrekturen: So wurde die Position der An- und Abführungszeichen normiert, wurden – in eindeutigen Fällen – fehlende Umlautstriche stillschweigend ergänzt.

Sofern es sich nicht um fiktiven Monolog handelt, wurden Anredepronomina durchweg groß geschrieben.

Unterstreichungen in den Handschriften und Sperrungen in den Druckzeugen erscheinen einheitlich gesperrt, doppelte Unterstreichungen und durch Fettdruck hervorgehobene Worte sind im Abschnitt Zum Text *vermerkt. In den Druckzeugen gegenüber der durchgängig verwendeten Fraktur in Antiqua gedruckte und in den Handschriften gegenüber der deutschen Schrift lateinisch notierte Namen und Begriffe erscheinen in einer serifenlosen Linear-Antiqua (*Grotesk*). Bei Mischschrift wurde über die zu wählende Typographie nach dem Mehrheitsprinzip entschieden. Davon abweichend blieb in den Briefen Karl Gutzkows, der fast durchgängig deutsche und lateinische Schrift nebeneinander verwendet, die Hervorhebung lateinisch geschriebener Worte auf einige Ausnahmen beschränkt.*

Überlieferung — *Der Abschnitt Überlieferung orientiert über die Art der Druckvorlage (bei Handschriften zusätzlich über deren Standort, über Besonderheiten wie postalische Zeichen und über etwaige Beschädigung; spätere Beschriftungen wurden in der Regel nicht verzeichnet) und nennt den Erstdruck (D). Bei mehreren relevanten Drucken wurden diese in ihrer chronologischen Abfolge mit* D^1, D^2 *usw. bezeichnet. Sind Faksimiles oder Abbildungen der Handschrift bekannt, wurden diese ebenfalls angegeben.*

Die Nennung des Standorts der Handschrift besagt zugleich stillschweigend, daß diese für den Zweck dieser Edition ausgewertet werden konnte. Bei den nicht zugänglichen Handschriften wurden Fotokopien oder Faksimiles diesen gleichgestellt. Waren auch Fotokopien nicht zu erlangen, erfolgte die Wiedergabe nach einem Druck, was entsprechend vermerkt ist (»Text hiernach«).

Bei den briefähnlichen Dokumenten beschränkt sich die Beschreibung auf die unerläßlichen Vermerke; auf Erläuterungen zur Unterscheidung verschiedener Hände oder Differenzierung zwischen vorgedrucktem und handschriftlichem Text (bei Formularen) wurde verzichtet.

Ließ sich ein Brief lediglich erschließen, ohne daß eine Handschrift oder ein (Teil-)Druck nachweisbar ist, so vertritt der entsprechende Nachweis einer Quelle den fehlenden Überlieferungsvermerk.

Datierung — *Im Abschnitt Datierung wird im Bedarfsfall ein erschlossenes oder mutmaßliches Datum nachgewiesen oder begründet.*

Zum Text — *Im Abschnitt Zum Text werden, bei den oben genannten Ausnahmen, Abweichungen von der Vorlage und Textberichtigungen verzeichnet und gegebenenfalls begründet. Frühere Textstufen, Streichungen, Verbesserungen, über oder unter der Zeile eingefügte Ergänzungen in den Handschriften wurden, von einigen unter Umständen interpretatorisch relevanten Ausnahmen abgesehen, nicht verzeichnet.*

Erläuterungen — *Erläuterungen wurden dort gegeben, wo der Bezug des abgedruckten Dokuments zu Büchner nach einer Verdeutlichung verlangte oder wo Abkürzungen im Text stehen blieben, die sich nicht ohne weiteres auflösen lassen.*

An einen literaturwissenschaftlichen, werk- und personenbezogenen, argumentierenden Realkommentar, an Einzelerläuterungen zu unbekannten oder entlegenen zeitgeschichtlichen Fakten und Anspielungen, an die Beibringung von Parallelstellen aus dem Werk Büchners oder dem anderer Autoren oder Verweise auf die Spezialforschung, an all dies war unter den gegebenen personellen und finanziellen Voraussetzungen dieser Edition nicht zu denken. Es bleibt dem Benutzer überlassen, den Anspielungsreichtum und die spezifische Historizität des Briefwechsels zu ermessen und die Schlüsse zu ziehen, die ihm im Rahmen seiner Fragestellung notwendig erscheinen.

Alle in Text und Apparat erwähnten Personen und Figuren, Orte, literarischen Werke, Zeitungen und Zeitschriften, Schauspiele und Opern sind durch besondere Register erschlossen.

*Separate Indices der Briefschreiber und -empfänger und ein chronologisches Verzeichnis des Briefwechsels, wobei die erschlossenen Briefe jeweils mit * gekennzeichnet sind, erlauben einen raschen Zugriff unter speziellen Fragestellungen.*

Im Verzeichnis der benutzten Quellen und Literatur werden die in der Einleitung und in den einzelnen Apparaten verwendeten Kurztitel archivalisch oder bibliographisch vollständig nachgewiesen.

Abkürzungen und Siglen

D	*Druck*
H	*Handschrift*
h	*Abschrift oder Schreiberreinschrift*

Editorische Zeichen

[Text]	*in der Handschrift gestrichen*
⟨Text⟩	*Ergänzung des Herausgebers*
⟨+ +⟩	*Textverlust*
Ṭẹx̣ṭ	*unsichere Lesung (Unterpunktung)*

Schriftarten

Antiqua	*Brieftext*
Antiqua *Antiqua*	*im Brieftext: Ergänzung des Herausgebers* *im Apparat: Herausgebertext*
A n t i q u a	*Hervorhebung in der Druckvorlage (in der Handschrift: Unterstreichung, im Druck: Sperrung)*
Grotesk	*Schriftwechsel in der Druckvorlage (in den Handschriften: lateinischer Schrifttypus, in den Drucken: Antiqua gegenüber der sonst üblichen Fraktur; meist bei fremdsprachlichen Wendungen, Eigen- und Ortsnamen)*

QUELLEN UND LITERATUR

Andler, Charles (Hrsg.): Briefe Gutzkows an Georg Büchner und dessen Braut. In: Euphorion 4 (1897), 3. Erg.heft, S. 181–193.

Bansa, Christian: ⟨Selbstvertheidigung⟩. In: Annalen der deutschen und ausländischen Criminal-Rechtspflege 11 (1840), Bd. 2, S. 169–313.

Becker, Jean-François: Documents sur la vie et l'œuvre d'Ernest Alexandre Lauth (1803–1837) ⟨...⟩. Strasbourg, Thèse Med. 1972.

Bergemann, Fritz (Hrsg.): Georg Büchner. Sämtliche Werke und Briefe. Leipzig 1922 (^{2}1926, ^{3}1940, ^{4}1949; Wiesbaden ^{7}1958; Frankfurt am Main ^{9}1962; München 1965).

Braun, Volker: Büchners Briefe. In: Braun, Volker: Verheerende Folgen mangelnden Anscheins innerbetrieblicher Demokratie. Schriften. Frankfurt am Main 1988 ⟨zuerst 1978⟩.

Büchner, Georg: Werke und Briefe. Münchner Ausgabe. Hrsg. von Karl Pörnbacher, Gerhard Schaub, Hans-Joachim Simm, Edda Ziegler. München ⟨dtv⟩ ^{3}1992.

⟨Büchner, Ludwig (Hrsg.):⟩ Nachgelassene Schriften von Georg Büchner. Frankfurt am Main 1850.

Braubach, Louis: Briefe an einen politischen Flüchtling aus den 30er Jahren des vorigen Jahrhunderts. In: Butzbacher Geschichts- und Heimatblätter 6 (1933), Nr. 4.

Collin, Joseph: Büchner, Georg. Politiker, Dichter und Naturforscher. In: Hessische Biographien. Hrsg. von Herman Haupt. Bd. 1. Darmstadt ⟨1912–⟩1918, S. 247–253 (dazu Nachträge).

Diehl, Wilhelm: Ein politisches Gedicht auf Minister du Thil. In: Hessische Chronik 4 (1915), S. 311f.

Diehl, Wilhelm: Minnigerodes Verhaftung und Georg Büchners Flucht. In: Hessische Chronik 9 (1920), S. 5–18.

Franzos, Karl Emil (Hrsg.): Georg Büchner's Sämmtliche Werke und handschriftlicher Nachlaß. Erste kritische Gesammt-Ausgabe. Frankfurt am Main 1879 (»Zweite billige Ausgabe« Berlin 1902).

Georg Büchner. Leben, Werk, Zeit. Ausstellung zum 150. Jahrestag des »Hessischen Landboten«. Katalog. Unter Mitwirkung von

Bettina Bischoff ⟨u.v.a.⟩ bearb. von Thomas Michael Mayer. Marburg ³1987 (zuerst 1985).

Georg Büchner. Revolutionär, Dichter, Wissenschaftler. 1813–1837. Der Katalog ⟨zur⟩ Ausstellung Mathildenhöhe, Darmstadt 2. August bis 27. September 1987. Basel, Frankfurt am Main 1987.

Gersch, Hubert: Georg Büchner: Lenz. Textkritik. Editionskritik. Kritische Edition. Münster 1981 (als Manuskript vervielfältigt).

Görisch, Reinhard / Mayer, Thomas Michael (Hrsg.): Untersuchungsberichte zur republikanischen Bewegung in Hessen 1831 bis 1834. Frankfurt am Main 1982.

Grab, Walter unter Mitarbeit von Thomas Michael Mayer: Georg Büchner und die Revolution von 1848. Der Büchner-Essay von Wilhelm Schulz aus dem Jahr 1851. Text und Kommentar. Königstein / Ts. 1985 (Büchner-Studien, Bd. 1).

Gutzkow, Karl: Ein Kind der neuen Zeit. In: Frankfurter Telegraph. (Neue Folge.), Nr. 42–44, Juni 1837.

Gutzkow, Karl: Götter, Helden, Don-Quixote. Abstimmungen zur Beurtheilung der literarischen Epoche. Hamburg 1838.

Gutzkow, Karl: Oeffentliche Charaktere (Gesammelte Werke. Vollständig umgearbeitete Ausgabe. Zweiter Band.). Frankfurt am Main 1845.

Hauschild, Jan-Christoph: Georg Büchner im Autographenhandel. In: Philobiblon 29 (1985), S. 205–220.

Hauschild, Jan-Christoph: Georg Büchner. Studien und neue Quellen zu Leben, Werk und Wirkung. Mit zwei unbekannten Büchner-Briefen. Königstein / Ts. 1985 (Büchner-Studien, Bd. 2).

Hauschild, Jan-Christoph (Hrsg.): Büchners letzte Stunden. Ein unbekannter Brief von Wilhelm Baum. In: Georg Büchner Jahrbuch 7 (1988/89), S. 381f.

Hauschild, Jan-Christoph: Neudatierung und Neubewertung von Georg Büchners ›Fatalismusbrief‹. In: Zeitschrift für deutsche Philologie 108 (1989), S. 511–529.

Hauschild, Jan-Christoph: Georg Büchner mit Selbstzeugnissen und Bilddokumenten dargestellt. Reinbek 1992 (rororo monographien 503).

Hauschild, Jan-Christoph: Georg Büchner. Biographie. Stuttgart 1993.

Ilse, Leopold Friedrich: Geschichte der politischen Untersuchungen ⟨...⟩. Frankfurt am Main 1860.

Kaukoreit, Volker: Der »Geburtstag des Königs« und die Republikaner. Eine Anmerkung zu Büchners Brief vom 5. Mai 1835 mit Vorüberlegungen zum Briefkommentar. In: Georg Büchner Jahrbuch 5 (1985), S. 316–319.

Lehmann, Susanne: Der Brand im Haus der Büchners 1851. Zur Überlieferung des Darmstädter Büchner-Nachlasses. In: Georg Büchner Jahrbuch 6 (1986/87), S. 303–313.

Lehmann, Werner R.: Prolegomena zu einer historisch-kritischen Büchner-Ausgabe. In: Gratulatio. Festschrift für Christian Weg-

ner zum 70. Geburtstag am 9. September 1963. Hamburg 1963, S. 190–225.

Lehmann, Werner R./Mayer, Thomas Michael: Ein unbekannter Brief Georg Büchners. Mit biographischen Miszellen aus dem Nachlaß der Gebrüder Stoeber. In: Euphorion 70 (1976), S. 175–186.

Lehnert, Georg: Georg Büchners Reifezeugnis. In: Nachrichten der Gießener Hochschulgesellschaft 16 (1946/47), S. 79–81.

Leippe, Heinrich: Büchners Flucht. Darmstadt 1835. In: Merian 4 (1951), Heft 2, S. 41–45.

Lind, G.: Heinrich Ferber, ein Gießener Bürgerleben. In: Heimat im Bild. Beilage zum Gießener Anzeiger, 6. Januar 1938, S. 4.

Lorenz, Frieder: Gedanken bei einem unbekannten Brief Georg Büchners. In: Maske und Kothurn 10 (1964), S. 532–537.

Marburger Denkschrift über Voraussetzungen und Prinzipien einer Historisch-kritischen Ausgabe der Sämtlichen Werke und Schriften Georg Büchners. Hrsg. von der Forschungsstelle Georg Büchner ⟨...⟩ und der Georg Büchner Gesellschaft. Marburg 1984 (als Manuskript gedruckt).

Mayer, Thomas Michael: Büchner und Weidig – Frühkommunismus und revolutionäre Demokratie. Zur Textverteilung des »Hessischen Landboten«. In: Arnold, Heinz Ludwig (Hrsg.): Georg Büchner I/II. München ²1982, S. 16–298 (zuerst 1979).

Mayer, Thomas Michael: Georg Büchner. Eine kurze Chronik zu Leben und Werk. In: Arnold, Heinz Ludwig (Hrsg.): Georg Büchner I/II. München ²1982, S. 357–425 (zuerst 1979).

Mayer, Thomas Michael: Unbekannte Briefe aus der ›Gesellschaft der Menschenrechte‹ (Herbst 1834). In: Georg Büchner Jahrbuch 1 (1981), S. 275–286.

Mayer, Thomas Michael: »Wegen mir könnt Ihr ganz ruhig sein ...«. Die Argumentationslist in Georg Büchners Briefen an die Eltern. In: Georg Büchner Jahrbuch 2 (1982), S. 249–280.

Mayer, Thomas Michael: Dank zur Verleihung des Förderpreises zum Hessischen Kulturpreis. Wiesbaden-Bieberich, 4. Januar 1982. In: Dedner, Burghard/Mayer, Thomas Michael: Bericht über die Arbeiten der Forschungsstelle Georg Büchner ⟨...⟩. Marburg 1982 (vervielfältigtes Typoskript), S. 31–34.

Mayer, Thomas Michael: Das Protokoll der Straßburger Studentenverbindung ›Eugenia‹. In: Georg Büchner Jahrbuch 6 (1986/87), S. 324–392.

Mayer, Thomas Michael: Die ›Gesellschaft der Menschenrechte‹ und »Der Hessische Landbote«. In: Georg Büchner. Revolutionär, Dichter, Wissenschaftler. 1813–1837. Der Katalog ⟨zur⟩ Ausstellung Mathildenhöhe, Darmstadt 2. August bis 27. September 1987. Basel, Frankfurt am Main 1987, S. 168–186.

Mayer, Thomas Michael: Vorläufige Bemerkungen zur Textkritik von »Leonce und Lena«. In: Dedner, Burghard (Hrsg.): Georg

Büchner: Leonce und Lena. Kritische Studienausgabe, Beiträge zu Text und Quellen. Frankfurt am Main 1987 (Büchner-Studien, Bd. 3).

Mihm, Karl: Alex. Friedrich Ludwig Weidig. Ein Beitrag zur Geschichte des vormärzlichen Liberalismus. In: Archiv für hessische Geschichte und Altertumskunde, N.F. 15 (1928), S. 348–384 und 574–608.

Nachgelassene Schriften von Georg Büchner. ⟨Hrsg. von Ludwig Büchner.⟩ Frankfurt am Main 1850.

Noellner, Friedrich: Actenmäßige Darlegung des wegen Hochverrats eingeleiteten gerichtlichen Verfahrens gegen Pfarrer D. Friedrich Ludwig Weidig ⟨...⟩. Darmstadt 1844.

Ponteil, Félix: Au lendemain de l'insurrection polonaise. L'entree triomphale des généraux Ramorino, Langermann et Sznayde à Strasbourg (4 Décembre 1831). In: La Vie en Alsace 5 (1927), Nr. 9, S. 184–191.

Proelß, Johannes: Das junge Deutschland. Ein Buch deutscher Geistesgeschichte. Stuttgart 1892.

Der Prozeß gegen die oberhessische Demokratie (1833–1838). Eine Sammlung von Akten und Verhörprotokollen gegen die Zirkel um Friedrich Ludwig Weidig in Butzbach, Georg Büchner in Gießen und Leopold Eichelberg in Marburg. Zusammengestellt von Thomas Michael Mayer. Unveröffentlichte Sammlung in 36 Bänden. Marburg 1973 (Standort: Forschungsstelle Georg Büchner, Am Grün 1, D-35037 Marburg/Lahn).

Reuss, Edouard: Erinnerungen aus meinem Leben. Straßburg 1850ff. (Manuskript im Collegium Wilhelmitanum Strasbourg).

Reuss, Edouard: Auszüge aus meinem Briefwechsel ⟨= Alphabetisches Register der Korrespondenz⟩ (Manuskript im Archiv des St.-Thomas-Stifts, Strasbourg, Archives de la Ville).

Ritgen, Ferdinand August Max Freiherr von: Das Medicinalwesen des Großherzogthums Hessen in seinen gesetzlichen Bestimmungen dargestellt. Bd. 1. Darmstadt 1840.

Schaub, Gerhard: Georg Büchner und die Schulrhetorik. Untersuchungen und Quellen zu seinen Schülerarbeiten. Bern, Frankfurt am Main 1975.

Strohl, Jean: Ein Brief Büchners/Ein Brief seiner Braut. In: Corona 5 (1935), Heft 6, S. 657–661.

Strohl, Jean: Lorenz Oken und Georg Büchner. Zwei Gestalten aus der Übergangszeit von Naturphilosophie zu Naturwissenschaft. Zürich 1936.

Teraoka, Takanori: Georg Büchners ›Fatalismus‹-Brief und die oppositionelle Literatur seiner Zeit. In: Doitsu-bungaku-ronshu 21 (1988), S. 103–111.

Trump, Elisabeth Ziegler: The Elitist Revolutionary: Georg Büchner in his letters. Phil. Diss. New York 1979.

Viëtor, Karl: Büchner, Georg. In: Goedekes Grundriß zur Geschichte der deutschen Dichtung. Neue Folge (Fortführung von 1830 bis 1880). Grundsätze der Bearbeitung. Für die Mitarbeiter als Handschrift gedruckt. Leipzig 1934, S. 43–67.

Walter, Karl: Die Brüder Stöber. Zwei Vorkämpfer für das deutsche Volkstum im Elsaß des 19. Jahrhunderts. Kolmar ⟨1943⟩.

Wetzel, Heinz: Georg Büchner und ein polnischer General. Zwischen politischem Engagement und ironischer Distanz. In: Jahrbuch der Deutschen Schillergesellschaft 25 (1981), S. 367–384.

Wissing-Nielsen, Viggo: Zur Datierung eines Büchner-Briefes. In: Orbis litterarum 12 (1957), S. 104–106.

Zimmermann, Erich: Zwei neue Büchner-Dokumente. In: Archiv für hessische Geschichte und Altertumskunde, N.F. 38 (1980), S. 381–384.

BRIEFWECHSEL

I

1. *Exemtionsschein des Großherzoglichen Gymnasiums in Darmstadt*

Darmstadt, 30. März 1831, Mittwoch

Der bisherige Gymnasiast Carl Georg Büchner aus Goddlau, Sohn des Herrn Medicinalraths Büchner hierselbst, lutherischer Confession, hat 6½ Jahre lang das hiesige Gymnasium besucht, welches er jetzt, 17½ Jahre alt, von der ersten Ordnung in Selecta verläßt, um sich dem academischen Studium der Medicin zu widmen, zu welchem Endzweck ihm gegenwärtiges Zeugniß ausgestellt wird. Im Griechischen hat er sich gute Kenntnisse erworben und vermag bei gehöriger Vorbereitung mit Geläufigkeit zu übersetzen und lobenswerthe Arbeiten zu liefern. Im Erklären und Uebersetzen der lateinischen Prosaiker zeigt er viele Gewandheit, im Verstehen und Interpretiren der Dichter hinlänglichen Scharfsinn, der schriftliche Ausdruck im Lateinischen ist verständlich, ziemlich correct und fließend und zuweilen bis zur Fülle des oratorischen Numerus gesteigert. Das Studium der italienischen Sprache hat er mit glücklichem Erfolg in der letzteren Zeit betrieben. Vorzügliches Interesse bezeigte er für die teutschen Lectionen, in denen er sich theils durch einen verständigen mündlichen Vortrag, theils durch einzelne, von vorzüglicher Auffassungs- und Darstellungs-Gabe zeugende schriftliche Arbeiten auszeichnete. Den Religionsstunden hat er mit Aufmerksamkeit beigewohnt und in denselben manche treffliche Beweise von selbstständigem Nachdenken gegeben. In der Archäologie hat er mehr als gewöhnliche Schulkenntnisse, besonders in der Geschichte der Bildhauerkunst. In der Geschichte sind die Kenntnisse bedeutend. In der Mathematik war es wegen mangelnder Vorkenntnisse und kurzen Gesichts nicht möglich, mit den meisten Mitschülern gleichen Schritt zu halten; doch hat es am vielfachen Bestreben nicht gefehlt, noch Manches nachzuholen. Bei guten Anlagen läßt sich auch in seinem künftigen Berufsstudium etwas Ausgezeichnetes von ihm erwarten, und von seinem klaren und durchdringenden Verstande hegen wir eine viel zu vortheilhafte Ansicht, als daß wir glauben könnten, er würde jemals durch Erschlaffung, Versäumniß oder voreilig absprechende Urtheile seinem eigenen Lebensglück im Wege stehen. Vielmehr berechtigt uns sein bisheriges Benehmen zu der Hoffnung, daß er nicht blos durch seinen Kopf, sondern auch durch Herz und Gesinnung das Gute zu fördern, sich angelegentlichst bestreben werde.

Darmstadt am 30^{t}/. Maerz 1831. C. Dilthey,

Gymnasialdirector.

Überlieferung H *Gießen, Universitätsarchiv an der Universitätsbibliothek.*

D *Lehnert 1946/47, S. 79f.*

Abbildung: Schaub 1975, S. 124f.

Erläuterung *Besondere Maturitätszeugnisse wurden am Großherzoglichen Gymnasium zu Büchners Zeit »nur in Ausnahmefällen« erteilt (Bergemann* ^{1}*1922, S. 774); für die Zulassung zum Hochschulstudium genügte kraft »Allerhöchster Verordnung« vom 20. September 1807 das Abgangszeugnis* von der ersten Ordnung in Selecta *(Z. 5). Vgl. Ritgen 1840, S. 251f.*

4 6½ Jahre] *Irrtum Diltheys. Büchner besuchte das Darmstädter Gymnasium von Ostern 1825 bis Ostern 1831 (vgl. Schaub 1975, S. 25–27).*

2. *Das Großherzoglich Hessische Ministerium des Innern und der Justiz an Ernst Büchner in Darmstadt*

Zu Nr. D. 10702. Darmstadt am 9^{n}/. Sept. 1831. *Freitag*

Betreff: Vorstellung des Ghz. Medicinalraths Dr. Büchner dahier um Dispensation seines Sohnes Georg von dem biennium academicum.

Das Großherzoglich Hessische Ministerium des Innern und der Justiz eröffnet dem Petenten auf die Vorstellung vom 5^{n}/. d. M., daß dem angebrachten Gesuche willfahrt worden sey.

du Thil

Bechtold

Überlieferung H *Gießen, Universitätsarchiv an der Universitätsbibliothek. Mit Gebührenstempeln.*

D *Schaub 1975, S. 55.*

Erläuterung *Die Bescheinigung verschaffte Büchner Befreiung von der Verordnung über das »akademische Biennium« vom 20. September 1807, wonach jedes »Landeskind« gehalten war, die beiden ersten Studienjahre auf der Landesuniversität Gießen zu absolvieren (Ritgen 1840, S. 252). Wegen Büchners damaliger Minderjährigkeit stellte sein Vater den Antrag.*

3. Ernst Büchner an Edouard Reuss in Straßburg

Darmstadt, Mitte September 1831

Inhaltsangabe — *Ernst Büchner informiert den elsässischen Verwandten darüber, daß er seinen Sohn Georg in Straßburg Medizin studieren lassen will.*

Überlieferung — *Erschlossen aus: Edouard Reuss, »Auszüge aus meinem Briefwechsel«. Vgl. Hauschild 1985, S. 308.*

Datierung — *Aufgrund der Registriernummer in Reuss' Verzeichnis.*

4. Edouard Reuss an Ernst Büchner in Darmstadt

Straßburg, Ende September 1831

Überlieferung — *Erschlossen aus: Edouard Reuss, »Auszüge aus meinem Briefwechsel«. Vgl. Hauschild 1985, S. 308.*

Datierung — *Aufgrund der Registriernummer in Reuss' Verzeichnis.*

5. Ernst Büchner an Edouard Reuss in Straßburg

Darmstadt, Oktober 1831

Überlieferung — *Erschlossen aus: Edouard Reuss, »Auszüge aus meinem Briefwechsel«. Vgl. Hauschild 1985, S. 308.*

Datierung — *Aufgrund der Registriernummer in Reuss' Verzeichnis.*

6. An die Familie in Darmstadt

Straßburg, Anfang November 1831

Überlieferung — *Erschlossen aus: Brief Wilhelm Büchners vom 13. November 1831.*

7. Von Wilhelm Büchner nach Straßburg

Darmstadt, 13. November 1831, Sonntag

Lieber Georg!
vulgo Hempes I.

Die Gelegenheit, welche sich mir darbiedet, Dir zu schreiben, kann ich nicht unbenutzt lassen, indem ich Dir sehr viel mitzutheilen habe.

Das erste ist, Dir zu sagen, daß sich hier mehrere tüchtige Männer mit einander verbunden haben, wie Herr Öconomierath Papst, Herr Doctor Moldenhauer, Herr Doctor Külp, Herr Doctor Schnittspan u. noch mehrere, welche Vorlesungen über Mineralogie, Chemie, Physik, Mathematik, Öconomie, Thierarzeneykunde u. noch einige andere, in der Meyerey halten, von welchen ich den 4 ersten beywohne u. welche mir sehr viel Unterhaltung u. Vergnügen gewähren. Morgens gehe ich noch in die Apotheke u. Mittags zum Herrn Kaup, bey welchem ich unlängst einen Fuchs, den ich vom Onkel Louis geschickt bekommen habe u. das Ausstopfen ist mir auch so ziemlich gelungen ist. Dann habe ich Dir noch zu sagen, daß wir Montag den 7ten Große-Tanzstundte hatten u. Montag den 14ten abermals haben werden. Ich möchte doch wissen wie es mit Deinen Tanzbelustigungen steht. Ich hoffe, daß Du jetzo ein sehr eleganter Herr bist; eine Lorniet anhängen, den Hut unter dem Arm, eine Cravatte bis über die Ohren, Sporen an den Stiefeln, sehe ich Dich zum Abmahlen auf den Lustplätzen u. den Bällen herumstolzieren. Auch hoffe ich daß Du Schmetterlinge einsammlen wirst. Die Schmetterlinge von Rosenberg sind wahrscheinlicher Weise von ihm seinem Onkel hinweggeluchst worden; doch hierüber nichts weiteres, weil ich nichts gewisses davon weiß. Der Mutter war es sehr leid, daß Du ihr gar nicht für die Vorhängen an den Schmetterlingskästen gedankt hast, welche sich sehr schön ausnehmen.

Wilhelm Fehr ist kein Kaufmann mehr, sondern hier u. ein eleganter Herr u. hört die Vorlesungen mit an, da er Öconom werden will u. geht daher nächsten Sommer nach Reinheim, zum Öconom Willig. Seine Schwester wird vielleicht mit Herrn Doctor Schnittspan versprochen werden.

Eine Geschichte, welche hier passiert ist, will ich Dir doch erzählen: Der älteste Möllinger I, lag nähmlich, während sein Vetter verreißt war, eines Abends, allein, im Bette, konnte aber nicht einschlafen. Gegen 10 Uhr des Nachts hörte er leise seine Thüre aufmachen u. sah einen Menschen mit einer Blendlaterne hereintreten: Er verhielt sich aus Angst ruhig u. wollte sich lieber bestehlen, als sich umbringen lassen. Dieser, nachdem er die Stube durchsucht hatte, blendete ihm einige Male in das Gesicht u. ging plötzlich auf ihn los. Er in seiner Todtesangst warf die Boutellie nach ihm, u. aufspringend riß er den Stuhl in die Höhe u. machte einen fürchterlichen Lärmen, worauf der Dieb für gut fand, sich so schnell als möglich zu entfernen; obgleich man ihm zuredet u. ihm sagt, daß es wahrscheinlicher Weise ein Traum gewesen wäre, so behauptet er doch, daß es wirklich geschehen wäre.

Es setzte uns alle sehr in Erstaunen, daß Du gar nichts von Trapp in Deinen Briefen bemerkt hast, doch ich hoffe, daß dieses in Deiner Reisebeschreibung aufgezeichnet ist. Gegen die Geschichte, welche ich Dir oben mitgetheilt habe, kannst Du mir in einem abaten Brief einige sich dort zugetragenen Wolfsgeschichten erzählen; auch läßt

Dich die Mutter warnen, nicht allein zu weit von Strasburg fortzugehen, weil sie Angst hat, es möchte Dir ein Unglück mit einem Wolfe zu stoßen.

Minigerode, Dörr, Kaup, Frisch u. Schnitspan, welcher Doctor geworden ist, lassen Dich vielmals grüßen. Dein Pflänzchen ist besorgt. Jedoch ich muß schließen, weil ich keine Zeit mehr habe u. auch nichts mehr wichtiges weiß. Doch habe ich Dir noch zu sagen, daß Du, wenn Du mir schreibst, Dich nicht des Namens Schnittspan bedienest (bei dem Verspruch) denn sie sind hier sehr darauf versessen, es zu wissen, aber ich darf es nicht sagen, weil es ein Geheimniß ist, sondern schreibe statt des Namens: NN.

Indem ich auf einen Brief von Dir an m i c h warte,

verbleibe ich

Dein Dich herzlich liebender Bruder

Darmstadt den 13^{tn} Nov 1831. Wilhelm Büchner

Adresse An / Herrn Stud: Medic. G. Büchner / wohlgeboren / in Strasbourg / N: 44. // Frey

Überlieferung
- H *1963 Privatbesitz Dr. Anton Büchner, Ingelheim. Text aufgrund einer Fotokopie.*
- D^1 *»Darmstädter Echo«, 22. November 1958 (Auszüge).*
- D^2 *Lehmann 1963, S. 221–225 (mit Faksimile).*
- D^3 *Georg Büchner, »Sämtliche Werke und Briefe. Historisch-kritische Ausgabe mit Kommentar«, hrsg. von Werner R. Lehmann. Zweiter Band. Vermischte Schriften und Briefe, Reinbek 1971, S. 467f.*

8. *Ernst Büchner an Edouard Reuss in Straßburg*

Darmstadt, Ende November 1831

Überlieferung *Erschlossen aus: Edouard Reuss, »Auszüge aus meinem Briefwechsel«. Vgl. Hauschild 1985, S. 308.*

Datierung *Aufgrund der Registriernummer in Reuss' Verzeichnis.*

9. *An die Familie in Darmstadt*

Straßburg, 4./5. Dezember 1831, Sonntag/Montag

Auszug . . . . . Als sich das Gerücht verbreitete, daß R a m o r i n o durch Straßburg reisen würde, eröffneten die Studenten sogleich eine Subscription und beschlossen, ihm mit einer schwarzen Fahne entgegenzuziehen. Endlich traf die Nachricht hier ein, daß Ramorino den Nachmittag mit den Generälen Schneider und Langermann ankommen würde. Wir versammelten uns sogleich in der Academie; als wir aber durch das Thor ziehen wollten, ließ der Officier, der von der Regierung Befehl erhalten hatte, uns mit der Fahne nicht passiren zu lassen, die Wache unter das Gewehr treten, um uns den Durchgang zu wehren. Doch wir brachen mit Gewalt durch und stellten uns drei- bis vierhundert Mann stark an der großen Rheinbrücke auf. An uns schloß sich die Nationalgarde an. Endlich erschien Ramorino, begleitet von einer Menge Reiter; ein Student hält eine Anrede, die er beantwortet, ebenso ein Nationalgardist. Die Nationalgarden umgeben den Wagen und ziehen ihn; wir stellen uns mit der Fahne an die Spitze des Zugs, dem ein großes Musikchor vormarschirt. So ziehen wir in die Stadt, begleitet von einer ungeheuren Volksmenge unter Absingung der Marseillaise und der Carmagnole; überall erschallt der Ruf: Vive la liberté! vive Ramorino! à bas les ministres! à bas le juste milieu! Die Stadt selbst illuminirt, an den Fenstern schwenken die Damen ihre Tücher, und Ramorino wird im Triumph bis zum Gasthof gezogen, wo ihm unser Fahnenträger die Fahne mit dem Wunsch überreicht, daß diese Trauerfahne sich bald in Polens Freiheitsfahne verwandeln möge. Darauf erscheint Ramorino auf dem Balkon, dankt, man ruft Vivat! – und die Komödie ist fertig. . . .

Überlieferung — H *Nicht nachweisbar.*
D *»Nachgelassene Schriften«, S. 237.*

Datierung — *Der beschriebene Einzug der polnischen Generale erfolgte am 4. Dezember 1831 (Ponteil 1927, Wetzel 1981). Die Formulierung* den Nachmittag *in Z. 5 deutet auf einen geringen zeitlichen Abstand zwischen Erlebnis und Bericht. Da sich Ramorino erst gegen Mitternacht auf dem Balkon des Gasthofs ›Zum Geist‹ zeigte, kann der Brief frühestens in der Nacht vom 4. auf den 5. Dezember geschrieben worden sein. Vgl. Viëtor 1934, S. 46.*

Zum Text — *D hat durchweg* Romarino *statt* Ramorino. *Die falsche Schreibung findet sich in der deutschen Publizistik um 1831 häufiger, nicht aber in der elsässischen. Es dürfte sich daher um einen Texteingriff in D handeln, der hier rückgängig gemacht wurde.*

10. *An die Familie in Darmstadt*

Straßburg, Dezember 1831

Auszug

. . . . . Es sieht verzweifelt kriegerisch aus; kommt es zum Kriege, dann giebt es in Teutschland vornehmlich eine babylonische Verwirrung, und der Himmel weiß, was das Ende vom Liede seyn wird. Es kann A l l e s gewonnen und A l l e s verloren werden; wenn aber die Russen über die Oder gehn, dann nehme ich den Schießprügel, und sollte ich's in Frankreich thun. Gott mag den allerdurchlauchtigsten und gesalbten Schaafsköpfen gnädig seyn; auf der Erde werden sie hoffentlich keine Gnade mehr finden. . . . .

Überlieferung *H* *Nicht nachweisbar.*
D *»Nachgelassene Schriften«, S. 238.*
Datierung *Wie D.*

11. Edouard Reuss an Ernst Büchner in Darmstadt

Straßburg, Dezember 1831

Überlieferung *Erschlossen aus: Edouard Reuss, »Auszüge aus meinem Briefwechsel«. Vgl. Hauschild 1985, S. 308.*
Datierung *Aufgrund der Registriernummer in Reuss' Verzeichnis.*

12. Ernst Büchner an Edouard Reuss in Straßburg

Darmstadt, Anfang 1832

Überlieferung *Erschlossen aus: Edouard Reuss, »Auszüge aus meinem Briefwechsel«. Vgl. Hauschild 1985, S. 308.*
Datierung *Aufgrund der Registriernummer in Reuss' Verzeichnis.*

13. Edouard Reuss an Ernst Büchner in Darmstadt

Straßburg, Anfang 1832

Überlieferung *Erschlossen aus: Edouard Reuss, »Auszüge aus meinem Briefwechsel«. Vgl. Hauschild 1985, S. 308.*
Datierung *Aufgrund der Registriernummer in Reuss' Verzeichnis.*

14. An die Familie in Darmstadt

Straßburg, etwa Mitte April 1832

Auszug . . . . Das einzige Interessante in politischer Beziehung ist, daß die hiesigen republicanischen Zierbengel mit rothen Hüten herumlaufen, und daß Herr Périer die Cholera hatte, die Cholera aber leider nicht ihn. . . . . .

Überlieferung *H* *Nicht nachweisbar.*
D *»Nachgelassene Schriften«, S. 238.*

Datierung — *Der französische Ministerpräsident Casimir Périer erkrankte am 5./6. April 1832 an Cholera, was am 7. und 8. April im »Moniteur« bekanntgegeben wurde. Er starb am 16. Mai. Büchners Brief muß zwischen beiden Daten geschrieben worden sein. Vgl. Viëtor 1934, S. 46; Bergemann [3]1940, S. 510 und Hauschild 1985, S. 104.*

15. Albumblatt von Adolph Stoeber

Straßburg, 2. Juli 1832, Montag

Auszug — *Der Text wurde »anläßlich«* unserer fidelen Pfingstreise *verfaßt. Er trägt die Unterschrift* Adolf Stöber.

Überlieferung — *H* *Privatbesitz.*
D *Antiquariatskatalog Konrad Meuschel, Nr. 32, Bonn 1979, S. 43, Nr. 182 (Auszug mit faksimilierter Unterschrift). Text und Datierung hiernach.*

Erläuterung — *Der Empfänger des Albumblatts ist bisher nicht identifiziert worden. Es könnte sich aber um Georg Büchner handeln, der zusammen mit den Brüdern Stoeber, Eugène Boeckel und Peter Follenius Pfingsten 1832 (10./11. Juni) eine »Partie 〈...〉 nach dem Odilienberge u. dem Niedecker Wasserfall« unternahm (s. Mayer 1986/87, S. 366f.). Dafür spricht auch, daß im gleichen Antiquariatskatalog unter Nr. 183 ein Brief Adolph Stoebers an Büchner (s. unten Nr. 20) angeboten wurde. Konrad Meuschel hält es für wahrscheinlich, daß beide Autographen aus der gleichen Quelle kamen (Briefauskunft vom 23. November 1992).*

16. An Eugène Boeckel in Straßburg

Darmstadt, 20. August 1832, Montag

Überlieferung — *Erschlossen aus: Brief Boeckels vom 7. September 1832. Beilage des Briefs an Edouard Reuss (Nr. 17).*

17. An Edouard Reuss in Straßburg

FAKSIMILE *S. 134f.*

Darmstadt d. 20^{t} August 1832. *Montag*

Lieber Eduard!

Nicht wahr, ich sollte eigentlich mit einigen Dutzend Entschuldigu*n*g anfangen? aber Himmel, ich habe dieß schon im beyliege*n*den Brief gethan, und wiederhole dergleichen nicht gern, ich krieche also unterthänigst zu Kreuz und bitte um Pardon für den nachlässigen Delinquenten. Ich denke Du nimmst diesen papiernen Oelzweig und Friedensfahne auch so ohne weite Friedens-Präliminarien an und zankst nicht weiter mit mir, der ich Dich 3 volle Wochen warten ließ und lässest mich nicht eben so lange warten. Ich freue mich ordentlich, daß dießer Wisch Papier an einen Ort kommen soll, der mir meine zweite Vaterstadt geworden und dem ich, wenn ich einmal als ein gefürsteter Zweifüßler, longimanus und omnivore sterben sollte, die eine Herzkammer nebst meinem übrigen durchlauchtigsten Cadaver vermachen würde, während ich denn doch wohl die andere Herzkammer meinem Vaterhause ließe, aber auch nur meinem V a t e r - h a u s e, denn ach! ich armseliger Kreuzträger, sitze e r s t e n s im lieben heiligen teutschen Reich, z w e i t e n s im Großherzogthum H e s s e n, d r i t t e n s in der Residenz D a r m s t a d t, zuletzt sitze ich nun noch freilich in der Mitte meiner Familie, aber ich bin leider noch nicht so patriarchalisch geworden, daß ich über dießen Abrahamsschooß die drei übrigen Klassifikationen vergessen sollte.

Die erste umfaßt die Secte der Nabelbeschauer, die sich von der alten wohlbekannt nur dadurch unterscheidet, daß sie beym Nabel nicht mehr an Gott, sondern bey Gott an den Nabel denkt, die zweite, als Unterabtheilung umfaßt ein Stück des Theils, wo der Nabel und Bauch-Gottesdienst als konstitutionell aufgeklärter Liberalismus getrieben wird, die dritte endlich umfaßt die ordinirten Geistlichen und trägt als Ordenskleid die Hoflivree und als Wappen den Hessischen Haus und Zivil-Verdienstorden e.c.t.

Du kannst Dir wohl denken, wie wohl ich mich dabey befinde, doch füge ich mich in die Umstände und bin dabey so ein anständiger, so ein rechtlicher, so ein zivilisirter junger Mann geworden, daß ich bey einem Minister den Thee einnehmen, bey seiner Frau auf dem Kanapee sitzen und mit seiner Tochter eine Françoise tanzen könnte; wir sind im neunzehnten Jahrhundert, bedenke was das heißen will!

Ach, lieber Eduard! schreibe mir nur bald, daß ich doch etwas aus Straßburg zu sehen bekomme, ich habe wohl Eltern und Geschwister hier, aber alle meine Freunde sind fort und ich bin fast ganz isolirt; ich war wohl die ersten Tage froh, aber ich kann einmal dieße Luft nicht vertragen, sie ist mir noch eben so zu wider, als zur Zeit da ich fortging. Ich lamentire Dir da etwas vor und Du möchtest wohl etwas Vernünftiges von mir hören, aber es ist unmöglich weder von, noch in D a r m s t a d t dergleichen zu schreiben, ist auch noch nie geschehen. Nur das: Deine Aufträge sind besorgt, Zimmermann's Sohn hat noch die Redaction der Kirchen-Zeitung, wird sie jedoch wie man sagt, mit B r e t s c h n e i d e r theilen, und ein Geistlicher aus Mainz, dessen Name mir entfallen, wird Zimmermanns Platz hier ausfüllen. Dieß interessirt Dich vielleicht, mich verzweifelt wenig. Lebe wohl, schreibe bald, herzliche Grüße an die Tante, Pauline und Mad. Bauer

vo⟨n Dei⟩nem G. Büchner

Adresse An / Edouard Reuss, Licenciat, / zu / Strasburg, / Spießgasse // Frei

Überlieferung — *H* — *Ville de Strasbourg, Archives. Mit Poststempel »DARMSTADT 22 AUG«, weiteren postalischen Zeichen sowie Beschriftungen von Edouard Reuss. Geringer Textverlust durch Siegelausriß in Z. 51.*

D^1 *»Schwäbisches Tagblatt«, Tübingen, 19. Oktober 1983 (Auszug).*

D^2 *Weihnachtsgabe 1984 der Verlagsgruppe Athenäum, Hain, Hanstein (Königstein 1984).*

D^3 *Hauschild 1985, S. 309.*

Teilabbildung: Hauschild 1985 (Schutzumschlag). Abbildung der Adresse: Georg Büchner. Revolutionär, Dichter, Wissenschaftler 1987, S. 121.

18. An August und Adolph Stoeber in Straßburg

FAKSIMILE *S. 136f.*

Darmstadt d. 24ten August. *1832, Freitag*

Liebes Brüderpaar!

Obgleich die Adresse nur an einen von Euch lautet, so gilt sie doch Euch beiden; doch seht vorerst nach der zweiten, ⟨den⟩n mein Brief ist nur die Schaale und figurirt nur als Käspapier. Habt Ihr das andre Papier gelesen, so werdet Ihr wissen, daß es sich um nichts geringeres handelt, als um die Muse der teutschen Dichtkunst; ob Ihr dabey als Accoucheurs oder als Todtengräber auftreten sollt, wird der Erfolg lehren. Ihr seyd gebeten mit Eurer poetischen Haus und Feld-Apotheke bey der Wiederbelebung des Cadavers thätige Hülfe zu leisten; am besten wäre es man suchte ihn in einem Backofen zu erwärmen, denn dieß ist noch das einzige Kunstwerk, welches das liebe Teutsche Volk zu bauen und zu genießen versteht! Doch, Spaß bey Seite! ich lege Euch die Sache ernstlich an's Herz; wenn die Männer, welche Ihre Beihülfe versprochen haben, Wort halten, so kann etwas Tüchtiges geleistet werden, daß Ihr viel dazu beytragen könnt, weiß ich, ohne Euch schmeicheln zu wollen. Die Herausgeber kenne ich persönlich, Künzel ist Candidat der Theologie, Metz steht einer Buchhandlung vor, beyde sehr gebildete junge Leute; die Zimmermänner sind Zwillinge und studiren in Heidelberg, sie gehören zu meinen ältesten und besten Freunden, namentlich hat der eine von ihnen ausgezeichnete poetische Anlagen. Eure Antwort seyd Ihr gebeten, an mich zu adressiren, ich hoffe dabey auch einige herzliche Worte an mich zu finden; heute sind es zuerst 3 Wochen, daß ich Euch verlassen, und doch könnte ich Euch schon manche epistolas ex ponto schreiben! Ach säße ich doch wieder einmal unt Euch im Drescher. Herzliche Grüße an die edlen Eugeniden, namentlich an Boekel und Baum.

Lebt wohl — Euer G. Büchner

Adresse — An / Herrn August Stoeber, Stud. Theologiae / zu / Strasburg. / Am alten Weinmarkt. // Frei

Beilage *Gedruckte Einladung zum »Deutschen Musenalmanach für 1833«*

Unsere vielbewegte Zeit tritt einem geistigen Vorhaben keineswegs hemmend entgegen. Dieser Zeit Leben und Streben besteht gerade darin: die Völker, wenigstens im Geiste, zu einigen und zu verbinden. Wir wünschen daher – möge unser frommer Wunsch eine schöne Verwürklichung finden – ein Unternehmen auszuführen, welches ein rühmliches Zeugniß ablegt, wie die deutsche Nation durch ihre poetischen Repräsentanten vermittelst gemeinsamer Sprachengabe eine höhere Einheit darstellt.

Zu dem Ende rufen wir alle Männer deutscher Zunge um Unterstützung und Begünstigung an!

Wir beabsichtigen nämlich die Herausgabe eines

Deutschen Musenalmanachs für 1833,
mit Beiträgen
von

K. Baur, Lud. Bechstein, A. v. Chamisso, W. v. Chezy, Ed. Duller, G. Friedrich, Anastasius Grün, Carl Grüneisen, K. Immermann, K. W. Justi, Just. Kerner, Nikolaus Lehnau (Edler von Strehlenau), Wolfgang Menzel, Frau Aug. Meyer, Ernst Münch, L. Neuffer, Gustav Pfitzer, Louise v. Plönnies, J. B. Rousseau, L. Schäfer, Aug. Wilh. v. Schlegel, Ph. Schlinck, Gustav Schwab, Ludwig Tieck, Ludwig Uhland, H. G. Zehner, Wilhelm Zimmermann etc.

herausgegeben
von
F. H. Küntzel, Fr. Metz, Georg und Fr. Zimmermann.
(Mit dem Bildniß von Anastasius Grün.)

Da wir das Unternehmen erst ins Leben rufen, so können wir bei Uebernahme der Druckkosten fürs erste Jahr die Beiträge, um welche wir Sie freundlichst bitten, nur mit einigen Freiexemplaren des Almanachs honoriren. Stellt sich nach Verlauf des ersten Jahres ein günstiges Resultat heraus, desto besser! Wir werden dann den Ueberschuß zur Verfügung der sämmtlichen Mitherausgeber stellen und es ihnen überlassen: zu welchem schönen Zwecke derselbe verwendet werden soll. Zu diesem Ende werden wir genaue Abrechnung halten und zur Prüfung vorlegen.

Bis Ende October d. J. wünschen wir im Besitz Ihrer Beiträge zu sein und bitten vorläufig um eine geneigte Antwort. Senden Sie solche an J. W. Heyer's Hofbuchhandlung in Darmstadt, damit wir Ihren Entschluß kennen lernen. Neujahr 1833 soll der Almanach seine Wanderung beginnen.

Der Druck wird elegant und das weitere Aeußere desselben schön werden.

Für musikalische Beiträge und Compositionen einzelner Gedichte, werden die Herren Wilh. Mangold, F. Neukäufler, H. Christ. Rinck und Gottfried Weber zu Darmstadt Sorge tragen.

Der Almanach wird aus den Rubricken: Lieder, Kirchenlieder, Sonette, Elegien, Romanzen und Balladen, Legenden, Episteln und Epigrammen etc. bestehen.

Ob wir nun gleich die Zusage zu Beiträgen von vielen Herren schon längere Zeit besitzen und auch die der andern Herren zu erhalten hoffen; so müssen wir doch bitten: das ganze Unternehmen bis zur Zeit öffentlicher Anzeige, um derjenigen Herren willen, deren Zusage wir noch nicht erhalten, unter dem Siegel der Verschwiegenheit gütigst bewahren zu wollen.

Verehrungsvoll verharren wir unterdessen als

Ihre ganz ergebenen

F. H. Küntzel, Fr. Metz, Georg & Fr. Zimmermann.

Darmstadt und Heidelberg im August 1832.

Überlieferung *H* *Fonds Littéraire Stoeber, Frankreich (Brief und Beilage). Geringer Textverlust durch Siegelausriß in Z. 4. Text aufgrund einer Fotokopie.*

D^1 *Strohl 1936, S. 71f. (ohne die Beilage). Teilabbildung nach S. 66.*

D^2 *»Das Inselschiff«, 21 (1940), Heft 1, S. 61f. (aufgrund D^1).*

D^3 *Lehmann/Mayer 1976, S. 177f. (Auszüge).*

Zum Text *Text ab Z. 20* und *am linken Rand notiert H.*

61 Ihrer] I *handschriftlich korr. aus* i *H.*

75 Verschwiegenheit] *handschriftlich unterstrichen H.*

19. Von Eugène Boeckel nach Darmstadt

Niederbronn den 7ten September *1832, Freitag*

Nur Geduld mein lieber, ich will Dir gleich erklären warum ich Dir erst jezt schreibe obgleich Dein Brief vom 20. August ist. Aber um eine chronologische Ordnung beyzubehalten, will ich mit einer kurzen Selbstbiographie beginnen, die v. der Zeit anfängt wo Du Straßburg verlassen, ich weiß Dir wahrhaftig nichts intereßanteres zu schreiben als von mir selbst; Siehe mein lieber diese kurze Einleitung wird verzweifelt lang ergo finis introduct. prolegom. exaudii Soviel ich mich erinnere reistest Du von Straßburg fort in den ersten Tagen des August's, ich blieb in Straßburg bis den 27 August während welcher Zeit ich Deinen lieben lang erwarteten Brief erhielt – In dieser Zeit besuchte ich meistens den Hospital, u. dann noch einige Kranke mit mein. Bruder, hauptsächlich habe ich viele Rubeolas u Nervenfieber gesehn, erstere nahmen in der lezten Zeit einen sehr bösartigen Carakter an, so daß sehr viele daran starben, denn als consecutive Krankheit folgte oft Skorbut, Brustkrankhten zuweilen hydrocephalus. Mein Bruder u. ich machten die Autopsie v. mehrern Kindern welche an diesen Krankheiten starben. Einen intereßanten Kranken sahe ich welcher als Folge eines zu reichlichen Genußes v. geistigen Getränken das delirium tremens bekam, durch 20–40 gr. tartarus stibiatus geheilt wurde, einige Wochen nachher an Brust u. Leber-Krankheit starb u. von uns autopsirt wurde, der untere Theil der Leber war in Fäulniß übergegangen u. so weich wie ein altes Hirn, Lungen u pleura an den Thoras ganz angewachsen etc. requiescat in pace.

Eine Frau die hydrothorax u. überh. hydropisie hatte u. mehrere Rückfälle erlitt wurde hauptsächlich durch digitalis u. nitrum glücklich behandelt. Von den 2 od. 3 Dutzd Schwindsüchtigen die ich sahe, spreche ich Dir nicht – ohne Übertreibg.

Zu Hause studirte ich für mich Chommel, pathologie génerale u Arnemann, materia medica u. ein. Theil v. Barbier, matière médicale Zuweilen oder vielmehr öfters that ich nichts, Du kennst ja meine Natur Lambossy sah ich ziemlich oft, doch weniger als ich es wünschte, weil ich sehr oft in Ittenheim war. Scherb ist nach Genf nicht nach Ungarn abgereist Roth nach Berlin, Ad. Stöb. komt wahrscheinlich nach Colmar. Baum ist vor einigen Tagen auf's Land —— Der Concurs im Spital hatte statt wie Du weißt konkurirte ich nicht, Hirtz *wur*de gleich angenommen, Lintzler zuerst zurück geschickt später angenommen weil sich nur zwei präsentirten u. man doch zwei surnuméraires haben mußte. Lintzler wollte nämlich nach Öffnung d. Arterie aus Versehn bey dem Aderlaßen, die Wunde cauterisiren, u. den triceps zu den Muskeln des Vorder-Arms zählen nämlich sein. Antworten nach, nicht daß Du Dir einbildest er habe wirklich ein arteriam getroffen —— Duvernoy, der etc. gibt sich alle Mühe ohne Concurs Physiologie Profeßor zu werden constat. Ich hoffe er wird mit seinem breiten Maul abfahren wie zu Paris, das Vieh bleibe doch bey seiner Zoologie, ich wollte lieber den Kerl disseciren od. todschlagen als ihn in der Physiologie hören oder sehn, Du weißt es ist meine Antipathie; seit 3 Wochen ist er re infecta aus Paris zurückgekehrt u. lauft od. tanzt in schwarzibus in den Gaßen v. Straßburg herum, glücklicher Weise treff ich den Intriganten noch nicht an, denn es hätte mir wahrhaftig wider die Gelbsucht zuziehen können, Ich will auf seine Gesundheit trinken wenn ihm sein Vorhaben mißlingt ——

Melle jolis pieds et jolies mains machte ich erst einen Besuch, ehe ich Deinen Brief erhielt, seither nicht mehr, sie seufzt noch zwei Monate lang lang.

Nun komme ich wieder auf die Hauptperson daß heißt auf mich zurück, Ende August's reiste ich mit Ad. u. Aug. Stöber nach Weißenburg, Amsler u. Held erwarteten uns an der diligence bis um Mitternacht wo wir ankamen ich mußte bey Held logiren u. wurde v. der ganzen Familie sehr zuvorkommend u. wohl empfangen, Held, Amsl. 2 Stöb. u. ich gingen die folgden Tage nach Landau in d*a*s Rheinbairische v. dort besuchten wir einige alten Burge, Dryfels, Madenburg etc. kehrten Dienstags Abend wieder nach Weißenburg zurück – Mittwoch ging ich mit 2 Stöb. nach Woerth v. dort ins Jägerthal wo wir einige alte Burgen besuchten u. langten gestern glücklich hier an, heute ist abscheulich Regenwetter, ich bin allein denn die beyden Stöber sd. in Oberbronn bey ihrer Schwester, u. ich hier bey mein. Cousin welcher aber den ganzen Tag auf d. Bureau ist, Ich sitze also hier in Niederbron in ein. hübschen Kaffeehaus u. schreibe an meinen lieben Büchner, Die Zeit würde mir zu fürchterlich lang werden, wenn sich nicht ein artiges, hübsches Mädchen sich meiner erbarmte, welche auf einige Zeit hier im Kaffeehaus ist – Sie ist aus Straßburg klein gut gebaut etc. doch ein wenig viel Kokette, gestern schrieb ich an mein. Bruder, heute an Dich Du siehst also daß ich über dem Mädchen durchaus Dich nicht gedenke, vielmehr wäre es mir zehnmal lieber Dich als die Kokette hier zu haben –

Morgen wenn es das Wetter erlaubt ziehen wir nach Bitsch die famose Festung dann nach Lützelstein zu Follen, dann zu Baum, endlich nach Barr, heut über acht Tagen bin ich bestimmt wieder in Straßburg vielleicht auch früher, ich werde dann hauptsächlich Anatomie u. Physiologie studiren od. ochsen, dazu noch die Therapie v. Hecker.

Lebe wohl, ich erwarte gleich nach mein. Ankunft in Straßburg Briefe von Dir ich denke Du kannst ⟨wohl⟩ dieses Opfer mir bringen – denn Du weißt wie mich Deine Briefe erfreuen

(Am linken Rand der dritten Seite:)

Vale u. komme je eher je lieber nach Straßbg zurück.

Dein Eug. Boeckel.

Adresse Monsieur / George Büchner, étudiant / en médecine / à / Darmstadt.

Überlieferung H *Zürich, Zentralbibliothek. Mit Poststempel »NIDERBRUNN 7 SEPT. 1832 (67)« und weiteren postalischen Zeichen. Geringer Textverlust durch Siegelausriß in Z. 86.*

D *Bergemann* ^{3}*1940, S. 461–463.*

20. *Von Adolph Stoeber nach Darmstadt*

Straßburg, 23. September 1832, Sonntag

Hier, lieber Freund! meine Beiträge für den Musenalmanach, dem ich von Herzen einen guten Fortgang wünsche; es läge vielleicht im Interesse dieses Unternehmens, denselben noch vor Weihnachten auszugeben, da man um diese Zeit am liebsten Almanache kauft.

Ich muß mich kurz fassen, lieber Büchner; in einer Stunde ziehen wir Beide mit Böckel und Lambossy nach dem Odilienberg.

Ich freue mich, Dich bald wiederzusehen!

Dein

Straßburg, 23 Sept. 32. Adolph Stöber

Überlieferung H *Darmstadt, Hessische Landes- und Hochschulbibliothek.*

D^1 *Antiquariatskatalog Konrad Meuschel, Nr. 32, Bonn 1979, S. 43 (Auszug).*

D^2 *Zimmermann 1980, S. 381.*

21. Von Edouard Reuss nach Darmstadt

Straßburg, 1. Oktober 1832, Montag

Überlieferung — *Erschlossen aus: Reuss' Beantwortungsvermerk »+ 1 Oct.« auf der Adressenseite von Büchners Brief vom 20. August 1832.*

22. Adolph Stoeber an die Mitglieder der Studentenverbindung ›Eugenia‹ in Straßburg

Metz, um den 31. Oktober 1832

Überlieferung — *Erschlossen aus: Brief Eugène Boeckels an Adolph Stoeber vom 3. November 1832 (Fonds Littéraire Stoeber, Frankreich). Vgl. zu Nr. 23.*

23. An Adolph Stoeber in Metz

FAKSIMILE *S. 138f.*

Straßburg, 3. November 1832, Samstag

Lieber Adolph!

Nur wenige Zeilen bringen Dir dießmal meine Grüße. Ich komme eben aus dem Leichendunst und von der Schädelstätte, wo ich mich täglich wieder einige Stunden selbst kreuzige, und nach den kalten Brüsten und den todten Herzen, die ich da berührte, erquickte mich wieder das lebendige, warme an das Du mich drücktest über die Paar Meilen hinaus, die unsere Kadaver trennen. Wahrhaftig der Lindwurm von dem Du sprichst ist nicht so gefährlich, man müßte ein armer Tropf seyn, wenn unsre Arme nicht einmal über die dreißig Stu*n*den hinübergreifen könnten. Wenn das Frühjahr kommt hoffe ich Dich zu sehen. Seit acht Tagen bin ich wieder hier, die teutsche naßkalte Holländerathmosphäre ist mir zuwider, die französische Gewitterluft ist mir lieber.

Lebe wohl,

Dein G. Büchner

Überlieferung — *H* *Fonds Littéraire Stoeber, Frankreich. Text aufgrund einer Fotokopie.*
D *Lehmann/Mayer 1976, S. 180.*

Datierung — *Es handelt sich um den mittleren Teil eines gemeinschaftlichen Briefs von drei ›Eugenia‹-Mitgliedern. Dieser ist von Eugène Boeckel, der den Anfang als Briefschreiber machte, auf »Straßburg, den 3ten Novb. 1832« datiert. Vgl. Lehmann/Mayer 1976, S. 180f.*

24. *An die Familie in Darmstadt*

Straßburg, Dezember 1832

Auszug

. . . . Ich hätte beinahe vergessen zu erzählen, daß der Platz in Belagerungsstand gesetzt wird (wegen der holländischen Wirren). Unter meinem Fenster rasseln beständig die Kanonen vorbey, auf den öffentlichen Plätzen exerciren die Truppen und das Geschütz wird auf den Wällen aufgefahren. Für eine politische Abhandlung habe ich keine Zeit mehr, es wäre auch nicht der Mühe werth, das Ganze ist doch nur eine Komödie. Der König und die Kammern regieren, und das Volk klatscht und bezahlt. . . . .

Überlieferung *H* *Nicht nachweisbar.*
D *»Nachgelassene Schriften«, S. 239.*

Datierung *Wie D.*

25. *Aus: Friedrich Metz und Heinrich Küntzel an August Stoeber in Straßburg*

Darmstadt, 24. Dezember 1832, Montag

Freundlich gesinnter Freund,
Nochmals unsern herzlichsten Dank für Ihre thätigste und liebevolle Mit-Würkung zum Emporbringen unseres Schmerzenkindes!

Wir stellen Ihnen 5 Exemplare zu und bitten Sie, 3 zu behalten, 1 derselben Freund Büchner zu geben und das fünfte an Herrn Dr. Schnetzler ⟨...⟩ zu senden. ⟨...⟩

Überlieferung *H* *Fonds Littéraire Stoeber, Frankreich. Text aufgrund einer Fotokopie.*
D *Lehmann/Mayer 1976, S. 179 (Auszug).*

Erläuterung *Angekündigt wird die Versendung von Belegexemplaren des »Musenalmanach. Eine Neujahrsgabe für 1833. Herausgegeben von Heinrich Küntzel und Friederich Metz«, Darmstadt 1833 (vgl. Nrn. 18 und 20).*

Zum Text *Die Ziffern 5 und 3 in H unterstrichen.*

26. *An die Familie in Darmstadt*

Straßburg, Januar 1833

Auszug

. . . . . Auf Weihnachten ging ich Morgens um vier Uhr in die Frühmette ins Münster. Das düstere Gewölbe mit seinen Säulen, die Rose und die farbigen Scheiben und die knieende Menge waren nur halb vom Lampenschein erleuchtet. Der Gesang des unsichtbaren Chores schien über dem Chor und dem Altare zu schweben und den vollen Tönen der gewaltigen Orgel zu antworten. Ich bin kein Katholik und kümmerte mich wenig um das Schellen und Knieen der buntscheckigen Pfaffen, aber der Gesang allein machte mehr Eindruck auf mich, als die faden, ewig wiederkehrenden Phrasen unserer meisten Geistlichen, die Jahr aus Jahr ein an jedem Weihnachtstag meist nichts Gescheidteres zu sagen wissen, als, der liebe Herrgott sey doch ein gescheidter Mann gewesen, daß er Christus grade um diese Zeit auf die Welt habe kommen lassen. –

Überlieferung H *Nicht nachweisbar.*
D *»Nachgelassene Schriften«, S. 239.*
Datierung *Wie D.*

27. *Aus: Adolph Stoeber an August Stoeber und die Studentenverbindung ›Eugenia‹ in Straßburg*

Metz, 17. Februar 1833, Sonntag

⟨...⟩ Auch den Freunden Büchner u. Caspari, die vielleicht auch in Euerer Mitte seyn werden, meinen Bruderhandschlag! ⟨...⟩

Überlieferung H *Fonds Littéraire Stoeber, Frankreich.*
D *Lehmann/Mayer 1976, S. 176 (Auszug). Text hiernach.*

28. *Aus: Eduard Lange an August Stoeber in Straßburg*

Beaucourt, 11. März 1833, Montag

⟨...⟩ Grüßt mir aufs herzlichste unsern treuen Follen, Reuss, Büchner. ⟨...⟩

Überlieferung H *Fonds Littéraire Stoeber, Frankreich.*
D *Lehmann/Mayer 1976, S. 176 (Auszug). Text hiernach.*

29. *Aus: Eduard Lange an August Stoeber in Straßburg*

Beaucourt, 25. (?) März 1833

⟨...⟩ Wie geht es unserm Boeckel? Ist er wieder vollkommen hergestellt? Er soll mirs selbst schreiben. Büchner soll auch noch etwas von sich hören lassen. ⟨...⟩

Überlieferung H *Fonds Littéraire Stoeber, Frankreich.*
D *Lehmann/Mayer 1976, S. 176 (Auszug). Text hiernach.*

30. Von der Familie nach Straßburg

Darmstadt, nicht vor dem 4. April 1833

Inhaltsangabe *Mit »Erzählungen aus Frankfurt« wird Stellung zum dortigen Putschversuch radikaler Republikaner genommen.*

Überlieferung *Erschlossen aus: Brief Büchners, nach dem 6. April 1833.*

Datierung *Der Frankfurter Wachensturm wurde in der Nacht des 3. April 1833, zwischen 22 und 23 Uhr, unternommen. Nachrichten und Augenzeugenberichte können die Familie in Darmstadt frühestens am folgenden Tag erreicht haben.*

31. An die Familie in Darmstadt

Straßburg, nach dem 6. April 1833

Auszug

Heute erhielt ich Euren Brief mit den Erzählungen aus *Frankfurt*. Meine Meinung ist die: Wenn in unserer Zeit etwas helfen soll, so ist es *Gewalt*. Wir wissen, was wir von unseren Fürsten zu erwarten haben. Alles, was sie bewilligten, wurde ihnen durch die Nothwendigkeit abgezwungen. Und selbst das Bewilligte wurde uns hingeworfen, wie eine erbettelte Gnade und ein elendes Kinderspielzeug, um dem ewigen Maulaffen *Volk* seine zu eng geschnürte Wickelschnur vergessen zu machen. Es ist eine blecherne Flinte und ein hölzerner Säbel, womit nur ein Teutscher die Abgeschmacktheit begehen konnte, Soldatchens zu spielen. Unsere Landstände sind eine Satyre auf die gesunde Vernunft, wir können noch ein Säculum damit herumziehen, und wenn wir die Resultate dann zusammennehmen, so hat das Volk die schönen Reden seiner Vertreter noch immer theurer bezahlt, als der römische Kaiser, der seinem Hofpoeten für zwei gebrochene Verse 20,000 Gulden geben ließ. Man wirft den jungen Leuten den Gebrauch der Gewalt vor. Sind wir denn aber nicht in einem ewigen Gewaltzustand? Weil wir im Kerker geboren und großgezogen sind, merken wir nicht mehr, daß wir im Loch stecken mit angeschmiedeten Händen und Füßen und einem Knebel im Munde. Was nennt Ihr denn *gesetzlichen Zustand*? Ein *Gesetz*, das die große Masse der Staatsbürger zum frohnenden Vieh macht, um die unnatürlichen Bedürfnisse einer unbedeutenden und verdorbenen Minderzahl zu befriedigen? Und dieß Gesetz, unterstützt durch eine rohe Militärgewalt und durch die dumme Pfiffigkeit seiner Agenten, dieß Gesetz ist eine *ewige, rohe Gewalt*, angethan dem Recht und der gesunden Vernunft, und ich werde mit *Mund* und *Hand* dagegen kämpfen, wo ich kann. Wenn ich an dem, was geschehen, keinen Theil genommen und an dem, was vielleicht geschieht, *keinen Theil* nehmen werde, so geschieht es weder aus Mißbilligung, noch aus Furcht, sondern nur weil ich im gegenwärtigen Zeitpunkt jede revolutionäre Bewegung als eine vergebliche Unternehmung betrachte und nicht die Verblendung Derer theile, welche in den Teutschen ein zum Kampf für sein Recht bereites Volk sehen. Dieße tolle Meinung führte die Frankfurter Vorfälle herbey, und der Irrthum büßte sich schwer. Irren ist übrigens keine Sünde, und die teutsche Indifferenz ist wirklich von der Art, daß sie alle Berechnung zu Schanden macht. Ich bedaure die Unglücklichen von Herzen. Sollte keiner von meinen Freunden in die Sache verwikkelt seyn? . . . .

Überlieferung — *H* *Nicht nachweisbar.*
D *»Nachgelassene Schriften«, S. 240f.*

Datierung — *Der Bezugsbrief (Nr. 30) kann Büchner frühestens nach zwei Posttagen erreicht haben. Daraus errechnet sich ein Datum nach dem 6. April 1833. Vgl. Mayer 1979, S. 368.*

Zum Text — *18* im] in *D.*

32. *Aus: Eduard Lange an August Stoeber (?) in Straßburg*

Beaucourt, 22. April 1833, Montag

⟨...⟩ Follen ist denk ich aus den Ferien zurück. Grüße mir ihn u. Boeckel, Büchner, Reuss, Hoffmann, herzlich, so wie die Deinigen Alle. ⟨...⟩

Überlieferung — *H* *Fonds Littéraire Stoeber, Frankreich.*
D *Lehmann/Mayer 1976, S. 177 (Auszug). Text hiernach.*

33. *An die Familie in Darmstadt*

Straßburg, April/Mai 1833

Auszug — Wegen mir könnt Ihr ganz ruhig seyn; ich werde nicht nach Freiburg gehen, und eben so wenig wie im vorigen Jahre, an einer Versammlung Theil nehmen.

Überlieferung — *H* *Nicht nachweisbar.*
D *»Nachgelassene Schriften«, S. 3.*

Datierung — *Nach Fritz Bergemanns Vorschlag (Bergemann ³1940, S. 359).*

34. *An die Familie in Darmstadt*

Straßburg, um den 30. Mai 1833

Auszug — . . . . . . So eben erhalten wir die Nachricht, daß in Neustadt die Soldateska über eine friedliche und unbewaffnete Versammlung hergefallen sey und ohne Unterschied mehrere Personen niedergemacht habe. Aehnliche Dinge sollen sich im übrigen Rheinbayern zugetragen haben. Die liberale Parthei kann sich darüber grade nicht beklagen; man vergilt Gleiches mit Gleichem, Gewalt mit Gewalt. Es wird sich finden, wer der Stärkere ist. – Wenn Ihr neulich bey hellem Wetter bis auf das Münster hättet sehen können, so hättet Ihr mich bey einem langhaarigen, bärtigen, jungen Mann sitzend gefunden. Besagter hatte ein rothes Barett auf dem Kopf, um den Hals einen Cashmir-Shawl, um den Cadaver einen kurzen teutschen Rock, auf die Weste war der Name »Rousseau« gestickt, an den Beinen enge Hosen mit Stegen, in der Hand ein modisches Stöckchen. Ihr seht, die Carricatur ist aus mehreren Jahrhunderten und Welttheilen zusammengesetzt: Asien um den Hals, Deutschland um den Leib, Frankreich an den Beinen, 1400 auf dem Kopf und 1833 in der Hand. Er ist ein Kosmopolit – nein, er ist mehr, er ist St. Simonist! Ihr denkt nun, ich hätte mit einem Narren gesprochen, und Ihr irrt. Es ist ein liebenswürdiger junger Mann, viel gereist. – Ohne sein fatales Costüm hätte ich nie den St. Simonisten verspürt, wenn er nicht von der femme in Teutschland gesprochen hätte. Bey den Simonisten sind Mann und Frau gleich, sie haben gleiche politische Rechte. Sie haben nun ihren père, der ist St. Simon, ihr Stifter; aber billigerweise müßten sie auch eine mère haben. Die ist aber noch zu suchen, und da haben sie sich denn auf den Weg gemacht, wie Saul nach seines Vaters Eseln, mit dem Unterschied, daß – denn im neunzehnten Jahrhundert ist die Welt gar weit vorangeschritten, – daß die Esel dießmal den Saul suchen. Rousseau mit noch einem Gefährten (beyde verstehen kein Wort teutsch) wollten die femme in Teutschland suchen, man beging aber die intolerante Dummheit, sie zurückzuweisen. Ich sagte ihm, er hätte nicht viel an den Weibern, die Weiber aber viel an ihm verloren; bey den Einen hätte er sich ennuyirt und über die Anderen gelacht. Er bleibt jetzt in Straßburg, steckt die Hände in die Taschen und predigt dem Volke die Arbeit, wird für seine Capacität gut bezahlt und marche vers les femmes, wie er sich ausdrückt. Er ist übrigens beneidenswerth, führt das bequemste Leben unter der Sonne, und ich möchte aus purer Faulheit St. Simonist werden, denn man müßte mir meine Capacität gehörig honoriren. . . . . . .

Überlieferung H *Nicht nachweisbar.*

D *»Nachgelassene Schriften«, S. 241–243.*

Datierung *Pfingstmontag den 27. Mai 1833, dem 1. Jahrestag des Hambacher Festes, kam es in Neustadt und Hambach zu schweren Ausschreitungen der Sicherheitskräfte, bei denen es zwei Tote und zahlreiche Verletzte gab. Vgl. »Darstellung der blutigen Ereignisse vom Pfingstfeste 1833, auf dem Hambacher Schlossberge, im Dorfe Hambach und zu Neustadt a. d. Haardt. Nebst mehreren Beilagen«, Neustadt 1833.*

35. An die Familie in Darmstadt

Straßburg, Juni 1833

Auszug

. . . . Ich werde zwar immer meinen Grundsätzen gemäß handeln, habe aber in neuerer Zeit gelernt, daß nur das nothwendige Bedürfniß der großen Masse Umänderungen herbeyführen kann, daß alles Bewegen und Schreien der Einzelnen vergebliches Thorenwerk ist. Sie schreiben, man liest sie nicht; sie schreien, man hört sie nicht; sie handeln, man hilft ihnen nicht. Ihr könnt voraussehen, daß ich mich in die Gießener Winkelpolitik und revolutionären Kinderstreiche nicht einlassen werde.

Überlieferung H *Nicht nachweisbar.*

D *»Nachgelassene Schriften«, S. 243 (Z. 1–7) und S. 3 (Z. 7–9).*

Datierung *Wie D.*

Zum Text *Die Zusammenfügung der beiden in D getrennt überlieferten Fragmente geht auf eine Entscheidung von Karl Emil Franzos zurück (Franzos 1879, S. 331), die seither von allen Editoren übernommen wurde. Franzos konnte sich dabei auf den Herausgeber der »Nachgelassenen Schriften« berufen, der den Abdruck des zweiten Fragments mit den Worten einleitete: »Und ein andermal, indem er auf seinen bevorstehenden Gießener Aufenthalt hindeutet, und im Anschluß an das Brieffragment vom Juni 1833: ⟨...⟩«. Trotz einiger Bedenken gegenüber dieser keineswegs zwingenden Interpretation wurde die bisherige Editionspraxis beibehalten.*

36. An die Familie in Darmstadt

Auszug

Straßburg, den 8. Juli 1833. *Montag*

Bald im Thal, bald auf den Höhen zogen wir durch das liebliche Land. Am zweiten Tage gelangten wir auf einer über 3000 Fuß hohen Fläche zum sogenannten weißen und schwarzen See. Es sind zwei finstere Lachen in tiefer Schlucht, unter etwa 500 Fuß hohen Felsenwänden. Der weiße See liegt auf dem Gipfel der Höhe. Zu unseren Füßen lag still das dunkle Wasser. Ueber die nächsten Höhen hinaus sahen wir im Osten die Rheinebenen und den Schwarzwald, nach West und Nordwest das Lothringer Hochland; im Süden hingen düstere Wetterwolken, die Luft war still. Plötzlich trieb der Sturm das Gewölke die Rheinebene herauf, zu unserer Linken zuckten die Blitze, und unter dem zerrissenen Gewölk über dem dunklen Jura glänzten die Alpengletscher in der Abendsonne. Der dritte Tag gewährte uns den nämlichen herrlichen Anblick; wir bestiegen nämlich den höchsten Punkt der Vogesen, den an 5000 Fuß hohen Bölgen. Man übersieht den Rhein von Basel bis Straßburg, die Fläche hinter Lothringen bis zu den Bergen der Champagne, den Anfang der ehemaligen franche Comté, den Jura und die Schweizergebirge vom Rigi bis zu den entferntesten Savoy'schen Alpen. Es war gegen Sonnenuntergang, die Alpen wie blasses Abendroth über der dunkel gewordenen Erde. Die Nacht brachten wir in einer geringen Entfernung vom Gipfel in einer Sennerhütte zu. Die Hirte haben hundert Kühe und bey neunzig Farren und Stiere auf der Höhe. Bis Sonnenaufgang war der Himmel etwas dunstig, die Sonne warf einen rothen Schein über die Landschaft. Ueber den Schwarzwald und den Jura schien das Gewölk wie ein schäumender Wasserfall zu stürzen, nur die Alpen standen hell darüber, wie eine blitzende Milchstraße. Denkt Euch über der dunklen Kette des Jura und über dem Gewölk im Süden, soweit der Blick reicht, eine ungeheure, schimmernde Eiswand, nur nach oben durch die Zacken und Spitzen der einzelnen Berge unterbrochen. Vom Bölgen stiegen wir rechts herab in das sogenannte Amarinenthal, das letzte Hauptthal der Vogesen. Wir gingen thalaufwärts. Das Thal schließt sich mit einem schönen Wiesengrund im wilden Gebirg. Ueber die Berge führte uns eine gut erhaltene Bergstraße nach Lothringen zu den Quellen der Mosel. Wir folgten eine Zeitlang dem Laufe des Wassers, wandten uns dann nördlich und kehrten über mehrere interessante Punkte nach Straßburg zurück.

Hier ging es seit einigen Tagen etwas unruhig zu. Ein ministerieller Deputirter, Herr Saglio, kam vor einigen Tagen aus Paris zurück. Es kümmerte sich Niemand um ihn. Eine bankerotte Ehrlichkeit ist heutzutage etwas zu Gemeines, als daß ein Volksvertreter, der seinen Frack wie einen Schandpfahl auf dem Rücken trägt, noch Jemanden interessiren könnte. Die Polizey war aber entgegengesetzter Meinung und stellte deßhalb eine bedeutende Anzahl Soldaten auf dem Paradeplatz und vor dem Hause des Herrn Saglio auf. Dieß lockte denn endlich am zweiten oder dritten Tage die Menge herbey, gestern und vorgestern Abend wurde etwas vor dem Hause gelärmt. Präfect und Maire hielten es für die beste Gelegenheit, einen Orden zu erwischen, sie ließen die Truppen ausrücken, die Straßen räumen, Bajonnette und Kolbenstöße austheilen, Verhaftungen vornehmen, Proclamationen anschlagen u. s. w.

Überlieferung H *Nicht nachweisbar.*

D *»Nachgelassene Schriften«, S. 243–245.*

Zum Text *In D geht dem Text die wahrscheinlich vom Herausgeber stammende Erläuterung »(Reise in die Vogesen.)« voraus.*

30 nach] noch *D.*

37. *Albumblatt für August Stoeber*

Straßburg, 2. August 1833, Freitag

Verse kann ich keine machen, eine Phrase fällt mir eben nicht ein, ich habe also nur die einfache Bitte, erinnere Dich zuweilen Deines

Georg Büchner

Straßburg, 2. August 1833.

Überlieferung H *Unbekannt.*

D *Walter* ⟨*1943*⟩, S. *63. Walter zufolge handelt es sich um einen Eintrag in August Stoebers gebundenes »Souvenir d'amitié« (ebd., S. 60).*

38. *Aus: Friedrich Zimmermann an Heinrich Küntzel in Darmstadt*

Gießen, 4. oder 5. August 1833

⟨...⟩ Grüße Büchner recht herzlich. Ich freue mich gar sehr, die Ferien wieder bei ihm sein zu können. ⟨...⟩

Überlieferung H *Darmstadt, Hessische Landes- und Hochschulbibliothek.*

Datierung *Zimmermann unterzeichnete den Brief mit »Sonntag, den 5. August 1833.« Der 5. August fiel 1833 auf einen Montag, so daß auch der 4. August als Tag der Niederschrift in Betracht kommt. Das Jahr 1833 ist durch den weiteren Briefinhalt gesichert.*

39. *An Eugène Boeckel in Straßburg*

Darmstadt, August 1833

Überlieferung *Erschlossen aus: Brief Boeckels vom 3. September 1833.*

40. *Von Eugène Boeckel nach Darmstadt*

Straßburg, August 1833

Übersendung von: Ernest-Alexandre Lauth, »Du mécanisme par lequel les matières alimentaires parcourent leur trajet de la bouche à l'anus«, Strasbourg 1833.

Überlieferung *Erschlossen aus: Brief Boeckels vom 3. September. Zu Lauths thèse vgl. Becker 1972, S. 14.*

41. *An Eugène Boeckel in Straßburg*

Darmstadt, August 1833

Überlieferung *Erschlossen aus: Brief Boeckels vom 3. September 1833.*

42. *An Edouard Reuss in Straßburg*

FAKSIMILE *S. 140f.*

Darmstadt d. 31t August 33, *Samstag*

Lieber Edouard!

Soll ich meine träge Hand entschuldigen? Für mein Gedächtniß ist's nicht nöthig; ich kümmerte mich sonst wenig darum, jetzt aber macht es bey mir den Wiederkäuer und füttert mich mit der Erinnerung an frohe Tage. Ich könnte in dießem lamentirenden Style fortfahren um Dir einen Begriff von meiner hiesigen Existenz zu geben, wenn Du nicht schon einmal selbst so eine Art vom Darmstädter Geschmack gehabt hättest. Meine Familie im engern Sinne traf ich im erwünschtesten Wohlseyn, und meine Mutter erholt sich zusehends von ihrer schweren Krankheit. Eltern und Geschwister wiederzusehen, war eine große Freude; das entschädigt aber nicht für meine sonstigen furchtbar, kolossal, langweiligen Umgebungen. Es ist etwas großartiges in dieser Wüstenei, die Wüste Sahara in allen Köpfen und Herzen. Von den übrigen Verwandten weiß ich wenig. Nach dem pflichtmäßigen Antritts-Genüssel, mache ich so gegen Ende Octobers mein officielles Abschieds-Genüssel, wo ich nach Gießen abziehe. Meine verwandtschaftlichen Regungen sind damit beseitigt. Von Gießen verspreche ich mir wenig, meine Freunde sind flüchtig oder im Gefängniß. Für mich ist nichts zu fürchten, ich bin hier konstitutionell, liberal aufgeklärt geworden, seit ich weiß, daß das tausendjährige Reich mit der konstitutionellen Aera angefangen. Unser Landtag führt den Beweis, seine Lebensfrage ist seit 8 Monat noch nicht entschieden. Ein Mensch braucht höchstens eine Stunde um auf die Welt zu kommen, (wo die Civilisation und Aufklärung noch nicht so weit gekommen wie z. B. bey den Indiern: 10. Minuten) ein deutscher Landtag deren 5760, ein Mensch lebt 60 Jahr, ein Landtag 4 1 2 7 2; O Messias! Ueber seine Physiognomie kann ich Dir grade nichts sagen, sintemal es noch nicht entschieden, ob das Kind mit Kopf oder podex zuerst auf die Welt kommt.

Doch wird es wahr⟨scheinlich d⟩ie Familienzüge behalten und so zi⟨em⟩lich seiner französischen Mama gleichen.

Bey unsrer Manier im Briefschreiben, hoffe ich kaum bald Antwort zu erhalten; doch dürftest Du mit mir einmal eine Ausnahme machen, so eine gänzliche Trennung von Straßburg schmerzt mich. Ich habe an Boeckel geschrieben, aber keine Antwort. Grüße ihn und sag' ihm er möge bald antworten und mir die These von Goupil schicken, die andere hätte ich erhalten und ließe ihm danken. Ist S t ö b e r in Straßburg? Viel Grüße an ihn und die andern Freunde. Und W u l f e s? Ist er noch bey Dir, so sag ihm, ich hoffe ihn bey mir zu sehen, wenn seine Reise ihn in unsre Gegend brächte. Ihr werdet mich doch über einem Monat ohne Briefe nicht vergessen haben. Ich bitte und hoffe auf baldige Antwort.

Bringe meine herzlichsten Grüße Deiner Mutter, Schwester und Tante, und sage ihnen, daß d⟨ie in ih⟩rer Nähe verlebten Augenblicke zu ⟨den f⟩rohsten meines Lebens gehörten. Lebe ⟨woh⟩l, Dein G e o r g.

Adresse Monsieur / M. Edouard Reuss licencié en Th. / à / Strasbourg / rue des Hallebardes

Überlieferung H *Ville de Strasbourg, Archives. Mit den Poststempeln »DARMSTADT 3 S⟨EPT⟩« und »STRASBOURG 5 ⟨...⟩«, weiteren postalischen Zeichen und Beschriftungen von Edouard Reuss. Geringer Textverlust durch Siegelausriß in Z. 31f. und 45f.*

D^1 *»Schwäbisches Tagblatt«, Tübingen, 19. Oktober 1983 (Auszug).*

D^2 *Weihnachtsgabe 1984 der Verlagsgruppe Athenäum, Hain, Hanstein (Königstein/Ts. 1984).*

D^3 *Hauschild 1985, S. 311f.*

Teilabbildung: »Georg Büchner. Bilder zu Leben und Werk«, bearbeitet von Jan-Christoph Hauschild, Düsseldorf ²1987 (Veröffentlichungen des Heinrich-Heine-Instituts).

43. *Von Eugène Boeckel und Adolph Stoeber nach Darmstadt*

Straßburg d. 3ten Sept. 33. *Dienstag*

Endlich mein Lieber ergreiffe ich die Feder um Dir zu schreiben entschuldigen will ich mich nicht Du kennst meine Schwachheiten zu gut; ich denke il vaut mieux tard que jamais.

Deine beyden Briefe erhielt ich richtig u. ersehe daraus daß Du mehr arbeitest als ich, Du weißt wie viel Zeit mir das B a l b i r e n wegnimmt, so daß ich beynah verzweifeln muß zu einer ordentlich. wißenschaftlichen Bildg zu gelangen; indeßen denke ich auch in dieser Hinsicht il vaut mieux tard que jamais, u. gründliche Studien suche ich so viel als möglich bey meiner Lage u. meinem unruhigen Charakter.

Botanique hab ich während dieser Zeit ziemlich betrieben, Du wirst freilich es mir nicht glauben, wenn ich Dir sage daß ich viele Pflanzen analysirt habe nach den descriptions de Decandolle u. nach seinem clavis, freilich hab ich hauptsächlich den Unterschied der Familien studiren müßen, weil ich diesen noch nicht hinlänglich kannte.

In Conradi hab ich die Blut u. Bauchflüsse studirt u. die Frakturen von Astley Cooper, Uebersetzg von Froriep. Endlich den Thiers, hist. d. la révolution geendigt. Du weißt daß ich durch Aufzählg. dieser Bücher Dir keines-wegs beweisen will daß ich viel studiert habe.

Stöber Auguste, ist seit 3 Tagen in Oberbronn, nichtsdesto weniger ist seine adresse, Aug. Stöb. rue d. jeu des enfans N° 35. Ich denke ihn in 8 od 14 Tagen zu besuchen.

Ad. Stöber ist seit 8 Tagen hier in Straßburg u. wird hier bleiben bis zu Ende des Oktobers. Er ist auf dem Landgute v. Hr. Reybel in der Ruprechtsau.

Baum arbeitet an seiner Schrift üb. die Methodisten, eine Preisfrage; die Arbeit muß bis Ende Oktobers ⟨abg⟩eliefert werden. Der Preis beträgt 3000 fr. ⟨Au⟩ßer ihm concurriren noch Ernst u. Becker. Reuss theilte ich Deinen Brief mit so wie auch Lambossy welcher wirklich in Baden ist. Louis u. Melle sah ich mehrere male während dies. Zeit.

Wie sehr alle u. hauptsächlich wir Eugeniten bedauern daß Du nicht hier bist, brauche ich Dir nicht zu sagen besonders da jezt Adolphe hier sich befindet.

Die These v. Lauth wirst Du durch die Buchhandlung erhalt. haben. Die v. Goupil habe ich selbst nicht u. Lambossy konnte sie mir auch nicht verschaffen. Sein sujet ist: La contraction musculaire, étant donné à considérer les muscles en action, particulièrement dans la station, la progression, le saut etc.

Lauth wurde oft collirt hauptsächlich über Fragen welche auf mécanique u. physique Bezug hatten Goupil wurde v. d. Jury zum Profeßor proklamirt. Lauth soll die Anatomie chaire erhalten u. Ehrenmann die accouchement chaire nehmen; wenigstens wurde v. d. doyen Caillot dieses Begehren an das ministerium gemacht. Was geschehn wird, zeigt sich mit d. Zeit. Lauth ist seit 14 Tagen in Paris. Wie sehr es ihn kränkt den Sieg nicht davon ⟨ge⟩tragen zu haben kannst Du Dir vorstellen. Alle d⟨etails⟩ des Concours kann ich Dir unmöglich schreiben, es w⟨ürde⟩ zu lange dauern, die Fragen waren über folgde Gegstde: sur la vue, schriftlich in acht Stunden (séance tenante) eingeliefert. 2. fonctions du foie et d. l. rate frei darüb. gesprochen nach 3 Stunden. etc.

V u l p e s ist noch bey Reuss, er läßt Dich vielmal grüßen. Apostel Petrus hat seit seiner Abreise noch nicht geschrieben. Dein Eug. Boeckel

Grüß Gott, lieber Büchner! Ich bin wieder in der Heimath u. athme Elsässerluft; wie sehr hätte michs gefreut, auch Deine Hand wieder zu drücken! Doch gebe ich die Hoffnung nicht auf, Dich auf diesem Erdenrund wiederzusehen: ich hoffe nach einigen Jahren von meinem ägyptischen Dienst erlöst, ins gelobte Land der Freiheit heimzukehren; dann will ich Deutschland durchwandern u. auch an Deiner Thüre anpochen. Doch vielleicht kommst Du selbst noch früher zu mir. Einstweilen bleiben wir uns jedenfalls treu – mit warmem Bruderhandschlag – Gottbefohlen!

Dein Ad. Stöber.

Adresse	Monsieur / Georg Büchner, élève en / médecine / à / D a r m s t a d t	
Überlieferung	*H*	*Zürich, Zentralbibliothek. Mit Poststempel »STRASBOURG 4 SEPT. 1833 (67)« und weiteren postalischen Zeichen. Textverlust durch Siegelausriß in Z. 28f. und 47–49.*
	D[1]	*Strohl 1936, S. 97 (nur Text des Stoeber-Briefs).*
	D[2]	*Bergemann ³1940, S. 463–465.*
Zum Text	*15*	hab ich hauptsächlich den] hab ich mich hauptsächlich [auf] den *H.*

44. *Ernst Büchner an Edouard Reuss in Straßburg*

Darmstadt, September 1833

Überlieferung *Erschlossen aus: Edouard Reuss, »Auszüge aus meinem Briefwechsel«. Vgl. Hauschild 1985, S. 314.*

Datierung *Aufgrund der Registriernummer in Reuss' Verzeichnis.*

45. *Albumblatt von Alexis Muston*

Tromm (?) an der Bergstraße, um den 11. Oktober 1833

Überlieferung *Erschlossen aus: Heinz Fischer, »Georg Büchner und Alexis Muston. Untersuchungen zu einem Büchner-Fund«, München 1987, S. 286. In der ab 1864 entstandenen Überarbeitung seines »Journal d'étudiant« (1831ff.) erwähnt Muston »quelques vers au crayon, en souvenir d'amitié«, die er Büchner am Ende einer gemeinsamen Bergstraßen-Wanderung widmete.*

46. *Von Edouard Reuss nach Darmstadt*

Straßburg, 17. Oktober 1833, Donnerstag

Überlieferung *Erschlossen aus: Reuss' Beantwortungsvermerk »+ 17 Oct« auf der Adressenseite von Büchners Brief vom 31. August 1833.*

47. *Von Jean-Moÿse Lambossy nach Gießen*

Straßburg, Herbst 1833

Überlieferung *Erschlossen aus: Brief Büchners vom 9. Dezember 1833.*

48. Heinrich Küntzel an August Stoeber in Straßburg

Darmstadt, 24. Oktober 1833, Donnerstag

Lieber Stöber,

Sie werden etwas befremdet sein, plötzlich in einer Angelegenheit, wie die beiliegende, von mir in Anspruch genommen zu werden.

Was die Angelegenheiten unseres Almanaches betrifft, so erhalten Sie in einigen Wochen Nachricht wie Abschluß der Ausgaben und Einnahmen und über Alles, was mit ihm zusammenhängt. Die Ungewißheit über diese Angelegenheiten war auch der Grund, daß ich sechs an Sie begonnene Briefe unvollendet ließ und Ihr letztes freundliches Schreiben nicht beantwortete. Ich fühle ganz das drükkende meiner schweren Schuld!

Nichts destoweniger wag' ich es, in Auftrag eines hiesigen Freundes, des Herrn Ludwig Venators, Direktor des Handlungsinstituts zu Darmstadt, die Bitte an Sie zu stellen, einliegenden Brief an Herrn Ray, wohnhaft Rue jeu des enfans N. 17. zu besorgen, und den andern Brief an Herrn Canari nicht eher abzugeben, als bis Herr Ray in einem schriftlichen Revers bestätigt hat, daß er alle Verhandlgen mit Herrn Venator für abgebrochen ansieht. Sollte Herr Ray jene schriftliche Antwort Ihnen versiegelt zuschicken, so haben Sie das Recht, selbige zu öffnen und sich selbst davon zu überzeugen.

Sie erzeigen mir durch richtige und schnelle Besorgung dieser Sache einen recht großen Dienst und ich habe den Glauben, daß Sie mir meine Freiheit nicht verübeln. Am deutlichsten wird Ihnen diese Angelegenheit werden, wenn ich den an mich gestellten Auftrag schriftlich beilege.

Etwaige Kosten mit Porto p p lassen Sie sich natürlich auf der Post auszahlen und mir in Rechnung bringen.

Durch Freund Büchner hab' ich erfahren, daß Sie die Redaktion eines lit. Unternehmens übernommen haben. Sollten Sie vielleicht etwas bedürfen, was wir in der Darmstädter Hofbibliothek haben, so wenden Sie sich nur an mich; ich habe daselbst eine provisorische Beschäftgng erhalten, die wahrscheinlich mit der Zeit definitiv werden wird. Büchner ist nach Giesen abgereist. Wir nennen jenen Ort Tomi; denn er ist wirklich ein Verbannungsort.

In ruhigeren Stunden sollen Sie nach meinem obigen Versprechen mehr von mir hören und über alles, was Sie interessirt, soll weitläufiger Bericht abgestattet werden. Noch einmal, seien Sie nicht böse und bleiben Sie freundlich zugethan

Ihrem

ergebensten Freund
Heinrich Küntzel.

Darmstadt 24. Oct. 1833.

Nachschrift Wenn's möglich, einen Gruß an Ihren Bruder. Auch Metz läßt Sie herzlich grüßen. –

Überlieferung H *Fonds Littéraire Stoeber, Frankreich. Text aufgrund einer Fotokopie. Beilagen nicht nachweisbar.*

D *Lehmann/Mayer 1976, S. 179 (Auszug).*

Erläuterung *Die tatsächlich »merkwürdig anmutenden Bedingungen« der Briefübermittlung (Lehmann/Mayer 1976, S. 179) und insbesondere die Personen der beiden Briefempfänger, des Radikalrepublikaners Lucien Rey und des fourieristischen Propagandisten Henri-Guillaume Carnari (s. Hauschild 1993, S. 223–225), lassen darauf schließen, daß Georg Büchner selbst es war, der mit Hilfe des Freundes Küntzel und unter dem Namen des Darmstädter Kaufmanns und Schuldirektors Ludwig Venator mit der Straßburger Opposition briefliche Verbindung einging. In den Geheimgesellschaften beiderseits des Rheins war der konfidentielle Briefverkehr unter Decknamen und -adressen ein häufig praktiziertes Verfahren (s. Bansa 1840, S. 228f.; Noellner 1844, S. 175–177; Mayer 1981, S. 283–285; Görisch/Mayer 1982, S. 228). Vgl. Nr. 52, 6f.*

49. *An die Familie in Darmstadt*

Auszug

Gießen, den 1. November 1833. *Freitag*

. . . . . Gestern wurden wieder zwei Studenten verhaftet, der kleine Stamm, und Groß. . . . .

Überlieferung H *Nicht nachweisbar.*

D *»Nachgelassene Schriften«, S. 245.*

50. *An die Familie in Darmstadt*

Auszug

Gießen, den 19. November 1833. *Dienstag*

. . . . . Gestern war ich bey dem Bankett zu Ehren der zurückgekehrten Deputirten. An zweihundert Personen, unter ihnen Balser und Vogt. Einige loyale Toaste, bis man sich Courage getrunken, und dann das Polenlied, die Marseillaise gesungen und den in Friedberg Verhafteten ein Vivat gebracht! Die Leute gehen in's Feuer, wenn's von einer brennenden Punschbowle kommt! . . . . .

Überlieferung H *Nicht nachweisbar.*

D *»Nachgelassene Schriften«, S. 245f. und 5.*

Zum Text 6 in's] *nach D, S. 5. D, S. 246 hat* ins.

51. An Eugène Boeckel in Straßburg

Darmstadt, 9. Dezember 1833, Montag

Inhaltsangabe *Büchner läßt Grüße an die Freunde in Straßburg bestellen und beauftragt Boeckel, Wilhelmine Jaeglé über sein Befinden zu beruhigen.*

Überlieferung *Erschlossen aus: Briefe Büchners an August Stoeber vom 9. Dezember 1833 und an Wilhelmine Jaeglé von Mitte Januar 1834.*

52. An August Stoeber in Oberbronn FAKSIMILE *S. 142f.*

Darmstadt: d. 9. Dec. 1833. *Montag*

Lieber August!

Ich schreibe in Ungewißheit, wo Dich dießer Brief treffen wird. Ich müßte mich sehr irren, wenn mir nicht Lambossy geschrieben hätte, daß Du Dich gewöhnlich in Oberbrunn aufhieltest. Das nämliche sagte mir Künzel, der von Deinem Vater auf einen an Dich gerichteten Brief Antwort erhalten hatte. Du erhältst am spätesten einen Brief, weil ich Dich am letzten mit einem finstren Gesicht quälen wollte, denn wenigstens Eurer Theilnahme halte ich mich immer versichert. Ich schrieb mehrmals, vielleicht sahst Du meine Briefe; ich klagte über mich und spottete über andere; beydes kann Dir zeigen, wie übel ich mich befand. Ich wollte Dich nicht auch in's Lazareth führen und so schwieg ich. Du magst entscheiden ob die Erinnerung an 2 glückliche Jahre, und die Sehnsucht nach All dem, was sie glücklich machte oder ob die widrigen Verhältnisse unter denen ich hier lebe, mich in die unglückseelige Stimmung setzen. Ich glaube s'ist beydes. Manchmal fühle ich ein wahres Heimweh nach Euren Bergen. Hier ist Alles so eng und klein. Natur und Menschen, die kleinlichsten Umgebungen, denen ich auch keinen Augenblick Interesse abgewinnen kann. Zu Ende Octobers ging ich von hier nach Gießen. 5 Wochen brachte ich daselbst halb im Dreck und halb im Bett zu. Ich bekam einen Anfall von Hirnhautentzündung; die Krankheit wurde im Entstehen unterdrückt, ich wurde aber gleichwohl gezwungen nach Darmstadt zurückzukehren um mich daselbst völlig zu erholen. Ich denke noch bis Neujahr hier zu bleiben und d. 5 od 6. Januar wieder nach Gießen abzureisen.

Ein Brief von Dir würde mir große Freude machen, und, nicht wahr Christ einem Reconvalescenten schlägt man nichts ab? Seit ich Euch am Mittwoch Abend vor 5 Monaten zum letzten mal die Hände zum Kutschenschlag hinausstreckte, ist's mir als wären sie mir ab⟨gestorben⟩ und ich denke wir drücken uns die Hände um so fester, je seltner wir sie uns reichen. 3 treffliche Freunde habe ich in Gießen gelassen und bin jetzt ganz allein.

H. Dr. H. K.... ist freilich noch da, aber das ästhetische Geschlapp steht mir am Hals, er hat schon alle mögliche poetischen Accouchirstühle probirt, ich glaube er kann höchstens noch an eine kritische Nothtaufe in der Abendzeitung appelliren.

Ich werfe mich mit aller Gewalt in die Philosophie, die Kunstsprache ist abscheulich, ich meine für menschliche Dinge, müsse man auch menschliche Ausdrücke finden; doch das stört mich nicht, ich lache über meine Narrheit und meine es gäbe im Grund genommen doch nichts als taube Nüsse zu knacken. Man muß aber unter der Sonne doch auf irgend einem Esel reiten und so sattle ich in Gottes Namen den meinigen; für's Futter ist mir nicht bang, an Distelköpfen wirds nicht fehlen, so la⟨n⟩g die Buchdruckerkunst nicht verloren ⟨g⟩eht. Lebe wohl, Bester. Grüße die Freu⟨n⟩de es geschieht dann doppelt, ich habe auch B⟨öc⟩kel drum gebeten.

(Am linken Rand der ersten Seite:)

Was schreiben Viktor und Scherb.

(Am linken Rand der zweiten Seite:)

Und A d o l p h ist er wieder in Metz? ich schicke Dir nächstens einige Zeilen an ihn.

(Am oberen Rand der ersten Seite, entgegen der Schreibrichtung:)

Die politischen Verhältnisse könnten mich rasend machen. Das arme Volk schleppt geduldig den Karren, worauf die Fürsten und Liberalen ihre Affenkomödie spielen. Ich bete jeden Abend zum Hanf und zu d. Laternen.

Adresse Monsieur / Mr. Aug. Stoeber, / à

Überlieferung H *Fonds Littéraire Stoeber, Frankreich. Vermutlich Beilage des Briefs an Boeckel (Nr. 51). Mit Adressenzusatz:* »ministre du / st. évangile / O b e r b r u n n« *von der Hand Eugène Boeckels. Textverlust durch Siegelausriß in Z. 30f. und 45–47. Text aufgrund einer Fotokopie.*

D[1] *Strohl 1935, S. 657–659.*

D[2] *»Das Inselschiff«, 21 (1940), Heft 1, S. 62–64 (aufgrund D[1]).*

Zum Text *30f.* ab⟨gestorben⟩] abgebrochen *D[1], D[2].*

53. Von Wilhelmine Jaeglé nach Gießen

Straßburg, Ende 1833 (?)

Auszug Prouves-moi que tu m'aimes encore beaucoup en me donnant bientôt des nouvelles.

Überlieferung *Erschlossen aus: Brief Büchners von Mitte Januar 1834.*

54. *An Wilhelmine Jaeglé in Straßburg*

Gießen, zwischen dem 10. und 20. Januar 1834

Auszug

Hier ist kein Berg, wo die Aussicht frei sey. Hügel hinter Hügel und breite Thäler, eine hohle Mittelmäßigkeit in Allem; ich kann mich nicht an dieße Natur gewöhnen, und die Stadt ist abscheulich. Bey uns ist Frühling, ich kann Deinen Veilchenstrauß immer ersetzen, er ist unsterblich wie der Lama. Lieb Kind, was macht denn die gute Stadt Straßburg, es geht dort allerley vor, und Du sagst kein Wort davon. Je baisse les petites mains, en goûtant les souvenirs doux de Strasbourg. –

»Prouves-moi que tu m'aimes encore beaucoup en me donnant bientôt des nouvelles.« Und ich ließ Dich warten! Schon seit einigen Tagen nehme ich jeden Augenblick die Feder in die Hand, aber es war mir unmöglich, nur ein Wort zu schreiben. Ich studirte die Geschichte der Revolution. Ich fühlte mich wie zernichtet unter dem gräßlichen Fatalismus der Geschichte. Ich finde in der Menschennatur eine entsetzliche Gleichheit, in den menschlichen Verhältnissen eine unabwendbare Gewalt, Allen und Keinem verliehen. Der Einzelne nur Schaum auf der Welle, die Größe ein bloßer Zufall, die Herrschaft des Genies ein Puppenspiel, ein lächerliches Ringen gegen ein ehernes Gesetz, es zu erkennen das Höchste, es zu beherrschen unmöglich. Es fällt mir nicht mehr ein, vor den Paradegäulen und Eckstehern der Geschichte mich zu bücken. Ich gewöhnte mein Auge ans Blut. Aber ich bin kein Guillotinenmesser. Das m u ß ist eins von den Verdammungsworten, womit der Mensch getauft worden. Der Ausspruch: es muß ja Aergerniß kommen, aber wehe dem, durch den es kommt, – ist schauderhaft. Was ist das, was in uns lügt, mordet, stiehlt? Ich mag dem Gedanken nicht weiter nachgehen. Könnte ich aber dieß kalte und gemarterte Herz an Deine Brust legen! B. wird Dich über mein Befinden beruhigt haben, ich schrieb ihm. Ich verwünsche meine Gesundheit. Ich glühte, das Fieber bedeckte mich mit Küssen und umschlang mich wie der Arm der Geliebten. Die Finsterniß wogte über mir, mein Herz schwoll in unendlicher Sehnsucht, es drangen Sterne durch das Dunkel, und Hände und Lippen bückten sich nieder. Und jetzt? Und sonst? Ich habe nicht einmal die Wollust des Schmerzes und des Sehnens. Seit ich über die Rheinbrücke ging, bin ich wie in mir vernichtet, ein einzelnes Gefühl taucht nicht in mir auf. Ich bin ein Automat; die Seele ist mir genommen. Ostern ist noch mein einziger Trost; ich habe Verwandte bey Landau, ihre Einladung und die Erlaubniß, sie zu besuchen. Ich habe die Reise schon tausendmal gemacht und werde nicht müde. – Du frägst mich: sehnst Du Dich nach mir? Nennst Du's Sehnen, wenn man nur in einem Punkt leben kann und wenn man davon gerissen ist, und dann nur noch das Gefühl seines Elendes hat? Gieb mir doch Antwort. Sind meine Lippen so kalt? . . . . – Dießer Brief ist ein Charivari: ich tröste Dich mit einem andern.

Überlieferung	*H*	*Nicht nachweisbar.*
	D	*»Nachgelassene Schriften«, S. 281f.*

Datierung — *Die Landschaftsbeschreibung (Z. 2–4) und der Hinweis auf die Osterreise (Z. 38) rücken den Brief in die Gießener Studienzeit; die Anspielung auf die überstandene Krankheit (Z. 29–34) verweist auf die Zeit ab Anfang Januar 1834. Die außergewöhnlichen Wetterbedingungen im Winter 1833/34 erlauben eine relativ sichere Datierung auf Mitte Januar 1834, wofür noch weitere inhaltliche Indizien sprechen. Vgl. Hauschild 1989 und Bergemann ³1940, S. 510 (Datierung dort: November 1833).*

55. An die Familie in Darmstadt

Gießen, Anfang 1834 (?)

Auszug — Ich habe Anlagen zur Schwermuth.

Überlieferung	*H*	*Nicht nachweisbar.*
	D	*»Nachgelassene Schriften«, S. 4.*

Datierung — *Das Brieffragment stammt aus der Gießener Zeit, läßt sich aber zeitlich nicht genauer fixieren. Es wird in den »Nachgelassenen Schriften« mit den Worten eingeleitet: »Die ihm beinahe unerträglich scheinende Trennung von seiner Braut erzeugte in ihm während der ganzen Dauer seines Gießener Aufenthalts eine trübe und zerrissene Gemüthsstimmung, die sich in seinen Briefen häufig ausspricht und den sonst lebensfrohen jungen Mann sagen läßt: 〈...〉«.*

56. An die Familie in Darmstadt

Gießen, Februar 1834

Auszug

..... Ich v e r a c h t e N i e m a n d e n, am wenigsten wegen seines Verstandes oder seiner Bildung, weil es in Niemands Gewalt liegt, kein Dummkopf oder kein Verbrecher zu werden, – weil wir durch gleiche Umstände wohl Alle gleich würden, und weil die Umstände außer uns liegen. Der V e r s t a n d nun gar ist nur eine sehr geringe Seite unsers geistigen Wesens und die Bildung nur eine sehr zufällige Form desselben. Wer mir eine solche Verachtung vorwirft, behauptet, daß ich einen Menschen mit Füßen träte, weil er einen schlechten Rock anhätte. Es heißt dieß, eine Rohheit, die man Einem im Körperlichen nimmer zutrauen würde, ins Geistige übertragen, wo sie noch gemeiner ist. Ich kann Jemanden einen Dummkopf nennen, ohne ihn deßhalb zu v e r a c h t e n; die Dummheit gehört zu den allgemeinen Eigenschaften der menschlichen Dinge; für ihre Existenz kann ich nichts, es kann mir aber Niemand wehren, Alles, was existirt, bey seinem Namen zu nennen und dem, was mir unangenehm ist, aus dem Wege zu gehn. Jemanden kränken, ist eine Grausamkeit, ihn aber zu suchen oder zu meiden, bleibt meinem

Gutdünken überlassen. Daher erklärt sich mein Betragen gegen alte Bekannte; ich kränkte Keinen und sparte mir viel Langeweile; halten sie mich für hochmüthig, wenn ich an ihren Vergnügungen oder Beschäftigungen keinen Geschmack finde, so ist es eine Ungerechtigkeit; mir würde es nie einfallen, einem Andern aus dem nämlichen Grunde einen ähnlichen Vorwurf zu machen. Man nennt mich einen Spötter. Es ist wahr, ich lache oft, aber ich lache nicht darüber, wie Jemand ein Mensch, sondern nur darüber, daß er ein Mensch ist, wofür er ohnehin nichts kann, und lache dabey über mich selbst, der ich sein Schicksal theile. Die Leute nennen das Spott, sie vertragen es nicht, daß man sich als Narr producirt und sie dutzt; sie sind Verächter, Spötter und Hochmüthige, weil sie die Narrheit nur außer sich suchen. Ich habe freilich noch eine Art von Spott, es ist aber nicht der der Verachtung, sondern der des Hasses. Der Haß ist so gut erlaubt als die Liebe, und ich hege ihn im vollsten Maaße gegen die, welche verachten. Es ist deren eine große Zahl, die im Besitze einer lächerlichen Aeußerlichkeit, die man Bildung, oder eines todten Krams, den man Gelehrsamkeit heißt, die große Masse ihrer Brüder ihrem verachtenden Egoismus opfern. Der Aristocratismus ist die schändlichste Verachtung des heiligen Geistes im Menschen; gegen ihn kehre ich seine eigenen Waffen; Hochmuth gegen Hochmuth, Spott gegen Spott. – Ihr würdet Euch besser bey meinem Stiefelputzer nach mir umsehn; mein Hochmuth und Verachtung Geistesarmer und Ungelehrter fände dort wohl ihr bestes Object. Ich bitte, fragt ihn einmal. . . Die Lächerlichkeit des Herablassens werdet Ihr mir doch wohl nicht zutrauen. Ich hoffe noch immer, daß ich leidenden, gedrückten Gestalten mehr mitleidige Blicke zugeworfen, als kalten, vornehmen Herzen bittere Worte gesagt habe. – . . . . .

Überlieferung H *Nicht nachweisbar.*
D *»Nachgelassene Schriften«, S. 246–248.*

Datierung *Wie D.*

57. *An Wilhelmine Jaeglé in Straßburg*

Gießen, etwa 8. Februar 1834

Auszug

. . . Ich dürste nach einem Briefe. Ich bin allein, wie im Grabe; wann erweckt mich Deine Hand? Meine Freunde verlassen mich, wir schreien uns wie Taube einander in die Ohren; ich wollte, wir wären stumm, dann könnten wir uns doch nur ansehen, und in neuen Zeiten kann ich kaum Jemand starr anblicken, ohne daß mir die Thränen kämen. Es ist dieß eine Augenwassersucht, die auch beim Starrsehen oft vorkommt. Sie sagen, ich sey verrückt, weil ich gesagt habe, in sechs Wochen würde ich auferstehen, zuerst aber Himmelfahrt halten, in der Diligence nämlich. Lebe wohl, liebe Seele, und verlaß mich nicht. Der Gram macht mich Dir streitig, ich lieg' ihm den ganzen Tag im Schooß; armes Herz, ich glaube, Du vergiltst mit Gleichem. . . .

Überlieferung H *Nicht nachweisbar.*

D *»Nachgelassene Schriften«, S. 283.*

Datierung *Errechnet aufgrund der Anspielung auf die Straßburgreise zu Ostern (Z. 9f.).*

58. *An Wilhelmine Jaeglé in Straßburg*

Gießen, 8. März 1834, Samstag

Auszug

. . . Der erste helle Augenblick seit acht Tagen. Unaufhörliches Kopfweh und Fieber, die Nacht kaum einige Stunden dürftiger Ruhe. Vor zwei Uhr komme ich in kein Bett, und dann ein beständiges Auffahren aus dem Schlaf und ein Meer von Gedanken, in denen mir die Sinne vergehen. Mein Schweigen quält Dich wie mich, doch vermochte ich nichts über mich. Liebe, liebe Seele, vergiebst Du? Eben komme ich von draußen herein. Ein einziger, forthallender Ton aus tausend Lerchenkehlen schlägt durch die brütende Sommerluft, ein schweres Gewölk wandelt über die Erde, der tiefbrausende Wind klingt wie sein melodischer Schritt. Die Frühlingsluft löste mich aus meinem Starrkrampf. Ich erschrack vor mir selbst. Das Gefühl des Gestorbenseyns war immer über mir. Alle Menschen machten mir das hippocratische Gesicht, die Augen verglast, die Wangen wie von Wachs, und wenn dann die ganze Maschinerie zu leyern anfing, die Gelenke zuckten, die Stimme herausknarrte und ich das ewige Orgellied herumtrillern hörte und die Wälzchen und Stiftchen im Orgelkasten hüpfen und drehen sah, – ich verfluchte das Concert, den Kasten, die Melodie und – ach, wir armen schreienden Musicanten, das Stöhnen auf unsrer Folter, wäre es nur da, damit es durch die Wolkenritzen dringend und weiter, weiter klingend, wie ein melodischer Hauch in himmlischen Ohren stirbt? Wären wir das Opfer im glühenden Bauch des Perryllusstiers, dessen Todesschrei wie das Aufjauchzen des in den Flammen sich aufzehrenden Gottstiers klingt. Ich lästre nicht. Aber die Menschen lästern. Und doch bin ich gestraft, ich fürchte mich vor meiner Stimme und – vor meinem Spiegel. Ich hätte Herrn Callot-Hoffmann sitzen können, nicht wahr, meine Liebe? Für das Modelliren hätte ich Reisegeld bekommen. Ich spüre, ich fange an, interessant zu werden. –

Die Ferien fangen morgen in vierzehn Tagen an; verweigert man die Erlaubniß, so gehe ich heimlich, ich bin mir selbst schuldig, einem unerträglichen Zustande ein Ende zu machen. Meine geistigen Kräfte sind gänzlich zerrüttet. Arbeiten ist mir unmöglich, ein dumpfes Brüten hat sich meiner bemeistert, in dem mir kaum ein Gedanke noch hell wird. Alles verzehrt sich in mir selbst; hätte ich einen Weg für mein Inneres, aber ich habe keinen Schrei für den Schmerz, kein Jauchzen für die Freude, keine Harmonie für die Seeligkeit. Dieß Stummseyn ist meine Verdammniß. Ich habe Dir's schon tausendmal gesagt: Lies meine Briefe nicht, – kalte, träge Worte! Könnte ich nur über Dich einen vollen Ton ausgießen; – so schleppe ich Dich in meine wüsten Irrgänge. Du sitzest jetzt im dunkeln Zimmer in Deinen Thränen allein, bald trete ich zu Dir. Seit vierzehn Tagen steht Dein Bild beständig vor mir, ich sehe Dich in jedem Traum. Dein Schatten schwebt immer vor mir, wie das Lichtzittern, wenn man in die Sonne gesehen. Ich lechze nach einer seeligen Empfindung, die wird mir bald, bald, bey Dir.

Überlieferung H *Nicht nachweisbar.*
D *»Nachgelassene Schriften«, S. 283–285.*

Datierung *Errechnet aufgrund des Hinweises (Z. 30) auf den Ferienbeginn, der auf den 23. März anzusetzen ist.*

Zum Text *14* hippocratische] hypokratische *D.*

59. An Wilhelmine Jaeglé in Straßburg

Gießen, um Mitte März 1834

Auszug

... Ich werde gleich von hier nach Straßburg gehen, ohne Darmstadt zu berühren; ich hätte dort auf Schwierigkeiten gestoßen, und meine Reise wäre vielleicht bis zu Ende der Vakanzen verschoben worden. Ich schreibe Dir jedoch vorher noch einmal, sonst ertrag' ich's nicht vor Ungeduld; dießer Brief ist ohnedieß so langweilig, wie ein Anmelden in einem vornehmen Hause: Herr Studiosus Büchner. Das ist Alles! Wie ich hier zusammenschrumpfe, ich erliege fast unter dießem B e w u ß t s e y n; ja sonst wäre es ziemlich gleichgiltig; wie man nur einen Betäubten oder Blödsinnigen beklagen mag! Aber Du, was sagst Du zu dem Invaliden? Ich wenigstens kann die Leute auf halbem Sold nicht ausstehen. Nous ferons un peu de romantique, pour nous tenir à la hauteur du siècle; et puis me faudra-t-il du fer à cheval pour faire de l'impression à un coeur de femme? Aujourd'hui on a le système nerveux un peu robuste. Adieu.

Überlieferung H *Nicht nachweisbar.*
D *»Nachgelassene Schriften«, S. 285.*

Datierung *Aufgrund des Hinweises auf die bevorstehende Osterreise (Z. 2–5) bei Wahrung der Briefreihenfolge in den »Nachgelassenen Schriften«.*

Zum Text *2f.* Darmstadt] D . . . . *D.*

60. *An Wilhelmine Jaeglé in Straßburg*

Gießen, um Mitte März 1834

Auszug

... Ich wäre untröstlich, mein armes Kind, wüßte ich nicht, was Dich heilte. Ich schreibe jetzt täglich, schon gestern hatte ich einen Brief angefangen. Fast hätte ich Lust, statt nach Darmstadt, gleich nach Straßburg zu gehen. Nimmt Dein Unwohlseyn eine ernste Wendung, – ich bin dann im Augenblick da. Doch was sollen dergleichen Gedanken? Sie sind mir Unbegreiflichkeiten. – Mein Gesicht ist wie ein Osterey, über das die Freude rothe Flecken laufen läßt. Doch ich schreibe abscheulich, es greift Deine Augen an, das vermehrt das Fieber. Aber nein, ich glaube nichts, es sind nur die Nachwehen des alten nagenden Schmerzes; die linde Frühlingsluft küßt alte Leute und hektische todt; Dein Schmerz ist alt und abgezehrt, er stirbt, das ist Alles, und Du meinst, Dein Leben ginge mit. Siehst Du denn nicht den neuen lichten Tag? Hörst Du meine Tritte nicht, die sich wieder rückwärts zu Dir wenden? Sieh, ich schicke Dir Küsse, Schneeglöckchen, Schlüsselblumen, Veilchen, der Erde erste schüchterne Blicke ins flammende Auge des Sonnenjünglings. Den halben Tag sitze ich eingeschlossen mit Deinem Bild und spreche mit Dir. Gestern Morgen versprach ich Dir Blumen; da sind sie. Was giebst Du mir dafür? Wie gefällt Dir mein Bedlam? Will ich etwas Ernstes thun, so komme ich mir vor, wie Larifari in der Komödie; will er das Schwert ziehen: so ist's ein Hasenschwanz. . . . . .

Ich wollte, ich hätte geschwiegen. Es überfällt mich eine unsägliche Angst. Du schreibst gleich, doch um's Himmelswillen nicht, wenn es Dich Anstrengung kostet. Du sprachst mir von einem Heilmittel; lieb Herz, schon lange schwebt es mir auf der Zunge. Ich liebte aber so unser stilles Geheimniß, – doch sage Deinem Vater Alles, – doch zwei Bedingungen: S c h w e i g e n, selbst bey den nächsten Verwandten. Ich mag nicht hinter jedem Kusse die Kochtöpfe rasseln hören, und bey den verschiedenen Tanten das Familienvatersgesicht ziehen. Dann: nicht eher an meine Eltern zu schreiben, als bis ich selbst geschrieben. Ich überlasse Dir Alles, thue, was Dich beruhigen kann. Was kann ich sagen, als daß ich Dich liebe; was versprechen, als was in dem Worte Liebe schon liegt, Treue? Aber die sogenannte Versorgung? Student noch zwei Jahre; die gewisse Aussicht auf ein stürmisches Leben, vielleicht bald auf fremdem Boden!

Zum Schlusse trete ich zu Dir und singe Dir einen alten Wiegengesang:

War nicht umsonst so still und schwach,
Verlass'ne Liebe trug sie nach.
In ihrer kleinen Kammer hoch
Sie stets an der Erinnerung sog;
An ihrem Brodschrank an der Wand
Er immer, immer vor ihr stand,
Und wenn ein Schlaf sie übernahm,

Er immer, immer wieder kam.
Und dann:
Denn immer, immer, immer doch
Schwebt ihr das Bild an Wänden noch
Von einem Menschen, welcher kam
Und ihr als Kind das Herze nahm.
Fast ausgelöscht ist sein Gesicht,
Doch seiner Worte Kraft noch nicht,
Und jener Stunden Seeligkeit,
Ach jener Träume Wirklichkeit,
Die, angeboren jedermann,
Kein Mensch sich wirklich machen kann.

Überlieferung H *Nicht nachweisbar.*
D *»Nachgelassene Schriften«, S. 286f.*

Datierung *Aufgrund des Hinweises auf die bevorstehende Osterreise (Z. 4–6) bei Wahrung der Briefreihenfolge in den »Nachgelassenen Schriften«.*

Zum Text *Z. 39–46 und 48–57 in D petit.*

61. An die Familie in Darmstadt

Auszug

G i e ß e n, den 19. März 1834. *Mittwoch*

. . . . .Wichtiger ist die Untersuchung wegen der Verbindungen; die Relegation steht wenigstens dreißig Studenten bevor. Ich wollte die Unschädlichkeit dießer Verschwörer eidlich bekräftigen. Die Regierung muß aber doch etwas zu thun haben! Sie dankt ihrem Himmel, wenn ein paar Kinder Kugeln schleifen oder Ketten schaukeln! – Die in Friedberg Verhafteten sind frei, mit Ausnahme von Vieren. – . . .

Überlieferung H *Nicht nachweisbar.*
D *»Nachgelassene Schriften«, S. 248.*

Zum Text 6 Kinder Kugeln schleifen] Kinder schleifen *D. In der emendierten Form findet sich die Wortverbindung, Sinnbild für eine verschärfte Haftstrafe, auch in Schillers »Kabale und Liebe« (I/5).*

62. An Ernst Büchner in Darmstadt

Gießen, etwa Mitte März 1834

Inhaltsangabe *Büchner bittet seinen Vater um 22 Gulden.*

Überlieferung *Erschlossen aus: Brief von George Reuß an Büchner vom 24. März 1834.*

63. An George Reuß in Darmstadt

Gießen, etwa Mitte März 1834

Inhaltsangabe *Büchner bittet seinen Onkel um Geld.*

Überlieferung *Erschlossen aus: Brief von George Reuß an Büchner vom 24. März 1834.*

64. An George Reuß in Darmstadt

Gießen, etwa 22. März 1834

Inhaltsangabe *Büchner bittet den Onkel erneut um Geld.*

Überlieferung *Erschlossen aus: Brief von George Reuß an Büchner vom 24. März 1834.*

65. Von George Reuß nach Gießen

Darmstadt den 24ten Merz 1834. *Montag*

Lieber Georg!

Ich war wirklich nicht wenig erstaunt heute Morgen, einen Brief von Dir zu erhalten, worin Du noch um Geld bittest, im größten Regen gieng ich sogleich in die Heyrische Buchhandlung, und ließ mir eine Anweisung von 17. f 30. Xr an die dortige Buchhandlung geben, diese nebst einem Briefe folgt anbey, wogegen Du sogleich das Geld in Empfang nehmen kannst. Wenn Du Dich nun beeilts, so mußt Du bis den Mittwoch Abend mit dem Gieser Briefcourier hier eintreffen, dieß verlang ich vor allem von Dir: denn der Zustand worin sich Dein Vater, ins besondere Deine leidente Mutter befindet, über Dein Ausbleiben, ist der Raum zu kurz es hier zu beschreiben, ich weiß nicht wie Du Dich hierüber genügend verantworten willst. Dein Vater ist so aufgeregt so wie auch Deine Mutter, daß ich Ihnen von Deinem Verlangen nach Geld ohnmöglich etwas sagen konnte, sinne nun auf Deiner Reise darnach, wie wir es dem Vater beybringen wollen, und wie Du Dein Ausbleiben entschuldigen kannst. Wärest Du wie andere Menschen, daß heißt gäbst Du Dir Mühe etwas Lebensklugheit Dir anzueignen, so hättest Du in Deinem ersten Brief an mich, nur geschrieben, ich habe den Vater um 22. f gebeten, ich brauche aber außerdem noch 20. f, so wärest Du nun schon hier, es ist recht schlimm, wenn man mit viel Kenntnißen, als ein Schußel auf der Welt herum gehet. Mündlich ein mehreres. Dein Onkel

George Reuß

Adresse Herrn / George Büchner / Student der Medicin / Wohlgeboren / in / Gießen. // preßant.

Überlieferung H *Weimar, Goethe- und Schiller-Archiv. Mit den Poststempeln »DARMSTADT 24 MART 1834« und »GI⟨ESSEN⟩ 25 ⟨...⟩«.*
D *Bergemann [1]1922, S. 611 (Text) und 771 (Adresse).*

66. Von Edouard Reuss nach Gießen

Straßburg, März 1834

Überlieferung *Erschlossen aus: Edouard Reuss, »Auszüge aus meinem Briefwechsel«. Vgl. Hauschild 1985, S. 314.*
Datierung *Aufgrund der Registriernummer in Reuss' Verzeichnis.*

67. An die Familie in Darmstadt

Straßburg, um den 30. März 1834

Auszug Ich war im Aeußeren ruhig, doch war ich in tiefe Schwermuth verfallen; dabey engten mich die politischen Verhältnisse ein, ich schämte mich, ein Knecht mit Knechten zu seyn, einem vermoderten Fürstengeschlecht und einem kriechenden Staatsdiener-Aristocratismus zu Gefallen. Ich komme nach Gießen in die niedrigsten Verhältnisse, Kummer und Widerwillen machen mich krank.

Überlieferung H *Nicht nachweisbar.*
D *»Nachgelassene Schriften«, S. 8.*
Datierung *Büchner dürfte um den 28. März in Straßburg eingetroffen sein und sich umgehend mit den Eltern in Verbindung gesetzt haben. Vermutlich am 12. April kehrte er nach Darmstadt zurück. Vgl. Hauschild 1993, S. 327–330*

68. Ernst Büchner an Edouard Reuss in Straßburg

Darmstadt, Ende März / Anfang April 1834

Inhaltsangabe *Ernst Büchner reagiert auf die heimliche Straßburgreise Georgs mit einem »in der äußersten Erbitterung gegen den Sohn« geschriebenen Brief.*

Überlieferung *Erschlossen aus: Edouard Reuss, »Auszüge aus meinem Briefwechsel« und »Erinnerungen aus meinem Leben«. Vgl. Hauschild 1985, S. 315 und 325.*

69. Edouard Reuss an Ernst Büchner in Darmstadt

Straßburg, Anfang April 1834

Inhaltsangabe *»Bericht« über die Beziehung zwischen Georg Büchner und Wilhelmine Jaeglé.*

Überlieferung *Erschlossen aus: Edouard Reuss, »Auszüge aus meinem Briefwechsel« und »Erinnerungen aus meinem Leben«. Vgl. Hauschild 1985, S. 315 und 325.*

70. Edouard Reuss an Ernst Büchner in Darmstadt

Straßburg, Anfang April 1834

Inhaltsangabe *Weiterer »Bericht« über die Beziehung zwischen Georg Büchner und Wilhelmine Jaeglé.*

Überlieferung *Erschlossen aus: Edouard Reuss, »Auszüge aus meinem Briefwechsel« und »Erinnerungen aus meinem Leben«. Vgl. Hauschild 1985, S. 315 und 325.*

71. Von Alexis Muston nach Gießen

Straßburg, zwischen April und August 1834

Überlieferung *Erschlossen aus: »Nachgelassene Schriften«, S. 250, wonach Muston »viel« mit Büchner »correspondirt« haben soll.*

Datierung *Eine unbekannte Anzahl von Briefen Mustons an Büchner wurde am 4. August 1834 durch den Universitätsrichter Konrad Georgi bei einer Durchsuchung von Büchners Zimmer in Gießen beschlagnahmt (s. Nr. 80). Es dürfte sich dabei um Briefe aus dem Zeitraum Ende April bis Anfang August 1834 gehandelt haben.*

72. An die Familie in Darmstadt

Auszug

Gießen, den 25. Mai 1834. *Sonntag*

..... Das Treiben des »Burschen« kümmert mich wenig, gestern Abend hat er von dem Philister Schläge bekommen. Man schrie Bursch heraus! Es kam aber Niemand, als die Mitglieder zweier Verbindungen, die aber den Universitätsrichter rufen mußten, um sich vor den Schuster- und Schneiderbuben zu retten. Der Universitätsrichter war betrunken und schimpfte die Bürger; es wundert mich, daß er keine Schläge bekam; das Possierlichste ist, daß die Buben liberal sind und sich daher an die loyal gesinnten Verbindungen machten. Die Sache soll sich heute Abend wiederholen, man munkelt sogar von einem Auszug; ich hoffe, daß der Bursche wieder Schläge bekommt; wir halten zu den Bürgern und bleiben in der Stadt. . . . . .

Überlieferung H *Nicht nachweisbar.*
D *»Nachgelassene Schriften«, S. 248.*

73. Von Eugène Boeckel nach Gießen

Straßburg, 16. Juni 1834, Montag

Überlieferung *Erschlossen aus: Bericht des Gießener Universitätsrichters Konrad Georgi an das Großherzoglich Hessische Ministerium des Innern und der Justiz in Darmstadt vom 4. August 1834. Demnach hatte Georgi bei der Durchsuchung von Büchners Zimmer Briefe von Boeckel aus Straßburg vom 16. Juni und aus Heidelberg vom 28. Juli gefunden und beschlagnahmt (Diehl 1920, S. 14).*

74. An die Familie in Darmstadt

Auszug

Gießen, den 2. Juli 1834. *Mittwoch*

. . . . . Was sagt man zu der Verurtheilung von Schulz? – Mich wundert es nicht, es riecht nach Kommißbrod. – A propos, wißt Ihr die hübsche Geschichte vom Herrn Commissär, etc. . .? Der gute Columbus sollte in Butzbach bey einem Schreiner eine geheime Presse entdecken. Er besetzt das Haus, dringt ein. »Guter Mann, es ist Alles aus, führ' Er mich nur an die Presse.« – Der Mann führt ihn an die Kelter. »Nein, Mann! Die Presse! Die Presse!« – Der Mann versteht ihn nicht, und der Commissär wagt sich in den Keller. Es ist dunkel. »Ein Licht, Mann!« – »Das müssen Sie kaufen, wenn Sie eins haben wollen.« – Aber der Herr Commissär spart dem Lande überflüssige Ausgaben. Er rennt, wie Münchhausen, an einen Balken, er schlägt Feuer aus seinem Nasenbein, das Blut fließt, er achtet nichts und findet nichts. Unser lieber Großherzog wird ihm aus einem Civilverdienstorden ein Nasenfutteral machen. – . . . . . .

Überlieferung H *Nicht nachweisbar.*
D *»Nachgelassene Schriften«, S. 249.*

Zum Text 5 Butzbach] X . . . . *D.*

Erläuterung 4 Commissär, etc.] *gemeint ist der Großherzogliche Regierungsrat Friedrich von Bechtold (1800–1872), ein Cousin von Caroline Büchner (vgl. Diehl 1915, S. 311f.) und Taufpate Ludwig Büchners. Die Tilgung des Namens dürfte auf den Herausgeber der »Nachgelassenen Schriften« zurückgehen.*

75. Von Eugène Boeckel nach Gießen

Heidelberg, etwa 7. Juli 1834

Inhaltsangabe — *Boeckel berichtet, daß er zusammen mit einigen anderen Medizinern nach Heidelberg gekommen ist. Er schlägt Büchner vor, ihn hier zu besuchen.*

Überlieferung — *Erschlossen aus: Bericht des Universitätsrichters Konrad Georgi in Gießen an das Großherzoglich Hessische Ministerium des Innern und der Justiz in Darmstadt vom 17. August 1834 (Diehl 1920, S. 17).*

76. An Eugène Boeckel in Heidelberg

Gießen, etwa 10. Juli 1834

Inhaltsangabe — *Büchner erklärt, seinen Freund nicht in Heidelberg besuchen zu können, Boeckel möge statt dessen nach Gießen kommen.*

Überlieferung — *Erschlossen aus: Bericht des Universitätsrichters Konrad Georgi in Gießen an das Großherzoglich Hessische Ministerium des Innern und der Justiz in Darmstadt vom 17. August 1834 (Diehl 1920, S. 17).*

77. Von Eugène Boeckel nach Gießen

Heidelberg, 28. Juli 1834, Montag

Inhaltsangabe — *Boeckel bietet als Kompromiß an, sich mit Büchner »bis zum« 3. August »Morgens« in Frankfurt im Hotel ›Schwan‹ zu treffen, wo er mit seinen Kollegen Zwischenstation macht.*

Überlieferung — *Erschlossen aus: Brief Boeckels aus Heidelberg vom 29. Juli 1834 an August Stoeber in Oberbronn (Lehmann/Mayer 1976, S. 184) und Bericht des Universitätsrichters Konrad Georgi in Gießen an das Großherzoglich Hessische Ministerium des Innern und der Justiz in Darmstadt vom 4. Juli 1834 (Diehl 1920, S. 14).*

Datierung — *Vgl. zu Nr. 73. Bei dem dort in Georgis Bericht genannten Datum des Treffens (»bis zum 30. July«) handelt es sich um einen Irrtum, denn in dem Brief an Stoeber schreibt Boeckel, er habe sich mit Büchner »auf nächsten Sonntag« verabredet. Der erste Sonntag nach dem 29. Juli war der 3. August.*

78. An Eugène Boeckel in Heidelberg

Gießen, etwa 30. Juli 1834

Inhaltsangabe *Büchner erklärt, die Reise von Gießen nach Frankfurt seines Vaters wegen nicht machen zu können. Überdies sei er nicht imstande, sich so kurzfristig einen Paß zu verschaffen.*

Überlieferung *Erschlossen aus: Bericht des Universitätsrichters Konrad Georgi in Gießen an das Großherzoglich Hessische Ministerium des Innern und der Justiz in Darmstadt vom 17. August 1834 (Diehl 1920, S. 17).*

79. An die Familie in Darmstadt

Auszug

Frankfurt, den 3. August 1834. *Sonntag*

.... Ich benutze jeden Vorwand, um mich von meiner Kette loszumachen. Freitag Abends ging ich von Gießen weg; ich wählte die Nacht der gewaltigen Hitze wegen, und so wanderte ich in der lieblichsten Kühle unter hellem Sternenhimmel, an dessen fernstem Horizonte ein beständiges Blitzen leuchtete. Theils zu Fuß, theils fahrend mit Postillonen und sonstigem Gesindel, legte ich während der Nacht den größten Theil des Wegs zurück. Ich ruhte mehrmals unterwegs. Gegen Mittag war ich in Offenbach. Den kleinen Umweg machte ich, weil es von dießer Seite leichter ist, in die Stadt zu kommen, ohne angehalten zu werden. Die Zeit erlaubte mir nicht, mich mit den nöthigen Papieren zu versehen.....

Überlieferung *H* *Nicht nachweisbar.*
D *»Nachgelassene Schriften«, S. 249f.*

80. An die Familie in Darmstadt

Auszug

Gießen, den 5. August 1834. *Dienstag*

.... Ich meine, ich hätte Euch erzählt, daß Minnigerode eine halbe Stunde vor meiner Abreise arretirt wurde, man hat ihn nach Friedberg abgeführt. Ich begreife den Grund seiner Verhaftung nicht. Unserem scharfsinnigen Universitätsrichter fiel es ein, in meiner Reise, wie es scheint, einen Zusammenhang mit der Verhaftung Minnigerode's zu finden. Als ich hier ankam, fand ich meinen Schrank versiegelt, und man sagte mir, meine Papiere seyen durchsucht worden. Auf mein Verlangen wurden die Siegel sogleich abgenommen, auch gab man mir meine Papiere (nichts als Briefe von Euch und meinen Freunden) zurück, nur einige französische Briefe von Wilhelmine, Muston, Lambossy und Boeckel wurden zurückbehalten, wahrscheinlich weil die Leute sich erst einen Sprachlehrer müssen kommen lassen, um sie zu lesen. Ich bin empört über ein solches Benehmen, es wird mir übel, wenn ich meine heiligsten Geheimnisse in den Händen dießer schmutzigen Menschen denke. Und das Alles – wißt Ihr auch warum? Weil ich an dem nämlichen Tag abgereist, an dem Minnigerode verhaftet wurde. Auf einen vagen Verdacht hin verletzte man die heiligsten Rechte und verlangte dann weiter Nichts, als daß ich mich über meine Reise ausweisen sollte!!! Das konnte ich natürlich mit der größten Leichtigkeit; ich habe Briefe von B., die jedes Wort bestätigen, das ich gesprochen, und unter meinen Papieren befindet sich keine Zeile, die mich compromittiren könnte. Ihr könnt über die Sache ganz unbesorgt seyn. Ich bin auf freiem Fuß und es ist unmöglich, daß man einen Grund zur Verhaftung finde. Nur im Tiefsten bin ich über das Verfahren der Gerichte empört, auf den Verdacht eines möglichen Verdachts in die heiligsten Familiengeheimnisse einzubrechen. Man hat mich auf dem Universitätsgericht bloß gefragt, wo ich mich während der drei letzten Tage aufgehalten, und um sich darüber Aufschluß zu verschaffen, erbricht man schon am zweiten Tag in meiner Abwesenheit meinen Pult und bemächtigt sich meiner Papiere! Ich werde mit einigen Rechtskundigen sprechen und sehen, ob die Gesetze für eine solche Verletzung Genugthuung schaffen! . . . .

Überlieferung H *Nicht nachweisbar.*
D *»Nachgelassene Schriften«, S. 250f.*

Zum Text 12 Wilhelmine] W . . . *D.*
12 Lambossy] L . . . *D.*
12 Boeckel] B . . . *D.*
23 keine] *in D halbfett, in H vermutlich doppelt unterstrichen.*

81. *An die Familie in Darmstadt*

Auszug

Gießen, den 8. August 1834. *Freitag*

. . . . . Ich gehe meinen Beschäftigungen wie gewöhnlich nach, vernommen bin ich nicht weiter geworden. Verdächtiges hat man nicht gefunden, nur die französischen Briefe scheinen noch nicht entziffert zu seyn; der Herr Universitätsrichter muß sich wohl erst Unterricht im Französischen nehmen. Man hat mir sie noch nicht zurückgegeben. . . . . Uebrigens habe ich mich bereits an das Disciplinargericht gewendet und es um Schutz gegen die Willkühr des Universitätsrichters gebeten. Ich bin auf die Antwort begierig. Ich kann mich nicht entschließen, auf die mir gebührende Genugthuung zu verzichten. Das Verletzen meiner heiligsten Rechte und das Einbrechen in alle meine Geheimnisse, das Berühren von Papieren, die mir Heiligthümer sind, empörten mich zu tief, als daß ich nicht jedes

Mittel ergreifen sollte, um mich an dem Urheber dießer Gewaltthat zu rächen. Den Universitätsrichter habe ich mittelst des höflichsten Spottes fast ums Leben gebracht. Wie ich zurückkam, mein Zimmer mir verboten und mein Pult versiegelt fand, lief ich zu ihm und sagte ihm ganz kaltblütig mit der größten Höflichkeit, in Gegenwart mehrerer Personen: wie ich vernommen, habe er in meiner Abwesenheit mein Zimmer mit seinem Besuche b e e h r t, ich komme, um ihn um den Grund seines gütigen Besuches zu fragen etc. – Es ist Schade, daß ich nicht nach dem Mittagessen gekommen, aber auch so barst er fast und mußte dieße beißende Ironie mit der größten Höflichkeit beantworten. Das Gesetz sagt, nur in Fällen sehr d r i n g e n d e n Verdachts, ja nur eines Verdachtes, der statt h a l b e n B e w e i s e s gelten k ö n n e, dürfe eine Haussuchung vorgenommen werden. Ihr seht, wie man das Gesetz auslegt. Verdacht, am wenigsten ein dringender, kann nicht gegen mich vorliegen, sonst müßte ich verhaftet seyn; in der Zeit, wo ich hier bin, könnte ich ja jede Untersuchung durch Verabreden gleichlautender Aussagen und dergleichen unmöglich machen. Es geht hieraus hervor, daß ich durch nichts compromittirt bin und daß die Haussuchung nur vorgenommen worden, weil ich nicht liederlich und nicht sclavisch genug aussehe, um für keinen Demagogen gehalten zu werden. Eine solche Gewaltthat stillschweigend ertragen, hieße die Regierung zur Mitschuldigen machen; hieße aussprechen, daß es keine gesetzliche Garantie mehr gäbe; hieße erklären, daß das verletzte Recht keine Genugthuung mehr erhalte. Ich will unserer Regierung dieße grobe Beleidigung nicht anthun.

Wir wissen nichts von Minnigerode; das Gerücht mit Offenbach ist jedenfalls reine Erfindung; daß ich auch schon da gewesen, kann mich nicht mehr compromittiren, als jeden anderen Reisenden. . . . – Sollte man, sowie man ohne die gesetzlich nothwendige Ursache meine Papiere durchsuchte, mich auch ohne dieselbe festnehmen, in Gottes Namen! ich kann so wenig darüber hinaus, und es ist dieß so wenig meine Schuld, als wenn eine Heerde Banditen mich anhielte, plünderte oder mordete. Es ist Gewalt, der man sich fügen muß, wenn man nicht stark genug ist, ihr zu widerstehen; aus der Schwäche kann Einem kein Vorwurf gemacht werden. . . . . . .

Überlieferung H *Nicht nachweisbar.*

D *»Nachgelassene Schriften«, S. 251–253.*

Zum Text 34 Eine] Ein *D.*

82. *An die Familie in Darmstadt*

Gießen, etwa 23. August 1834

Auszug Es sind jetzt fast drei Wochen seit der Haussuchung verflossen, und man hat mir in Bezug darauf noch nicht die m i n d e s t e Eröffnung gemacht. Die Vernehmung bey dem Universitätsrichter am ersten Tage kann nicht in Anschlag gebracht werden, sie steht damit in keinem *gesetzlichen* Zusammenhang; der Herr *Georgi* verlangt nur als *Universitätsrichter* von mir als *Studenten*: ich solle mich wegen meiner Reise ausweisen, während er die Haussuchung als *Regierungscommissär* vornahm. Ihr seht also, wie weit man es in der *gesetzlichen Anarchie* gebracht hat. Ich vergaß, wenn ich nicht irre, den wichtigen Umstand anzuführen, daß die Haussuchung sogar ohne die drei, durch das Gesetz vorgeschriebenen *Urkundspersonen* vorgenommen wurde, und so um so mehr den Character eines *Einbruchs* an sich trägt. Das Verletzen unserer Familiengeheimnisse ist ohnehin ein bedeutenderer Diebstahl, als das Wegnehmen einiger Geldstücke. Das Einbrechen in meiner *Abwesenheit* ist ebenfalls ungesetzlich; man war nur berechtigt, meine Thüre zu versiegeln, und erst *dann* in meiner *Abwesenheit* zur Haussuchung zu schreiten, wenn ich mich auf *erfolgte Vorladung* nicht gestellt hätte. Es sind also *drei Verletzungen des Gesetzes* vorgefallen: Haussuchung *ohne dringenden Verdacht* (ich bin, wie gesagt, noch nicht vernommen worden, und es sind drei Wochen verflossen), Haussuchung *ohne Urkundspersonen*, und endlich Haussuchung am dritten Tage meiner Abwesenheit *ohne vorher erfolgte Vorladung*. –

Die Vorstellung an das Disciplinargericht war im Grund genommen überflüssig, weil der Universitätsrichter als *Regierungscommissär* nicht unter ihm steht. Ich that dießen Schritt nur vorerst, um nicht mit der Thüre ins Haus zu fallen; ich stellte mich unter seinen Schutz, ich überließ ihm meine Klage. Seiner Stellung gemäß *mußte* es meine Sache zu der *seinigen* machen, aber die Leute sind etwas furchtsamer Natur; ich bin überzeugt, daß sie mich an eine andere Behörde verweisen. Ich erwarte ihre Resolution. . . . Der Vorfall ist so einfach und liegt so klar am Tage, daß man mir entweder volle Genugthuung schaffen oder öffentlich erklären muß, das Gesetz sey aufgehoben und eine Gewalt an seine Stelle getreten, gegen die es keine Appellation, als Sturmglocken und Pflastersteine gebe. . . . .

Überlieferung H *Nicht nachweisbar.*

D *»Nachgelassene Schriften«, S. 253–255.*

Datierung *Aufgrund des Hinweises in Z. 2, wonach* seit der Haussuchung, *die am 4. August stattfand (vgl. Diehl 1920, S. 14),* fast drei Wochen ⟨...⟩ verflossen *seien.*

Zum Text *9* seht] sehet *D.*

83. Aus: Jakob Friedrich Schütz an Gustav Clemm in Gießen

Grafenstaden bei Straßburg, 4. September 1834, Donnerstag

⟨...⟩ Grüße mir B ü c h n e r, C h r z a n o v s k i, W i n t h e r, S c h n e i d e r, F a b e r, kurz Alle meine Freunde u. Bekannt⟨e⟩, herzlich ⟨...⟩.

Überlieferung — *h* — *Marburg, Hessisches Staatsarchiv. Behördliche Abschrift eines Darmstädter Verhörs von Gustav Clemm vom 30. Dezember 1835, in dessen Verlauf Clemm den in Chiffreschrift abgefaßten Brief, der nicht überliefert ist, entschlüsselt zu Protokoll gab. Vgl. Mayer 1981, S. 276.*

D^1 — *Wilhelm Rehmann, »Gießener Studentenbriefe aus dem Jahre 1834«. In: »Nachrichten der Gießener Hochschulgesellschaft« 21 (1952), S. 145f. (Hinweis von Reinhard Pabst).*

D^2 — *Mayer 1981, S. 277. Text hiernach.*

84. Vorlesungszeugnis von Joseph Hillebrand

Gießen, 6. September 1834, Samstag

Herr G. Büchner aus Mainz hat bei mir in diesem Sommer die Vorlesungen über die Logik u. das Naturrecht mit lobenswerthem Fleiße gehört.

Gießen, d 6 Sept. 1834 Dr Hillebrand

Überlieferung — *H* — *Darmstadt, Hessische Landes- und Hochschulbibliothek.*

D^1 — *Auktionskatalog J. A. Stargardt, Nr. 618, Marburg 1979, S. 14 (Auszug).*

D^2 — *»Darmstädter Echo«, 8. Februar 1980 (Auszug).*

D^3 — *Zimmermann 1980, S. 382.*

Abbildung: Georg Büchner. Revolutionär, Dichter, Wissenschaftler 1987, S. 152.

Erläuterung — *2* — Mainz] *Irrtum Hillebrands.*

85. Ernst Büchner an Edouard Reuss in Straßburg

Darmstadt, etwa November 1834

Überlieferung — *Erschlossen aus: Edouard Reuss, »Auszüge aus meinem Briefwechsel«. Vgl. Hauschild 1985, S. 315.*

Datierung — *Aufgrund der Registriernummer in Reuss' Verzeichnis sowie unter Berücksichtigung der Tatsache, daß Reuss am 31. Oktober zum Außerordentlichen Professor der Theologie am Protestantischen Seminar in Straßburg ernannt worden war. Dies könnte Anlaß eines Gratulationsbriefes gewesen sein.*

86. An Edouard Reuss in Straßburg

Darmstadt, etwa November 1834

Überlieferung Erschlossen aus: Edouard Reuss, »Auszüge aus meinem Briefwechsel«. Vgl. Hauschild 1985, S. 315.

Datierung Vgl. zu Nr. 85. Beide Briefe dürften eine gemeinsame Sendung gebildet haben.

87. An Gustav Clemm in Gießen

Darmstadt, November/Dezember 1834

Zusammenfassung eines oder mehrer Briefe Büchner erklärt, daß für die Befreiung Minnigerodes aus Friedberger Untersuchungshaft »über jede beliebige Summe disponirt werden« könne.

Büchner beanstandet, daß »von Gießen aus noch kein Beitrag zum Ankauf der Presse einlange«, die der Badenburger ›Preßverein‹ heimlich aufstellen will, wohingegen in Darmstadt »schon eine namhafte Summe dazu bereit sei.«

Überlieferung Erschlossen aus: Verhöraussage Gustav Clemms vom 3. Februar 1836 (Prozeß 8/142; s. Mayer 1979, S. 108 und 389; Mayer 1981, S. 275f., Mayer 1987, S. 184) für Z. 2–4 und Verhöraussage Gustav Clemms vom 25. März 1836 (Prozeß 8/183f.; s. Mayer 1979, S. 107f.) für Z. 5–8.

88. An August Becker in Gießen

Darmstadt, Herbst/Winter 1834/35

Überlieferung Erschlossen aus: Verhöraussage August Beckers, in der er auf eine unbestimmte Anzahl »Briefe« verweist, die er seinerzeit aus Gießen »mit Büchner« in Darmstadt »gewechselt habe« (Prozeß 1/157; s. Mayer 1979, S. 389).

89. Von August Becker nach Darmstadt

Gießen, Herbst/Winter 1834/35

Zusammenfassung Becker bringt zum Ausdruck, daß er in politischer Hinsicht »wenn auch nicht ⟨s⟩eine Meinung, doch ⟨s⟩eine Hoffnungen gänzlich aufgegeben« hat.

Überlieferung S. zu Nr. 88.

90. Vom Kreissekretariat (?) in Offenbach

Offenbach, Januar/Februar 1835
Büchner wird zur Vernehmung vorgeladen.

Überlieferung *Erschlossen aus: »Nachgelassene Schriften«, S. 21 und Brief Wilhelm Büchners an Karl Emil Franzos vom 9. September 1878 (Weimar, Goethe- und Schiller-Archiv; vgl. Bergemann [1]1922, S. 637). Datierungshilfe könnte die Tatsache sein, daß am 4. Februar Carl Preller, der Drucker der Juli-Ausgabe des »Hessischen Landboten«, in Offenbach vernommen wurde (vgl. Jürgen W. Fritz, »Carl Preller, der Drucker des ›Hessischen Landboten‹. Vom Kampf der Republikaner im Vormärz«, Offenbach 1984, S. 36).*

91. Vom Untersuchungsgericht in Friedberg

Friedberg, Februar 1835
Büchner wird zur Vernehmung vorgeladen.

Überlieferung *Erschlossen aus: Brief des Kreisrats von Großgerau, Ernst Wilhelm Heim, an Pfarrer Heinrich Ludwig Valentin Clotz in Goddelau, 27. Februar 1835 (Gießen, Familienarchiv Clotz) und »Nachgelassene Schriften«, S. 21 sowie Brief Ernst Büchners an Gutzkow vom 7. März 1835 (s. Nr. 100). Datierungshilfe könnte die Tatsache sein, daß am 18. Februar August Becker in Friedberg vernommen wurde (Mayer 1979, S. 392).*

92. An Johann David Sauerländer in Frankfurt am Main FAKSIMILE *S. 144f.*

Darmstadt d. 21. Febr. 35. *Samstag*

Geehrtester Herr!

Ich gebe mir die Ehre Ihnen mit dießen Zeilen ein Manuscript zu überschicken. Es ist ein dramatischer Versuch und behandelt einen Stoff der neueren Geschichte. Sollten Sie geneigt seyn das Verlag desselben zu übernehmen, so ersuche ich Sie mich so bald als möglich davon zu benachrichtigen, im entgegengesetzten Falle aber das Manuscript an die Heyerische Buchhandlung dahier zurückgehn zu lassen.

Sie würden mich sehr verbinden, wenn Sie dem Herrn Karl Guzkow den beygeschloßnen Brief überschicken und ihm das Drama zur Einsicht mittheilen wollten.

Haben Sie die Güte eine etwaige Antwort in einer Couverte mit der Adresse: an Frau Regierungsrath Reuss zu Darmstadt, an mich gelangen zu lassen. Verschiedne Umstände lassen mich dringend wünschen, daß dieß in möglichster Kürze der Fall sey.

Hochachtungsvoll verbleibe ich

Ihr

ergebenster Diener

G. Büchner.

Adresse S.r Wohlgeboren / Herrn Johann David Sauerländer / Buchhändler / zu / Frankfurt a. m.

Überlieferung *H* *Darmstadt, Hessische Landes- und Hochschulbibliothek.*

D[1] *Heinrich Hubert Houben, »Eine Georg Büchner-Reliquie«. In: »Frankfurter Zeitung«, 7. Juli 1918, Nr. 186, S. 2f.*

D[2] *Bergemann* [1]*1922, S. 542.*

Abbildung: Heinrich Hubert Houben, »Kleine Blumen, kleine Blätter aus Biedermeier und Vormärz. Ein Strauß zu meinem 50. Geburtstag«, Dessau 1925, zwischen S. 104 und 105.

93. *An Karl Gutzkow in Frankfurt am Main*

Darmstadt, 21. Februar 1835, Samstag

Mein Herr!

Vielleicht hat es Ihnen die Beobachtung, vielleicht, im unglücklicheren Fall, die eigne Erfahrung schon gesagt, daß es einen Grad von Elend giebt, welcher jede Rücksicht vergessen und jedes Gefühl verstummen macht. Es giebt zwar Leute, welche behaupten, man solle sich in einem solchen Falle lieber zur Welt hinaushungern, aber ich könnte die Widerlegung in einem seit Kurzem erblindeten Hauptmann von der Gasse aufgreifen, welcher erklärt, er würde sich todtschießen, wenn er nicht gezwungen sey, seiner Familie durch sein Leben seine Besoldung zu erhalten. Das ist entsetzlich. Sie werden wohl einsehen, daß es ähnliche Verhältnisse geben kann, die Einen verhindern, seinen Leib zum Nothanker zu machen, um ihn von dem Wrack dießer Welt in das Wasser zu werfen und werden sich also nicht wundern, wie ich Ihre Thüre aufreiße, in Ihr Zimmer trete, Ihnen ein Manuscript auf die Brust setze und ein Allmosen abfordere. Ich bitte Sie nämlich, das Manuscript so schnell als möglich zu durchlesen, es, im Fall Ihnen Ihr Gewissen als Kritiker dieß erlauben sollte, dem Herrn Sauerländer zu empfehlen, und sogleich zu antworten.

Ueber das Werk selbst kann ich Ihnen nichts weiter sagen, als daß unglückliche Verhältnisse mich zwangen, es in höchstens fünf Wochen zu schreiben. Ich sage dieß, um Ihr Urtheil über den Verfasser, nicht über das Drama an und für sich, zu motiviren. Was ich daraus machen soll, weiß ich selbst nicht, nur das weiß ich, daß ich alle

Ursache habe, der Geschichte gegenüber roth zu werden; doch tröste ich mich mit dem Gedanken, daß, Shakespeare ausgenommen, alle Dichter vor ihr und der Natur wie Schulknaben dastehen.

Ich wiederhole meine Bitte um schnelle Antwort; im Falle eines günstigen Erfolgs können einige Zeilen von Ihrer Hand, wenn sie noch vor nächstem Mittwoch hier eintreffen, einen Unglücklichen vor einer sehr traurigen Lage bewahren.

Sollte Sie vielleicht der Ton dießes Briefes befremden, so bedenken Sie, daß es mir leichter fällt, in Lumpen zu betteln, als im Frack eine Supplik zu überreichen und fast leichter, die Pistole in der Hand: la bourse ou la vie! zu sagen, als mit bebenden Lippen ein: Gott lohn' es! zu flüstern.

G. Büchner.

Überlieferung	*H*	*Nicht nachweisbar. Beilage des Briefs an Sauerländer vom 21. Februar 1835.*
	D	*Gutzkow 1837, S. 331f.*
Zum Text	*19*	Sauerländer] S . . *D.*

94. Von Karl Gutzkow nach Darmstadt

Frankfurt am Main, 25. Februar 1835, Mittwoch

Verehrtester Herr!

In aller Eile einige Worte! Ihr Drama gefällt mir sehr, u ich werde es Sauerl. empfehlen: nur sind theatralische Sachen für Verleger keine lockende Artikel. Deshalb müßten Sie bescheidene Honorarfoderungen machen.

Wenn diese vorläufige Anzeige dazu dienen könnte, Ihren Muth wieder etwas aufzurichten, so würd' es mich freuen. In einigen Tagen mehr!

Ihr

Frankf. ergebenster

d. 25 Febr. 35 K Gutzkow

Adresse Herrn G. Büchner / in / Darmstadt

Überlieferung	*H*	*Weimar, Goethe- und Schiller-Archiv.*
	D[1]	*Andler 1897, S. 181.*
	D	*Bergemann [7]1958, S. 515.*
		Abbildung der Adresse: Auktionskatalog J. A. Stargardt, Nr. 532, Marburg 1957, S. 5.

95. Von Karl Gutzkow nach Darmstadt

Frankf. 28 Febr. 35, *Samstag*

Verehrtester;

Sie hätten mir schreiben sollen, was Ihre Foderung in betreff Danton's ist. Viel, (am wenigsten aber das, was Ihre Dichtung werth ist,) kann Sauerländer nicht geben. Es ist für ihn ein harter Entschluß, das Mscr zu drucken; denn wie günstig die Kritik urtheilen mag, so ist doch mit dem Absatz dramatischer Sachen bei dem gegenwärtigen Publikum die größte Noth. Kaum, d*aß* sich das Papier herausschlägt. Ich weiß das. Das sind keine Redensarten.

Rechnen Sie das Nothdürftigste, was Sie im Augenblick brauchen, zusammen, resigniren Sie auf jede glänzende Erwartung u. suchen Sie sich durch weitre Arbeiten etwa für den Phönix, zu dem ich Sie einlade, sich einige wiederkehrende Einkünfte zu versch*a*ffen.

Ihrer Angabe seh' ich also demnächst entgegen.

Ihr e*r*gebenst*er*
K Gutzkow

Adresse Herrn / G. Büchner / in / Darmstadt

Überlieferung *H* *Weimar, Goethe- und Schiller-Archiv.*
D¹ *Andler 1897, S. 182.*
D *Bergemann ⁷1958, S. 516.*
Abbildung: »Geschichte der deutschen Literatur von 1830 bis zum Ausgang des 19. Jahrhunderts«, bearb. von einem Autorenkollektiv, Berlin 1975 (= »Geschichte der deutschen Literatur von den Anfängen bis zur Gegenwart«, Bd. 8/1), S. 57.

96. An Karl Gutzkow in Frankfurt am Main

Darmstadt, etwa 1. März 1835

Inhaltsangabe *Büchner äußert sich zum Honorar seines Dramas »Danton's Tod« und drängt auf schnelle Übersendung des Geldes, da er sich nicht länger in Darmstadt halten könne.*

Überlieferung *Erschlossen aus: Brief Gutzkows vom 3. März 1835.*

97. Von Karl Gutzkow nach Darmstadt

Frankfurt am Main, 3. März 1835, Dienstag
Fr. 3 März 35

Verehrtester!

10 Friedrichsd'or will Ihnen Sauerländ*er* geben unter der Bedingung,

daß er mehres aus dem Drama für den Phönix benutzen darf, u daß Sie sich bereitwillig finden lassen, die Quecksilberblumen Ihrer Phantasie, u alles, was zu offenbar in die Frankfurter Brunnengasse u die Berlinische Königsmauer ablenkt, halb u halb zu kassiren. Mir freilig ist das so ganz recht, wie Sie es gegeben haben; aber Sauerl. ist ein Familienvater, der 7 rechtmäßige Kinder im Ehebett gezeugt hat, u dem ich schon mit meinen Zweydeutigkeiten ein Alp bin: wieviel mehr Sie mit Ihren ganz grellen und nur auf Eines bezüglichen Eindeutigkeiten! Also dies ist sehr nothwendig.

Nun scheint es aber, als hätten Sie große Eile. Wo wollen Sie hin? brennt es Ihnen wirklich an den Sohlen? Ich kann Alles hören, nur nicht, d*aß* Sie nach Amerika gehen. Sie müssen Sich in der Nähe halten, (Schweiz, Frankr.) wo Sie Ihre herrlichen Gaben in die deutsche Literatur hineinflechten können; denn Ihr Danton verräth einen tiefen Fond, in den viel hineingeht, u viel heraus, u das sollten Sie ernstlich bedenken. Solche versteckte Genies, wie Sie, kommen mir grade recht; denn ich möchte, d*aß* meine Propfezeiung für die Zukunft nicht ohne Belege bliebe, u Sie haben ganz das Zeug dazu, mitzumachen. Ich hoffe, daß Sie mir hierauf keine Antwort schuldig bleiben.

Wollen Sie Folgendes: Ich komme zu Ihnen hinüber nach Darmstadt, bring' Ihnen das Geld u fange mit Ihnen gemeinschaftlich an, aus Ihre⟨m Dan⟩ton die Veneria herauszutreiben nicht durch Metall, sondern linde, durch Vegetabilien u etwas sentimentale Tisane. Es ist verflucht, aber es geht nicht anders, u ich vergebe Ihnen nicht, daß Sie mich bei dieser Dollmetscherei u Vermittlerschaft zwingen, die Parthie der Prüderie zu führen. Können Sie sich aber noch halten in Darmstadt, so bekommen Sie das Geld und Mscrpt durch Heyer, worauf Sie aber letzteres unfehlbar einen Tag später wiederabliefe⟨rn m⟩üssen.

Ihr Gutzkow

Adresse Herrn G. Büchner / in / Darmstadt

Überlieferung

H *Weimar, Goethe- und Schiller-Archiv. Geringer Textverlust durch Siegelausriß in Z. 26 und 32f.*

D[1] *Andler 1897, S. 182f.*

D *Bergemann [7]1958, S. 516f.*

98. An Karl Gutzkow in Frankfurt am Main

Darmstadt, etwa 4. März 1835

Inhaltsangabe *Büchner bezeichnet Gutzkows Vorschlag, nach Darmstadt kommen zu wollen, als gefährlich. Jeden Augenblick müsse er damit rechnen, in eine Untersuchung gezogen zu werden, weshalb er sich selbst vor seiner Familie verborgen halte. Er kündigt an, nach Frankreich zu gehen und drängt auf umgehende Übermittlung des vereinbarten*

Honorars. Er erteilt Gutzkow die Erlaubnis, »einige« notwendige Änderungen an dem Text seines Dramas »Danton's Tod« vorzunehmen.

Überlieferung *Erschlossen aus: Brief Gutzkows vom 5. März 1835, Gutzkow 1837, S. 337 sowie Brief Büchners an die Familie vom 28. Juli 1835 (für Z. 7f.).*

99. Von Karl Gutzkow nach Darmstadt

Frankfurt am Main, 5. März 1835, Donnerstag

Fr. 5ten März 35

Liebster!

Sauerländer wideräth mir, nach Darmst. zu gehen, weil ihm freilich daran gelegen seyn muß, daß ich mich so kauscher, als möglich verhalte. Doch möcht' ich Sie gern sprechen; u. ich erwarte deshalb bestimmt von Ihnen (Sie können direkt an mich addressiren W o l f s - e c k) genaure Angabe Ihrer Lage, ob Sie nicht ausgehen dürfen u es dann nicht möglich wäre, d*a*ß wir uns in irgend einem Gasthofe ein Rendezvous gäben. Um 10 Uhr Morgens geht hier ein Postwagen ab: da wär' ich zu Mittag drüben, spräche einige Stund*en* mit Ihnen u wäre Abends wied*er* in meiner Behausung. Was dabey so gefährliches ist, seh' ich nicht: es sey denn, daß Sie als Pech in Darmstadt herum wandeln, u jed*en* wieder in's Pech brächten, der einige Worte mit Ihnen spricht. Oder gehen Sie gar nicht aus: dann such' ich Sie in Ihrem Versteck. Vor allen Dingen vertilgen Sie meine Briefe!

D*a*ß Sie nach Fr. gehen: ist gut. So bleiben Sie doch in der Nähe u können für Deutschl. etwas thun. Arbeiten Sie ja für den Phönix: wenn Sie keine Quellen in Fr. haben, müssen Sie solche Verbindungen nicht abweisen. – Wenn Sie mir über Ihre Lage einige Aufklärungen geben, komm' ich sogleich: ich bin ṣọ einer Erholung bedürftig, da ich in einigen Tagen meine Tragödie N e r o fertig habe.

Ihr Gutzkow

(Auf der Rückseite:)

Herrn B.

P.S. Ueberschicken Sie mit Ihrem Briefe auch die Quittung!

Adresse Herrn G. Büchner

Beilage *10 Friedrichdor in bar*

Umschlagadresse ⟨Frau Reg. Rath Reuss zu Darmstadt⟩

Überlieferung *H* *Weimar, Goethe- und Schiller-Archiv.*
D[1] *Andler 1897, S. 183.*

D *Bergemann ^{7}1958, S. 517f.*
Beilage und Umschlagadresse erschlossen aus: Notiz von Heinrich Remigius Sauerländer auf einem Brief von Karl Emil Franzos vom 31. März 1879: »7/3 1835 Baarsendung durch K. Gutzkow an Frau Reg. Rath Reuss zu Darmstadt f 100« (Weimar, Goethe- und Schiller-Archiv). Vgl. Hauschild 1985, S. 425.

Zum Text *4* widerräth] widerrätht *H.*

100. Ernst Büchner an Karl Gutzkow in Frankfurt am Main

Darmstadt, 7. März 1835, Samstag

Geehrtester Herr!
In Abwesenheit meines Sohnes Georg welcher, in Folge einer besonderen Ursache nach Friedberg verreist ist, ermangele ich nicht Sie zu benachrichtigen, daß heute ein Schreiben von Ihnen nebst 10 St. Fr. d'or, für denselben bei uns angekommen ist. Völlig unbekannt mit dem Motiv hierzu, muß ich mich darauf beschränken dieß von meinem Sohn selbst, den ich längstens innerhalb einiger Tage zurück erwarte, zu erfahren.

Hochachtend Ihr ergebenster
Dr Büchner

Darmstadt den 7 März
1835.

Adresse Herrn / Gutsow / Wohlgeb / in Frankfurt

Absender Büchner / Darmstadt 7/3 35.

Überlieferung *H* *Weimar, Goethe- und Schiller-Archiv. Absenderangabe vermutlich von der Hand Mathilde Büchners.*
D^1 *Auktionskatalog J. A. Stargardt, Nr. 519, Marburg 1955, S. 6 (Auszug).*
D^2 *Hauschild 1985, S. 425.*

101. An die Familie in Darmstadt

Auszug

Weißenburg, den 9. März 1835. *Montag*

Eben lange ich wohlbehalten hier an. Die Reise ging schnell und bequem vor sich. Ihr könnt, was meine persönliche Sicherheit anlangt, völlig ruhig seyn. Sicheren Nachrichten gemäß bezweifle ich auch nicht, daß mir der Aufenthalt in Straßburg gestattet werden wird. . . . Nur die dringendsten Gründe konnten mich zwingen, Vaterland und Vaterhaus in der Art zu verlassen. . . Ich konnte mich unserer politischen Inquisition stellen; von dem Resultat einer Untersuchung hatte ich nichts zu befürchten, aber Alles von der Untersuchung selbst. . . . . Ich bin überzeugt, daß nach einem Verlaufe von zwei bis drei Jahren meiner Rückkehr nichts mehr im Wege stehen wird. Dieße Zeit hätte ich im Falle des Bleibens in einem Kerker zu Friedberg versessen; körperlich und geistig zerrüttet wäre ich dann entlassen worden. Dieß stand mir so deutlich vor Augen, dessen war ich so gewiß, daß ich das große Uebel einer freiwilligen Verbannung wählte. Jetzt habe ich Hände und Kopf frei. . . . Es liegt jetzt Alles in meiner Hand. Ich werde das Studium der medicinisch-philosophischen Wissenschaften mit der größten Anstrengung betreiben, und auf d e m Felde ist noch Raum genug, um etwas Tüchtiges zu leisten und unsere Zeit ist grade dazu gemacht, dergleichen anzuerkennen. Seit ich über der Gränze bin, habe ich frischen Lebensmuth, ich stehe jetzt ganz allein, aber gerade das steigert meine Kräfte. Der beständigen geheimen Angst vor Verhaftung und sonstigen Verfolgungen, die mich in Darmstadt beständig peinigte, enthoben zu seyn, ist eine große Wohlthat. . . . .

Überlieferung *H* *Nicht nachweisbar.*
D *»Nachgelassene Schriften«, S. 255f.*

102. An Karl Gutzkow in Frankfurt am Main

Straßburg, etwa 14. März 1835

Auszug Straßburg.

Verehrtester!

Vielleicht haben Sie durch einen Steckbrief im Frankfurter Journal meine Abreise von Darmstadt erfahren. Seit einigen Tagen bin ich hier; ob ich bleiben werde, weiß ich nicht, das hängt von verschiedenen Umständen ab. Mein Manuscript wird unter der Hand seinen Kurs durchgemacht haben.

Meine Zukunft ist so problematisch, daß sie mich selbst zu interessiren anfängt, was viel heißen will. Zu dem subtilen Selbstmord durch A r b e i t kann ich mich nicht leicht entschließen; ich hoffe, meine Faulheit wenigstens ein Vierteljahr lang fristen zu können, und nehme dann Handgeld entweder von den Jesuiten für den Dienst der Maria oder von den St. Simonisten für die femme libre, oder sterbe mit meiner Geliebten. Wir werden sehen. Vielleicht bin ich auch dabey, wenn noch einmal das Münster eine Jacobiner-Mütze aufsetzen sollte. Was sagen Sie dazu? Es ist nur mein Spaß. Aber sie sollen noch erleben, zu was ein Teutscher nicht fähig ist, wenn er Hunger hat. Ich wollte, es ginge der ganzen Nation wie mir. Wenn es einmal ein Misjahr giebt, worin nur der Hanf geräth! Das sollte lustig gehen, wir wollten schon eine Boa Constriktor zusammen flechten. Mein Danton ist vorläufig ein seidnes Schnürchen und meine Muse ein verkleideter Samson.

Inhaltsangabe *Büchner gesteht Gutzkow des weiteren ein, daß er die »Theilnahme« seiner Eltern »durch seine tollkühnen Schritte auf ein harte Probe« stellt, und daß er nicht den Mut hat, »diese abzuwarten«. Zugleich erkundigt er sich nach dem Verbleib des vereinbarten Honorars für »Danton's Tod«.*

Überlieferung H *Nicht nachweisbar.*

D^1 *Gutzkow 1837, S. 338 für Z. 2–12* können, *und ebd. S. 337 für Z. 24–26. Z. 27f. erschlossen aus Gutzkows Brief an Büchner vom 17. März.*

D^2 *Gutzkow 1838, S. 34f. für Z. 12–23. Gutzkow ergänzte hier die von der Frankfurter Zensur in* D^1 *getilgten Briefpassagen (vgl. GW, Bd. 9, S. ⟨24⟩).*

Datierung *Aufgrund Büchners eigener Angabe, er sei* seit einigen Tagen ⟨...⟩ hier; *seine Ankunft erfolgte wahrscheinlich am 11. März. Gutzkow datierte den Brief in* D^1 *und* D^2 *jeweils auf »Sommer 1835«.*

Zum Text *3* Verehrtester!] *in* D^2 *gesperrt.*

12 wenigstens] wenigstes D^1.

103. An Wilhelm Büchner in Butzbach

Straßburg, März (?) 1835

Auszug ...... Ich würde Dir das nicht sagen, wenn ich im Entferntesten jetzt an die Möglichkeit einer politischen Umwälzung glauben könnte. Ich habe mich seit einem halben Jahre vollkommen überzeugt, daß Nichts zu thun ist, und daß Jeder, der im Augenblicke sich aufopfert, seine Haut wie ein Narr zu Markte trägt. Ich kann Dir nichts Näheres sagen, aber ich kenne die Verhältnisse, ich weiß, wie schwach, wie unbedeutend, wie zerstückelt die liberale Parthei ist, ich weiß, daß ein zweckmäßiges, übereinstimmendes Handeln unmöglich ist, und daß jeder Versuch auch nicht zum geringsten Resultate führt.

Überlieferung H *Nicht nachweisbar.*

D *»Nachgelassene Schriften«, S. 28.*

Datierung *Mit dem abgelaufenen* halben Jahre *meint Büchner wahrscheinlich die Zeit seit der Badenburger Versammlung vom 3. Juli 1834 (vgl. Hauschild 1993, S. 353–361), in der er enttäuschende Erfahrungen mit führenden hessischen Oppositionellen machte. Weniger wahrscheinlich ist eine Datierung auf Herbst 1835 (Mayer 1979, S. 399 u. 425). Vgl. auch Brief Nr. 89.*

104. Von Karl Gutzkow nach Straßburg

Frankfurt a M. 17 März 35, *Dienstag*

Lieber, ich habe vor länger als 8 Tagen, beinahe 14 Tagen schon 10 Fr. an die Darmstädter Adresse gesandt u von Ihrem Vater darauf die Anzeige erhalten, Sie wären nach Friedberg u das Geld würde Ihnen eingehändigt werden. Ihr Vater schien von der Herkunft dieses Geldes nichts zu wissen.

Werden Sie in Strasburg bleiben? Ich halte es für rathsaam, da Sie wie Enghien wol keine Aushebung durch Dragoner zu fürchten haben. Sie sollten meine Ermunterung, in der Theilnahme an deutscher Literatur fortzufahren, nicht in den französischen Wind schlagen. Was Sie leisten können, zeigt Ihr Danton, den ich heute zu säubern angefangen habe, u der des Vortrefflichsten soviel enthält. Glauben Sie denn, daß sich irgend Etwas Positives für Deutschlands Politik thun läßt? Ich glaube, Sie taugen zu mehr, als zu einer Erbse, welche die offne Wunde der deutschen Revolution in der Eiterung hält. Treiben Sie wie ich den Schmuggelhandel der Freiheit: Wein verhüllt in Novellenstroh, nichts in seinem natürlichen Gewande: ich glaube, man nüzt so mehr, als wenn man blind in Gewehre läuft, die keineswegs blindgeladen sind. Wär' es nicht, so hätt' ich mich in der Rechnung meines Lebens betrogen u müßte dann selbst meinen Untergang beschleunigen.

Noch drückt Sie Mangel. Hoffentlich haben Sie jezt das, was Sie zehnmal verdient haben. Das beste Mittel der Existenz bleibt die Autorschaft, d.h. nicht die geächtete, sondern die noch etwas geachtete, wenigstens honorirte bei den Philistern, welche das Geld haben. Spekuliren Sie auf Ideen, Poesie, was Ihnen der Genius bringt. Ich will Kanal sein, oder Trödler, der Ihnen klingend antwortet. Bessern Rath weiß ich nicht, u ich möchte Ihnen doch welchen geben, u recht altklug Ihnen zurufen: gehen Sie in sich, werden Sie praktisch, u regeln Sie Ihr Leben. Aber ich thu' es zagend; denn unsre Zeit hat eine ganz besondre Art Schaam erfunden, nämlich die, nicht unglücklich zu seyn.

Vergessen Sie nicht, von sich hören zu lassen.

Ihr G.

Adresse Herrn Georg Büchner / in / Straßburg

Überlieferung H *Weimar, Goethe- und Schiller-Archiv.*
D[1] *Andler 1897, S. 184.*
D *Bergemann [7]1958, S. 518f.*

Zum Text 31 nicht] *in H doppelt unterstrichen.*

105. *An die Familie in Darmstadt*

Auszug Straßburg, den 27. März 1835. *Freitag*

..... Ich fürchte sehr, daß das Resultat der Untersuchung den Schritt, welchen ich gethan, hinlänglich rechtfertigen wird; es sind wieder Verhaftungen erfolgt, und man erwartet nächstens deren noch mehr. Minnigerode ist in flagranti crimine ertappt worden; man betrachtet ihn als den Weg, der zur Entdeckung aller bisherigen revolutionären Umtriebe führen soll, man sucht ihm um jeden Preis sein Geheimniß zu entreißen; wie sollte seine schwache Constitution der langsamen Folter, auf die man ihn spannt, widerstehen können? . . . . Ist in den teutschen Zeitungen die Hinrichtung des Lieutenant Kosseritz auf dem Hohenasperg in Würtemberg bekannt gemacht worden? Er war M i t w i s s e r um das Frankfurter Complott, und wurde vor einiger Zeit erschossen. Der Buchhändler F r a n k h aus Stuttgart ist mit noch mehreren Anderen aus der nämlichen Ursache zum Tode verurtheilt worden, und man glaubt, daß das Urtheil vollstreckt wird. . . . . .

Überlieferung — H *Nicht nachweisbar.*

D *»Nachgelassene Schriften«, S. 256f.*

106. An Karl Gutzkow in Frankfurt am Main

Straßburg, Ende März/Anfang April 1835

Inhaltsangabe — *Büchner erkundigt sich nach dem Inhalt von Gutzkows nach Darmstadt gesandtem Brief vom 5. März, äußert sich zu gewissen Annehmlichkeiten seines Straßburger Exils und deutet ein literarisches Projekt an. Im Namen seines Freundes Wilhelm Baum erkundigt er sich, ob Sauerländer Interesse am Verlag von Baums preisgekrönter Abhandlung über den Methodismus habe. Er schreibt ferner:*

Auszug — Die ganze Revolution hat sich schon in Liberale und Absolutisten getheilt und muß von der ungebildeten und armen Klasse aufgefressen werden; das Verhältniß zwischen Armen und Reichen ist das einzige revolutionäre Element in der Welt, der Hunger allein kann die Freiheitsgöttin und nur ein Moses, der uns die sieben ägyptischen Plagen auf den Hals schickte, könnte ein Messias werden. Mästen Sie die Bauern, und die Revolution bekommt die Apoplexie. Ein H u h n im Topf jedes Bauern macht den gallischen H a h n verenden.

Überlieferung — H *Nicht nachweisbar.*

D *Gutzkow 1838, S. 36f. Z. 2–7 erschlossen aus Gutzkows Brief vom 7. April 1835 (vgl. auch Büchners Brief an die Familie vom 5. Mai 1835).*

Datierung — *Da Büchner in Z. 8 ein Stichwort aus Gutzkows Brief vom 17. März aufgreift, muß es sich um das Antwortschreiben handeln.*

107. Von Karl Gutzkow nach Straßburg

Frankfurt d 7. April 35, *Dienstag*

Mein nach Darmstadt geschickter Brief enthält nichts Wesentliches. Ich freue mich, daß Sie sich zu arrondiren anfangen u sich wohl fühlen. Vom Danton hat der Phönix sein Theil schon abgedruckt, u damit viel Ehre eingelegt. Was ich Ihnen über Ihre Fähigkeit schon sagte, muß ich wiederholen. Es ist mir, als hätten Sie eine literarische Prädestination. Ich warte nur den Druck u die Ausgabe Ihres Buches ab, um Sie beim Publikum einzuführen. Aber warten Sie das nicht ab (denn Sauerländers Pressen schwitzen Tag u Nacht und für Danton könnte sich der Termin noch etwas hinausschieben) reißen Sie selbst die Flügelthüren auf, u stürzen Sie auf's Parquet. Man wird erst spröde sein, dann horchen u zuletzt sich hingeben. Das Selbstgefühl wird schon kommen. Meine Muse bäumte sich auch erst wie ein scheues Pferd vor der Autorschaft; ich hatte sogar schon ein Buch geschrieben, als ich noch immer daran zweifelte, ob ich's könnte: als ich aber Hunger bekam u mir in meiner Heimath, in Preußen, der Brodkorb hoch gehangen wurde, da schrieb ich aus Desperation u freue mich nun, daß das Ding flott geht.

Die Uebersetzung lassen Sie unterweges, an Originale machen Sie sich. Sie haben selbst viel Ähnlichkeit mit Ihrem Danton: genial u träge. Mich feuerte vor 4 Jahren ein Brief Menzels zur Schriftstellerey an; wenn ich auch nicht soviel auf Sie vermag, wie d e r auf mich, so ist doch meine Auffoderu*n*g gewiß aus reiner Freude über Sie entstanden. Ich wiege mich in dem Gedanken, Sie entdeckt zu haben u Sie recht als ein schlagendes Beispiel, als Armidaschild der Menge, mit der ich mich zu balgen habe, gegenüberhalten zu können. Soll ich noch mehr loben? Nein, Sie sollen sich Ihren eignen Stolz machen.

Ich weiß nicht, ob Sie den Phönix gelesen haben d.h. mein Lit. Blatt, u noch lesen. Bei Levrault, der ihn für die Revue Germanique bezieht, können Sie ihn einsehen. Mir wär' es willkommen, wenn Sie einige Aufmerksamkeit auf das, was an mir ist u was ich will, verwendeten. Sind Sie überhaupt wegen unsrer laufenden liter. Verhältnisse au fait? Sie brauchen es nicht zu seyn: Sie scheinen ganz positiver Natur. Schreiben Sie mir, was Sie arbeiten wollen. Ich bringe Alles unter; aber bald; denn in 14 Tagen reis' ich auf kurze Zeit nach Berlin; daß ich Sie sehe, könnte sich im Juny ereignen. Ich freue mich sehr darauf: ich stelle mir in Ihnen einen nicht über 5 Fuß hohen Kerl oder Menschen oder Mann, wie Sie wollen, vor, und zwar fröhlicher Laune; doch haben Sie dunkles Haar.

Jen. theologischen Antrag kann zwar Sauerl., der viel Verlag für das Jahr schon auf den Schultern hat, nicht annehmen; doch hab' ich schon andre Verbindungen deshalb eingeleitet, u erwart' ich nu*n* Angabe des U m f a n g s der Schrift im ungefähren Druck, nebst der Erklärun*g*, ob bey der Sache auch verdient we⟨rden so⟩ll?

Ihr G.

Apropos! Wollen Sie mir Kritiken über neueste franz. Literatur schicken für mein Blatt, so sind mir die willkommen; aber schneller Entschluß! Eine Zusage, um mir Freude zu machen!

Adresse Herrn Georg Büchner

Überlieferung *H* *Weimar, Goethe- und Schiller-Archiv. Geringer Textverlust durch Siegelausriß in Z. 44.*

D^1 *Andler 1897, S. 185.*

D *Bergemann ^{7}1958, S. 519f.*

108. Von J. D. Sauerländer's Verlag nach Straßburg

Frankfurt am Main, etwa Mitte April 1835

Inhaltsangabe *Der Verlag bietet Büchner an, für die Frankfurter Ausgabe von Victor Hugos »Sämtlichen Werken« die Dramen »Lucrèce Borgia« und »Marie Tudor« zu übersetzen.*

Überlieferung *Erschlossen aus: Brief Gutzkows vom 12. Mai 1835.*

Datierung *Ergibt sich aus Büchners nicht erhaltenem Brief an Gutzkow von vermutlich Ende April 1835 sowie aus den Daten zweier Verlagsanzeigen: Während das »Börsenblatt für den deutschen Buchhandel« (Nr. 18, Sp. 458) Büchner am 1. Mai 1835 noch nicht als Mitübersetzer nennt, führt ihn das »Intelligenzblatt« zum »Phönix« (Nr. 3) am 16. Mai als solchen auf (s. Hauschild 1985, S. 200f.). Bereits im Brief an die Familie vom 20. April 1835 scheint sich Büchner zu Sauerländers Angebot geäußert zu haben (vgl. die Lücke nach Z. 11f.).*

109. An die Familie in Darmstadt

Auszug Straßburg, den 20. April 1835. *Montag*

..... Heute Morgen erhielt ich eine traurige Nachricht; ein Flüchtling aus der Gegend von Gießen ist hier angekommen; er erzählte mir, in der Gegend von Marburg seyen mehrere Personen verhaftet und bey einem von ihnen eine Presse gefunden worden, außerdem sind meine Freunde L. Becker und Klemm eingezogen worden, und Rector Weidig von Butzbach wird verfolgt. Ich begreife unter solchen Umständen die Freilassung von P..... nicht. Jetzt erst bin ich froh, daß ich weg bin, man würde mich auf keinen Fall verschont haben. . . . Ich sehe meiner Zukunft sehr ruhig entgegen. Jedenfalls könnte ich von meinen schriftstellerischen Arbeiten leben. . . . . Man hat mich auch aufgefordert, Kritiken über die neu erscheinenden französischen Werke in das Literaturblatt zu schicken, sie werden gut bezahlt. Ich würde mir noch weit mehr verdienen können, wenn ich mehr Zeit darauf verwenden wollte, aber ich bin entschlossen, meinen Studienplan nicht aufzugeben. . . . . .

Überlieferung H *Nicht nachweisbar.*
D *»Nachgelassene Schriften«, S. 257.*

Erläuterung 6 L. Becker] *Irrtum in H oder D für A(ugust) Becker.*
8 P. . . . .] *gemeint ist Carl Preller.*

110. *An Karl Gutzkow in Frankfurt am Main*

Straßburg, um Ende April 1835

Inhaltsangabe *Büchner erwähnt einen »Freund« – vermutlich identisch mit dem Überbringer des Briefs –, der Gutzkow in Frankfurt »treffen« will. Er sagt Gutzkow »Äußerungen über neure Lit.« zu und akzeptiert das Angebot von J. D. Sauerländer's Verlag, zwei Hugo-Dramen zu übersetzen, nicht ohne »die Schwächen Victor Hugos mit feinem Auge« zu »muster(n)«. Alfred de Musset zieht ihn an, während er nicht weiß,* wie *er sich* durch V. Hugo durchnagen *soll, Hugo gibt nur* aufspannende Situationen, *Musset aber doch* Charaktere, wenn auch ausgeschnitzte.

Büchner berichtet ferner, daß er »viel Neues und Wunderliches« über Jakob Michael Reinhold Lenz, den Straßburger Jugendfreund Goethes, erfahren hat, »viel Neues« über Friederike Brion »und ihre spätere Bekanntschaft mit Lenz«, der Goethes »Stelle« bei ihr »vertrat«.

Er erläutert seinen Plan einer Lenz-»Novelle« und äußert sich auch zu Gutzkows Frage nach Baums Bedingungen für den Druck von dessen theologischer Abhandlung.

Überlieferung *Erschlossen aus: Brief Gutzkows vom 12. Mai 1835 (Z. 2–5 und 16–18) und vom 6. Februar 1836 (Z. 14f.) sowie Gutzkow 1837, S. 345 (Z. 6–13).*

Datierung *Da Büchner im Brief an die Familie vom 5. Mai 1835 erwähnt, er habe Gutzkows Bitte um Literaturkritiken* nicht abschlagen *können, während in seinem Brief vom 20. April nur die Rede vom Angebot als solchem ist, dürfte der vorliegende Brief zwischen beiden Daten geschrieben worden sein. Gutzkow war seit Ostern (19./20. April) 1835 für die Dauer von zwei Monaten von Frankfurt abwesend (Proelß 1892, S. 567f.). Aus dem Brief vom 5. Mai geht auch hervor, daß der vorliegende Brief Gutzkow in Frankfurt nicht erreichte.*

Erläuterung *1839 berichtete Gutzkow: »Büchner wollte eine eigenthümliche und authentische Beziehung Lenzens zu Göthes Friederike (von Sesenheim) darstellen.« (»Telegraph für Deutschland«, Nr. 9, Januar 1839, S. 72, Fußnote).*

111. Reskript des Großherzoglich Hessischen Hofgerichts der Provinz Oberhessen

Gießen, Ende April/Anfang Mai 1835

Überlieferung — *Erschlossen aus: Brief Büchners vom 16. Juli 1835.*

Datierung — *Büchner selbst schreibt Mitte Juli aus Straßburg, das* Rescript *sei* vor einiger Zeit *und* von Gießen *gekommen (Nr. 118, Z. 2f.). Clemms Geständnisse gegenüber Hofgerichtsrat Georgi in Gießen, die Büchner entscheidend belasteten, erfolgten am 21. April (Noellner 1844, S. 222) und am 2. Mai 1835 (ebd., Anlagen, S. 9). Am 5. Mai wurde der Sitz der von Georgi geleiteten Untersuchungskommission nach Darmstadt verlegt.*

Erläuterung — *Bei dem* Rescript *(hier: amtliche Zuschrift an eine Privatperson) dürfte es sich um eine weitere Vorladung (s. Nrn. 90 und 91) gehandelt haben, die, weil eine persönliche Zustellung nicht möglich war, an eine Straßburger Behörde adressiert wurde, vermutlich mit der Bitte um Aushang. Wie aus Büchners Brief vom 16. Juli ebenfalls hervorgeht, nahm die Straßburger Polizei anscheinend* keine Notiz davon, *leistete also keinerlei Amtshilfe. Einen ähnlichen Versuch unternahm Georgi Anfang 1836 von Darmstadt aus im Fall des nach Zürich geflohenen Ernst Dieffenbach (vgl. Peter Mesenhöller [Hrsg.], »Ernst Dieffenbach: Briefe aus dem Straßburger und Züricher Exil 1833–1836. Eine Flüchtlingskorrespondenz aus dem Umkreis Georg Büchners«; zum Druck vorgesehen für Georg Büchner Jahrbuch 8/1990, 9/1991).*

112. An die Familie in Darmstadt

Auszug

Straßburg, den 5. Mai 1835. *Dienstag*

Schulz und seine Frau gefallen mir sehr gut, ich habe schon seit längerer Zeit Bekanntschaft mit ihnen gemacht und besuche sie öfters. Schulz namentlich ist nichts weniger, als die unruhige Kanzleybürste, die ich mir unter ihm vorstellte; er ist ein ziemlich ruhiger und sehr anspruchsloser Mann. Er beabsichtigt in aller Nähe mit seiner Frau nach Nancy und in Zeit von einem Jahr ungefähr nach Zürich zu gehen, um dort zu dociren. . . . Die Verhältnisse der politischen Flüchtlinge sind in der Schweiz keineswegs so schlecht, als man sich einbildet; die strengen Maaßregeln erstrecken sich nur auf diejenigen, welche durch ihre fortgesetzten Tollheiten die Schweiz in die unangenehmsten Verhältnisse mit dem Auslande gebracht und schon beynahe in einen Krieg mit demselben verwickelt haben. . . . . Böckel und Baum sind fortwährend meine intimsten Freunde; Letzterer will seine Abhandlung über die Methodisten, wofür er einen Preis von 3000 Francs erhalten hat und öffentlich gekrönt worden ist, drucken lassen. Ich habe mich in seinem Namen an Gutzkow gewendet, mit dem ich fortwährend in Correspondenz stehe. Er ist im Augenblick in Berlin, muß aber bald wieder zurückkommen. Er scheint viel auf mich zu halten, ich bin froh darüber, sein Literaturblatt steht in großem Ansehn. . . . . Im Juni wird er hierherkommen, wie er mir schreibt. Daß Mehreres aus meinem Drama im Phönix erschienen ist, hatte ich durch ihn erfahren, er versicherte mich auch, daß das Blatt viel Ehre damit eingelegt habe. Das Ganze muß bald erscheinen. Im Fall es Euch zu Gesicht kommt, bitte ich Euch, bey Eurer Beurtheilung vorerst zu bedenken, daß ich der Geschichte treu bleiben und die Männer der Revolution geben mußte, wie sie waren, blutig, liederlich, energisch und cynisch. Ich betrachte mein Drama wie ein geschichtliches Gemälde, das seinem Original gleichen muß. . . . Gutzkow hat mich um Kritiken, wie um eine besondere Gefälligkeit gebeten; ich konnte es nicht abschlagen, ich gebe mich ja doch in meinen freien Stunden mit Lectüre ab, und wenn ich dann manchmal die Feder in die Hand nehme und schreibe über das Gelesene etwas nieder, so ist dieß keine so große Mühe und nimmt wenig Zeit weg. . . . Der Geburtstag des Königs ging sehr still vorüber. Niemand fragt nach dergleichen, selbst die Republicaner sind ruhig; sie wollen keine Emeuten mehr, aber ihre Grundsätze finden von Tag zu Tag, namentlich bey der jungen Generation mehr Anhang, und so wird wohl die Regierung nach und nach, ohne gewaltsame Umwälzung von selbst zusammenfallen. . . . Sartorius ist verhaftet, sowie auch Becker. Heute habe ich auch die Verhaftung des Herrn Weidig und des Pfarrers Flick zu Petterweil erfahren. . . . . .

Überlieferung H *Nicht nachweisbar.*
D *»Nachgelassene Schriften«, S. 257–259.*

113. *Von Karl Gutzkow nach Straßburg*

Mannheim 12 May 35, *Dienstag*

Mein Lieber,

Statt daß Sie mich um tausend Parasangen weiter von sich denken, bin ich Ihnen um hundert näher gerückt. Meine Paßverhältnisse sind etwas in Unordnung, sonst käm' ich schon zu Ihnen. Ich spare das auf. Die Berliner Reise ist mit Gefahren verknüpft. Durch eine Vorrede zu Schleiermachers Briefen über Schlegels Luzinde hab' ich die Geistlichkeit u den Hof gegen mich empört: ich fürchte ein Autodafé u halte mich am Rheingeländer, das bald übersprungen ist. Adressiren Sie recht bald eine Nachricht hieher an mich wohnhaft bei HE Reitz. Ihre Äußerungen über neure Lit. vermag ich nicht aufzunehmen, weil mir jezt die Muße fehlt. Nur glauben Sie nicht, daß ich z.B. durch meine Besorgung einer Uebersetzung V. Hugos eine große Verehrung vor der romantischen Confusion in Paris an den Tag legen will: dies ist nur eine Gefälligkeit für einen Buchhändler, der auf mein Anrathen auch Sie ins Interesse gezogen hat. Danton wird nun gedruckt.

Ihre Novelle Lenz soll jedenfalls, weil Straßburg dazu anregt, den gestrandeten Poeten zum Vorwurf haben? Ich freue mich, wenn Sie schaffen. Einen Verleger geb' ich Ihnen sogleich. Auch sagen Sie Ihrem theologischen Freunde, *daß* er für seine Schrift einen Abnehmer hat, falls Matter in Straßburg sich dazu entschließen könnte, sie zu bevorworten.

Wer war der Freund, der mich in Frankf. treffen wollte?

Vergelten Sie mir diese Abbreviatur von einem Briefe nicht, sondern seyen Sie mittheilsam u vollständig!

Ihr Gutzkow

Adresse Herrn Georg Büchner / p. A. / à Mr. / Mr. Lucius / à / Straßbourg / Rue Guillaume N° 66 // Franco

Überlieferung *H* *Weimar, Goethe- und Schiller-Archiv. Mit den Poststempeln »MANNHEIM G.B. 13 5« und »STRA(SBOUR)G (67) 14 MAI 1835« und weiteren postalischen Zeichen.*

D¹ *Andler 1897, S. 183f.*

D *Bergemann ⁷1958, S. 521.*

114. An Karl Gutzkow in Mannheim

Straßburg, Mai/Juni 1835

Inhaltsangabe *Büchner erkundigt sich nach dem Druck von »Danton's Tod«. Zum Verfasser des von Gutzkow geforderten Vorworts zu Baums Abhandlung macht er einen Vorschlag.*

Überlieferung *Erschlossen aus: Brief Gutzkows vom 23. Juli 1835.*

115. Von der Familie nach Straßburg

Darmstadt, Anfang Juni 1835

Inhaltsangabe *Die Eltern teilen das in Darmstadt kursierende Gerücht mit, wonach in Straßburg eine politische Verbindung unter den Flüchtlingen bestehe. Die Regierung wolle die Ausweisung der Schuldigen verlangen.*

Überlieferung *Erschlossen aus: Brief Büchners vom 10. Juni 1835.*

116. An die Familie in Darmstadt

Straßburg, 10. Juni 1835, Mittwoch

Auszug

Straßburg, Mittwoch nach Pfingsten 1835.

. . . . . Was Ihr mir von dem in Darmstadt verbreiteten Gerüchte hinsichtlich einer in Straßburg bestehenden Verbindung sagt, beunruhigt mich sehr. Es sind höchstens acht bis neun teutsche Flüchtlinge hier, ich komme fast in keine Berührung mit ihnen, und an eine politische Verbindung ist nicht zu denken. Sie sehen so gut wie ich ein, daß unter den jetzigen Umständen dergleichen im Ganzen unnütz und dem, der daran Theil nimmt, höchst verderblich ist. Sie haben nur einen Zweck, nämlich durch Arbeiten, Fleiß und gute Sitten das sehr gesunkene Ansehn der teutschen Flüchtlinge wieder zu heben, und ich finde das sehr lobenswerth. Straßburg schien übrigens unserer Regierung höchst verdächtig und sehr gefährlich, es wundern mich daher die umgehenden Gerüchte nicht im Geringsten, nur macht es mich besorgt, daß unsere Regierung die Ausweisung der Schuldigen verlangen will. Wir stehen hier unter keinem gesetzlichen Schutz, halten uns eigentlich gegen das Gesetz hier auf, sind nur geduldet und somit ganz der Willkühr des Präfecten überlassen. Sollte ein derartiges Verlangen von unserer Regierung gestellt werden, so würde man nicht fragen: existirt eine solche Verbindung oder nicht? sondern man würde ausweisen, was da ist. Ich kann zwar auf Protection genug zählen, um mich hier halten zu können, aber das geht nur so lange, als die hessische Regierung nicht besonders meine Ausweisung verlangt, denn in dießem Falle spricht das Gesetz zu deutlich, als daß die Behörde ihm nicht nachkommen müßte. Doch hoffe ich, das Alles ist übertrieben. Uns berührt auch folgende Thatsache: Dr. Schulz hat nämlich vor einigen Tagen den Befehl erhalten, Straßburg zu verlassen; er hatte hier ganz zurückgezogen gelebt, sich ganz ruhig verhalten und dennoch! Ich hoffe, daß unsere Regierung mich für zu unbedeutend hielt, um auch gegen mich ähnliche Maaßregeln zu ergreifen und daß ich somit ungestört bleiben werde. Sagt, ich sey in die Schweiz gegangen. – Heumann sprach ich gestern. – Auch sind in der letzten Zeit wieder fünf Flüchtlinge aus Darmstadt und Gießen hier eingetroffen und bereits in die Schweiz weiter gereist. Rosenstiel, Wiener und Stamm sind unter ihnen. . . . .

Überlieferung H *Nicht nachweisbar.*

D *»Nachgelassene Schriften«, S. 259–261.*

117. An die Familie in Darmstadt

Straßburg, um den 23. Juni 1835

Auszug

. . . . . Ich habe hier noch mündlich viel Unangenehmes aus Darmstadt erfahren. Koch, Walloth, Geilfuß und einer meiner Gießener Freunde, mit Namen Becker, sind vor Kurzem hier angekommen, auch ist der junge Stamm hier. Es sind sonst noch Mehrere angekommen, sie gehen aber sämmtlich weiter in die Schweiz oder in das Innere von Frankreich. Ich habe von Glück zu sagen und fühle mich manchmal recht frei und leicht, wenn ich den weiten, freien Raum um mich überblicke und mich dann in das Darmstädter Arresthaus zurückversetze. Die Unglücklichen! Minnigerode sitzt jetzt fast ein Jahr, er soll körperlich fast aufgerieben seyn, aber zeigt er nicht eine heroische Standhaftigkeit? Es heißt, er sey schon mehrmals geschlagen worden, ich kann und mag es nicht glauben. A. Becker wird wohl von Gott und der Welt verlassen seyn; seine Mutter starb, während er in Gießen im Gefängniß saß, vierzehn Tage darnach eröffnete man es ihm!!! Klemm ist ein Verräther, das ist gewiß, aber es ist mir doch immer, als ob ich träumte, wenn ich daran denke. Wißt Ihr denn, daß seine Schwester und seine Schwägerin ebenfalls verhaftet und nach Darmstadt gebracht worden sind, und zwar höchst wahrscheinlich auf seine eigne Aussage hin? Uebrigens gräbt er sich sein eignes Grab; seinen Zweck, die Heirath mit Fräulein v. Grolman in Gießen, wird er doch nicht erreichen, und die öffentliche Verachtung, die ihn unfehlbar trifft, wird ihn tödten. Ich fürchte nur sehr, daß die bisherigen Verhaftungen nur das Vorspiel sind; es wird noch bunt hergehen. Die Regierung weiß sich nicht zu mäßigen; die Vortheile, welche ihr die Zeitumstände in die Hand geben, wird sie auf's Aeußerste mißbrauchen, und das ist sehr unklug und für uns sehr vortheilhaft. Auch der junge v. Biegeleben, Weidenbusch, Floret sind in eine Untersuchung verwickelt; das wird noch ins Unendliche gehen. Drei Pfarrer, Flick, Weidig und Thudichum sind unter den Verhafteten. Ich fürchte nur sehr, daß unsere Regierung uns hier nicht in Ruhe läßt, doch bin ich der Verwendung der Professoren Lauth, Duvernoy und des Doctor Boeckel's gewiß, die sämmtlich mit dem Präfecten gut stehen. – Mit meiner Uebersetzung bin ich längst fertig; wie es mit meinem Drama geht, weiß ich nicht; es mögen wohl fünf bis sechs Wochen seyn, daß mir Gutzkow schrieb, es werde daran gedruckt, seit der Zeit habe ich nichts mehr darüber gehört. Ich denke es muß erschienen seyn, und man schickt es mir erst, wenn die Recensionen erschienen sind, zugleich mit diesen zu. Anders weiß ich mir die Verzögerung nicht zu erklären. Nur fürchte ich zuweilen für Gutzkow; er ist ein Preuße und hat sich neuerdings durch eine Vorrede zu einem in Berlin erschienenen Werke das Mißfallen seiner Regierung zugezogen. Die Preußen machen kurzen Prozeß; er sitzt vielleicht jetzt auf einer preußischen Festung; doch wir wollen das Beste hoffen. . . . . .

Überlieferung — H *Nicht nachweisbar.*
D *»Nachgelassene Schriften«, S. 261–263.*

Datierung — *Gutzkows Brief, auf den Büchner als* fünf bis sechs Wochen *zurückliegend verweist, stammt vom 12. Mai. Daraus errechnet sich das Datum um den 23. Juni 1835. D hat: »Straßburg, im Juli 1835.«*

Zum Text — *16* Klemm] Kl . . . *D.*
22 v. Grolman] v. . . . . . *D.*

Erläuterung — *Die Tilgung des Namens von Clemms Verlobter Emilie von Grolman (aus der Familie eines langjährigen Staatsministers) wie auch die Reduktion von Clemms Namen auf die beiden ersten Buchstaben dürfte auf den Herausgeber der »Nachgelassenen Schriften« zurückgehen, der dieselbe Zurückhaltung auch in einer biographischen Fußnote zu »Stud. Gustav Kl... aus Lich« bewies.*

118. *An die Familie in Darmstadt*

Auszug

Straßburg, 16. Juli 1835. *Donnerstag*

.... Ich lebe hier ganz unangefochten; es ist zwar vor einiger Zeit ein Rescript von Gießen gekommen, die Polizey scheint aber keine Notiz davon genommen zu haben. . . . . Es liegt schwer auf mir, wenn ich mir Darmstadt vorstelle; ich sehe unser Haus und den Garten und dann unwillkührlich das abscheuliche Arresthaus. Die Unglücklichen! Wie wird das enden? Wohl wie in Frankfurt, wo Einer nach dem Andern stirbt und in der Stille begraben wird. Ein Todesurtheil, ein Schaffott, was ist das? Man stirbt für seine Sache. Aber so im Gefängniß auf eine langsame Weise aufgerieben zu werden! Das ist entsetzlich! Könntet Ihr mir nicht sagen, wer in Darmstadt sitzt? Ich habe hier Vieles untereinander gehört, werde aber nicht klug daraus. Klemm scheint eine schändliche Rolle zu spielen. Ich hatte den Jungen sehr gern, er war grenzenlos leidenschaftlich, aber offen, lebhaft, muthig und aufgeweckt. Hört man nichts von Minnigerode? Sollte er wirklich Schläge erhalten? Es ist mir undenkbar. Seine heroische Standhaftigkeit sollte auch den verstocktesten Aristocraten Ehrfurcht einflößen. . . . . .

Überlieferung — H *Nicht nachweisbar.*
D *»Nachgelassene Schriften«, S. 263f.*

Zum Text — *13* Klemm] Kl . . . *D.*

119. Von J. D. Sauerländer's Verlag nach Straßburg

Frankfurt am Main, etwa Mitte Juli 1835

Übersendung einiger Freiexemplare von: »Danton's Tod. Dramatische Bilder aus Frankreichs Schreckensherrschaft«, Frankfurt am Main 1835, sowie des Korrekturabzugs (Andrucks) von Gutzkows »Danton«-Rezension im »Phönix«, Nr. 162 (»Literatur-Blatt«, Nr. 27), 11. Juli 1835.

Überlieferung — *Erschlossen aus: Brief Gutzkows vom 23. Juli 1835; vgl. auch Büchners Brief an die Familie vom 28. Juli 1835.*

120. Widmung für Wilhelm Baum

FAKSIMILE *S. 146*

Straßburg, etwa Mitte Juli 1835

(In: »Danton's Tod. Dramatische Bilder aus Frankreichs Schreckensherrschaft«, Frankfurt am Main 1835)

Meinem lieben Freund Baum.

G. Büchner.

Überlieferung

H — *Marburg, Georg Büchner Gesellschaft.*

D — *Georg Büchner. Leben, Werk, Zeit 1985, S. 199.*

Abbildung: Richard Thieberger (Hrsg.), Georges Büchner. La Mort de Danton. Publiée avec le texte des sources et des corrections manuscrites de l'auteur, Paris 1953, S. 61.

121. Widmung für August (und Adolph?) Stoeber

Straßburg, etwa Mitte Juli 1835

(In: »Danton's Tod. Dramatische Bilder aus Frankreichs Schreckensherrschaft«, Frankfurt am Main 1835)

Überlieferung

H — *Nicht nachweisbar. Das Widmungsexemplar befindet sich heute in der Hessischen Landes- und Hochschulbibliothek in Darmstadt, das Vorsatzblatt mit der mutmaßlichen Widmung fehlt. Vgl. Hauschild 1985, S. 414.*

122. Von Karl Gutzkow nach Straßburg

Wiesbaden 23 July 35. *Donnerstag*

Mein lieber Freund; ich habe länger geschwiegen, als verziehen werden kann. Heidelberg u Mannheim nahmen mich sehr in Anspruch, dann eine Rheinreise, Frankfurt ⟨mi⟩t all seinen Verbindungen, die wieder aufgefrischt werden mußten, nun gar Wiesbaden, wohin ich gegangen bin um zu schwitzen – das Alles hat mich in ewige Unruhe gebracht. Zuletzt noch hab' ich in der Hast von 3 Wochen (schnelle Arbeiten sind die besten) einen Roman geschrieben: Wally, die Zweiflerin. Auch jezt bin ich nur erst in der Stimmung, ein Billet statt eines Briefes zu schreiben, u Ihnen in der Eile zu sagen, daß ich viel u herzlich an Sie denke. Sie haben mehr Zeit als ich. Regen Sie mich durch einen langen Brief zu einem längern auf! – Sauerländer trödelte lange mit dem Druck Ihres Danton. Für den Schreckenstitel kann ich nicht: das ist eine der buchhändlerischen Dreistigkeiten, die man sich bei seinem zweiten Buche nicht mehr gefallen läßt. Sie werden jezt Exemplare haben, u meine von der Censur verstümmelte Anzeige. Ich trug Sr. auf, Ihnen den Correkturabzug zu schicken; denn ich habe ein böses Gewissen. Ich fühle, daß ich mich nicht erschöpfend genug über Sie ausgedrückt habe, wenigstens viel zu allgemein; u. da ist mir jeder verlorne Buchstabe wichtig, wenn Sie ihn nicht sehen sollten. Geben Sie bald ein zweites Buch: Ihren Lenz, (für den ich schon einen bessern Verleger habe) dann will ich das Versäumte nachholen.

Auf die theol. Schrift Ihres Freundes kann man nur eingehen, wenn Matter auf dem Titel steht. Matter hat Renommée in Deutschland, der von Ihnen genannte Name nicht.

Schreiben Sie nach Frankfurt: der Brief trifft mich sichrer.

Mit bestem Gruß

Ihr

Gutzkow

Adresse Herrn G. Büchner

Überlieferung H *Weimar, Goethe- und Schiller-Archiv. Geringer Textverlust durch Siegelausriß in Z. 4.*

D^{1} *Andler 1897, S. 185f.*

D *Bergemann ^{7}1958, S. 521f.*

Zum Text 7–9 Zulezt *bis* Zweiflerin] *am unteren Rand des Briefs mit Einweisungszeichen notiert H.*

20 ist] *über gestrichenem* wäre *H.*

123. *Von der Familie nach Straßburg*

Darmstadt, Juli 1835

Inhaltsangabe *Vorwurfsvoll kritische Bemerkungen zu »Danton's Tod«. Ein Flüchtling soll auf der Grenze verhaftet worden sein.*

Überlieferung *Erschlossen aus: Brief Büchners vom 28. Juli 1835.*

124. An die Familie in Darmstadt

Auszug

S t r a ß b u r g, 28. Juli 1835. *Dienstag*

..... Ueber mein Drama muß ich einige Worte sagen: erst muß ich bemerken, daß die Erlaubniß, einige Aenderungen machen zu dürfen, allzusehr benutzt worden ist. Fast auf jeder Seite weggelassen, zugesetzt, und fast immer auf die dem Ganzen nachtheiligste Weise. Manchmal ist der Sinn ganz entstellt oder ganz und gar weg, und fast platter Unsinn steht an der Stelle. Außerdem wimmelt das Buch von den abscheulichsten Druckfehlern. Man hatte mir keinen C o r r e c t u r b o g e n zugeschickt. Der Titel ist abgeschmackt, und mein Name steht darauf, was ich ausdrücklich verboten hatte; er steht außerdem nicht auf dem Titel meines Manuscripts. Außerdem hat mir der Corrector einige Gemeinheiten in den Mund gelegt, die ich in meinem Leben nicht gesagt haben würde. Gutzkow's glänzende Kritiken habe ich gelesen und zu meiner Freude dabey bemerkt, daß ich keine Anlagen zur Eitelkeit habe. Was übrigens die sogenannte Unsittlichkeit meines Buchs angeht, so habe ich Folgendes zu antworten: der dramatische Dichter ist in meinen Augen nichts, als ein Geschichtschreiber, steht aber ü b e r Letzterem dadurch, daß er uns die Geschichte zum zweiten Mal erschafft und uns gleich unmittelbar, statt eine trockne Erzählung zu geben, in das Leben einer Zeit hinein versetzt, uns statt Characteristiken Charactere, und statt Beschreibungen Gestalten giebt. Seine höchste Aufgabe ist, der Geschichte, wie sie sich wirklich begeben, so nahe als möglich zu kommen. Sein Buch darf weder s i t t l i c h e r noch u n s i t t l i c h e r seyn, als die G e s c h i c h t e s e l b s t; aber die Geschichte ist vom lieben Herrgott nicht zu einer Lectüre für junge Frauenzimmer geschaffen worden, und da ist es mir auch nicht übel zu nehmen, wenn mein Drama ebensowenig dazu geeignet ist. Ich kann doch aus einem Danton und den Banditen der Revolution nicht Tugendhelden machen! Wenn ich ihre Liederlichkeit schildern wollte, so mußte ich sie eben liederlich seyn, wenn ich ihre Gottlosigkeit zeigen wollte, so mußte ich sie eben wie Atheisten sprechen lassen. Wenn einige unanständige Ausdrücke vorkommen, so denke man an die weltbekannte, obscöne Sprache der damaligen Zeit, wovon das, was ich meine Leute sagen lasse, nur ein schwacher Abriß ist. Man könnte mir nur noch vorwerfen, daß ich einen solchen Stoff gewählt hätte. Aber der Einwurf ist längst widerlegt. Wollte man ihn gelten lassen, so müßten die größten Meisterwerke der Poesie verworfen werden. Der Dichter ist kein Lehrer der Moral, er erfindet und schafft Gestalten, er macht vergangene Zeiten wieder aufleben, und die Leute mögen dann daraus lernen, so gut, wie aus dem Studium der Geschichte und der Beobachtung dessen, was im menschlichen Leben um sie herum vorgeht. Wenn man s o wollte, dürfte man keine Geschichte studiren, weil sehr viele unmoralische Dinge darin erzählt werden, müßte mit verbundenen Augen über die Gasse gehen, weil man sonst Unanständigkeiten sehen könnte, und müßte über einen Gott Zeter schreien, der eine Welt erschaffen, worauf so viele Liederlichkeiten vorfallen. Wenn man mir übrigens noch sagen wollte, der Dichter müsse die Welt nicht zeigen wie sie ist, sondern wie sie seyn solle, so antworte ich, daß ich es nicht besser machen will, als der liebe Gott, der die Welt gewiß gemacht hat, wie sie seyn soll. Was noch die sogenannten Idealdichter anbetrifft, so finde ich, daß sie fast nichts als Marionetten mit himmelblauen Nasen und affectirtem Pathos, aber nicht Menschen von Fleisch und Blut gegeben haben, deren Leid und Freude mich mitempfinden macht, und deren Thun und Handeln mir Abscheu oder Bewunderung einflößt. Mit einem Wort, ich halte viel auf Goethe und Shakspeare, aber sehr wenig auf Schiller. Daß übrigens noch die ungünstigsten Kritiken erscheinen werden, versteht sich von selbst; denn die Regierungen müssen doch durch ihre bezahlten Schreiber beweisen lassen, daß ihre Gegner Dummköpfe oder unsittliche Menschen sind. Ich halte übrigens mein Werk keineswegs für vollkommen, und werde jede wahrhaft ästhetische Kritik mit Dank annehmen. –

Habt Ihr von dem gewaltigen Blitzstrahl gehört, der vor einigen Tagen das Münster getroffen hat? Nie habe ich einen solchen Feuerglanz gesehen und einen solchen Schlag gehört, ich war einige Augenblicke wie betäubt. Der Schade ist der größte seit Wächtersgedenken. Die Steine wurden mit ungeheurer Gewalt zerschmettert und weit weg geschleudert; auf hundert Schritt im Umkreis wurden die Dächer der benachbarten Häuser von den herabfallenden Steinen durchgeschlagen. –

Es sind wieder drei Flüchtlinge hier eingetroffen, N i e v e r g e l d e r ist darunter; es sind in Gießen neuerdings zwei Studenten verhaftet worden. Ich bin äußerst vorsichtig. Wir wissen hier von Niemand, der auf der Gränze verhaftet worden sey. Die Geschichte muß ein Mährchen seyn. . . . . .

Überlieferung H *Nicht nachweisbar.*
D *»Nachgelassene Schriften«, S. 264–267.*

125. An die Familie in Darmstadt

Straßburg, Anfang August 1835

Auszug ..... Vor Allem muß ich Euch sagen, daß man mir auf besondere Verwendung eine Sicherheitskarte versprochen hat, im Fall ich einen G e b u r t s- (nicht Heimaths-) S c h e i n vorweisen könnte. Es ist dieß nur als eine vom Gesetze vorgeschriebene Förmlichkeit zu betrachten; ich muß ein Papier vorweisen können, so unbedeutend es auch sey. . . . Doch lebe ich ganz unangefochten, es ist nur eine prophylactische Maaßregel, die ich für die Zukunft nehme. Sprengt übrigens immerhin aus, ich sey nach Zürich gegangen; da Ihr seit längerer Zeit keine Briefe von mir durch die Post erhalten habt, so kann die Polizey unmöglich mit Bestimmtheit wissen, wo ich mich aufhalte, zumal da ich meinen Freunden geschrieben, ich sey nach Zürich gegangen. Es sind wieder einige Flüchtlinge hier angekommen, ein Sohn des Professor Vogt ist darunter, sie bringen die Nachricht von neuen Verhaftungen dreier Familienväter! Der eine in Rödelheim, der andere in Frankfurt, der dritte in Offenbach. Auch ist eine Schwester des unglücklichen Neuhof, ein schönes und liebenswürdiges Mädchen, wie man sagt, verhaftet worden. Daß ein Frauenzimmer aus Gießen in das Darmstädter Arresthaus gebracht wurde, ist gewiß; man behauptet, sie sey die .... Die Regierung muß die Sachen sehr geheim halten, denn Ihr scheint in Darmstadt sehr schlecht unterrichtet zu seyn. Wir erfahren Alles durch die Flüchtlinge, welche es am besten wissen, da sie meistens zuvor in die Untersuchung verwickelt waren. Daß Minnigerode in Friedberg eine Zeit lang Ketten an den Händen hatte, weiß ich gewiß; ich weiß es von Einem, der mit ihm saß. Er soll tödtlich krank seyn; wolle der Himmel, daß seine Leiden ein Ende hätten! Daß die Gefangnen die Gefangnenkost bekommen und weder Licht noch Bücher erhalten, ist ausgemacht. Ich danke dem Himmel, daß ich voraussah, was kommen würde, ich wäre in so einem Loch verrückt geworden. . . . . . In der Politik fängt es hier wieder an, lebendig zu werden. Die Höllenmaschine in Paris und die der Kammer vorgelegten Gesetz-Entwürfe über die Presse machen viel Aufsehn. Die Regierung zeigt sich sehr unmoralisch; denn, obgleich es gerichtlich erwiesen ist, daß der Thäter ein verschmitzter Schurke ist, der schon allen Partheien gedient hat und wahrscheinlich durch Geld zu der That getrieben wurde, so sucht sie doch das Verbrechen den Republicanern und Carlisten auf den Hals zu laden und durch den momentanen Eindruck die unleidlichsten Beschränkungen der Presse zu erlangen. Man glaubt, daß das Gesetz in der Kammer durchgehen und vielleicht noch geschärft werden wird. Die Regierung ist sehr unklug; in sechs Wochen hat man die Höllenmaschine vergessen, und dann befindet sie sich mit ihrem Gesetz einem Volke gegenüber, das seit mehreren Jahren gewohnt ist, Alles, was ihm durch den Kopf kommt, öffentlich zu sagen. Die feinsten Politiker reimen die Höllenmaschine mit der Revue in Kalisch zusammen. Ich kann ihnen nicht ganz Unrecht geben; die Höllenmaschine unter Bonaparte! der Rastadter Gesandtenmord!! . . . . .

Wenn man sieht, wie die absoluten Mächte Alles wieder in die alte Unordnung zu bringen suchen, Polen, Italien, Deutschland wieder unter den Füßen! es fehlt nur noch Frankreich, es hängt ihnen immer, wie ein Schwert, über dem Kopf. So zum Zeitvertreib wirft man doch die Millionen in Kalisch nicht zum Fenster hinaus. Man hätte die auf den Tod des Königs folgende Verwirrung benutzt und hätte gerade nicht sehr viele Schritte gebraucht, um an den Rhein zu kommen.

Ich kann mir das Attentat auf keine andere Weise erklären. Die Republicaner haben erstens kein Geld und sind zweitens in einer so elenden Lage, daß sie nichts hätten versuchen können, selbst wenn der König gefallen wäre. Höchstens könnten einige Legitimisten hinein verwickelt seyn. Ich glaube nicht, daß die Justiz die Sache aufklären wird. . . . . . .

Überlieferung H *Nicht nachweisbar.*

D *»Nachgelassene Schriften«, S. 267–269.*

Datierung *Wie D.*

Zum Text 19 . . . . . .] *hier dürfte in H ein Hinweis auf Minnigerodes Verwandte Caroline Fischer gestanden haben. Vgl. Ilse 1860, S. 359 und Mayer 1981, S. 281.*

26f. Gefangnen die Gefangnenkost] Gefangenen die Gefangenkost *D.*

126. Von der Familie nach Straßburg

Darmstadt, August 1835

Inhaltsangabe *Über politische »Umtriebe« im Straßburger Exil.*

Überlieferung *Erschlossen aus: Brief Büchners vom 17. August 1835.*

127. An die Familie in Darmstadt

Auszug

Straßburg, den 17. August 1835. *Montag*

Von Umtrieben weiß ich nichts. Ich und meine Freunde sind sämmtlich der Meinung, daß man für jetzt Alles der Zeit überlassen muß; übrigens kann der Mißbrauch, welchen die Fürsten mit ihrer wieder erlangten Gewalt treiben, nur zu unserem Vortheil gereichen. Ihr müßt Euch durch die verschiedenen Gerüchte nicht irre machen lassen; so soll sogar ein Mensch Euch besucht haben, der sich für Einen meiner Freunde ausgab. Ich erinnere mich gar nicht, den Menschen je gesehen zu haben; wie mir die Anderen jedoch erzählten, ist er ein ausgemachter Schurke, der wahrscheinlich auch das Gerücht von einer hier bestehenden Verbindung ausgesprengt hat. Die Gegenwart des Prinzen Emil, der eben hier ist, könnte vielleicht nachtheilige Folgen für uns haben, im Fall er von dem Präfecten unsere Ausweisung begehrte; doch halten wir uns für zu unbedeutend, als daß seine Hoheit sich mit uns beschäftigen sollte. Uebrigens sind fast sämmtliche Flüchtlinge in die Schweiz und in das Innere abgereist, und in wenigen Tagen gehen noch Mehrere, so daß höchstens fünf bis sechs hier bleiben werden. . . . . .

Überlieferung H *Nicht nachweisbar.*
D *»Nachgelassene Schriften«, S. 269f.*

128. Hermann Trapp und unbekannte Mitunterzeichner an Karl Gutzkow in Frankfurt am Main

Zürich, August 1835

Inhaltsangabe *Mit Bezug auf Gutzkows Rezension von »Danton's Tod« macht Trapp Gutzkow für sein »Lob« Büchners, eines »patriotischen Apostaten* ⟨...⟩ *die heftigsten Vorwürfe«. Zugleich spricht sich in dem Brief »der Neid eines Schulkameraden« aus. Trapp schreibt:* Bei der unbedingtesten Gerechtigkeit, die ich Büchners Genie widerfahren ließ, ist es mir doch nie eingefallen, mich vor ihm in eine Ecke zu verkriechen. *Es folgt ein »Erguß über die Eitelkeit«, in der Büchner »bestärkt« würde, »eine Versicherung, daß er Büchners wahrer Freund« sei »und in einem Postscript«, ob Gutzkow »nicht eine Antikritik abdrucken wollte«.*

Überlieferung *Erschlossen aus: Gutzkow 1837, S. 339f. Vgl. Nr. 129.*
Datierung *Aufgrund der Erwähnung des vorliegenden Briefs in Gutzkows Brief an Büchner vom 28. August 1835.*
Erläuterung *Die Autorschaft des Gutzkow anonym zugegangenen Briefs (Gutzkow 1837, S. 339) wurde erst durch August Lünings Bericht von 1877 bekannt (s. Franzos 1879, S. 385, Anm. und Hauschild 1985, S. 381–390).*

129. Von Karl Gutzkow nach Straßburg

Stuttgart 28 Aug 35, *Freitag*

Jezt werd' ich klagen, mein lieber Freund, d*a*ß Sie sich in ein nebelhaftes Schweigen hüllen. Wie leben Sie? Ich bin in Ihrer Nähe; aber leider werd' ich die Muße nicht haben, Straßburg besuchen zu können. Zwar bin ich jezt ungebundener, als je, weil ich mein Liter*a*turblatt am Phönix preisgegeben habe, aber es drücken mich doch mancherley Geschäfte, weil ich gesonnen bin, noch vor dem neuen Jahre selbst ein Journal mit meinem Freunde L. Wienbarg zu ediren. Der Titel wird seyn: Deutsche Revüe: die Form, wöchentlich ein Heft. Ich gestehe aufrichtig, d*a*ß ich mich bei diesem Unternehmen ernstlich auf Sie verlassen möchte. Schreiben Sie mir so bald Sie können nach Frkft im Wolfseck, ob ich, monatlich wenigstens 1 Artikel (spekulativ, poetisch, kritisch, quidquid fert animus) von Ihnen erwarten darf? Mit den buchhändlerischen Bedingungen werden Sie zufrieden seyn.

Mein Frankfter Lit. Bl. ennuyirte mich, der Dullerschen Sozietät wegen. Die Deutschen, welche sehr viel auf Hörensagen, wenig auf Autopsie geben, pflegen gern nach dem Grundsatz zu urtheilen: Nenne mir, mit wem du umgehst, u ich will dir sagen, wer du bist! Diesen Dullerschen Maaßstab somit an mich anlegen zu lassen, bin ich zu hoffärtig. Eine Sauerländersche Plumpheit (Saurl. ist kein Buchhändler sondern ein Frankforter Borjär) gab mir Rechtsvorwand, abzubrechen.

Ueber Ihren Danton hör' ich sonst noch nichts. Wienbarg hat ihn mit Vergnügen gelesen. Von Grabbe sind 2 Dramen erschienen. Wenn man diese aufgesteifte, forcirte, knöcherne Manier betrachtet, so muß man Ihrer frischen, sprudelnden Naturkraft das günstigste Horoskop stellen.

Haben Sie Freunde in der Schweiz? nämlich Freunde, die Sie dafür halten? Man hat mir von dort anonyme Zusendungen gemacht, um Ihr Talent zu verdächtigen u namentlich mich von der Hingebung, die ich öffentlich gegen Sie gezeigt habe, zurückzubringen. Mehr mag ich n*ic*ht sagen. Es scheinen Knaben zu seyn, die mit Ihnen auf der Schulbank saßen, u sich ärgerten, wenn Sie ⟨raschere⟩ Antworten gaben.

Schreiben Sie nach Frkf⟨t.⟩ Ihr Gutzkow

Adresse À Monsie*ur* / Mons. George Büchner / à / Straßbourg / Rue Guillaume / N° 66 Chez Mr. / Lucius // Fr.

Überlieferung

H *Weimar, Goethe- und Schiller-Archiv. Mit Poststempel »STUTTGART ⟨...⟩ AUG 1835« und weiteren postalischen Zeichen. Geringer Textverlust durch Siegelausschnitt in Z. 34 und 36.*

D¹ *Andler 1897, S. 186f.*

D *Bergemann ⁷1958, S. 522f.*

130. Albumblatt für Heinrich Ferber

FAKSIMILE *S. 146*

Straßburg, 3. September 1835, Donnerstag

Die da liegen in der Erden
Von de Würm gefresse werden,
Besser hangen in der Luft,
Als verfaulen in der Gruft.

Zur Erinner*ung*
an
Deinen
G Büchner.

3. Sptemb. 35.

Überlieferung
H *Nicht nachweisbar. Vgl. Mayer 1981, S. 278, Anm. 8.*
D^1 *Collin 1918, S. 251 (Auszug).*
D^2 *Mayer 1979, S. 400.*
Abbildung: Lind 1938, S. 4.

131. An Karl Gutzkow in Frankfurt am Main

Straßburg, um Mitte September 1835

Inhaltsangabe
Zur »Danton«-Rezension im »Phönix« bemerkt Büchner, Gutzkow habe »ihn zu hoch gestellt«, er komme »in Verlegenheit«, die »in seinem Namen gegebenen Versprechungen zu erfüllen«. Er erklärt, sein Drama wäre »so hurtig nicht zu Stande gekommen«, wären die Darmstädtschen Polizeydiener nicht *seine* Musen gewesen. *Zu regelmäßigen Beiträgen für die »Deutsche Revue« kann er sich, seiner wissenschaftlichen Studien wegen, nicht verpflichten. Dennoch spricht er »dem Unternehmen Muth zu« und deutet seine Bereitschaft zur Mitarbeit an. Er schreibt ferner:*

Auszug
Was Sie mir über die Zusendung aus der Schweiz sagen, macht mich lachen. Ich sehe schon, wo es herkommt. Ein Mensch, der mir einmal, es ist schon lange her, sehr lieb war, mir später zur unerträglichen Last geworden ist, den ich schon seit Jahren schleppe und der sich, ich weiß nicht aus welcher verdammten Nothwendigkeit, ohne Zuneigung, ohne Liebe, ohne Zutrauen an mich anklammert und quält und den ich wie ein nothwendiges Uebel getragen habe! Es war mir wie einem Lahmen oder Krüppel zu Muth und ich hatte mich so ziemlich in mein Leiden gefunden. Aber jetzt bin ich froh, es ist mir, als wäre ich von einer Todsünde absolvirt. Ich kann ihn endlich mit guter Manier vor die Thüre werfen. Ich war bisher unvernünftig gutmüthig, es wäre mir leichter gefallen ihn todtzuschlagen, als zu sagen: Pack dich! Aber jetzt bin ich ihn los! Gott sey Dank! Nichts kommt Einem doch in der Welt theurer zu stehen, als die Humanität.

Überlieferung
a) für Z. 2–10
Erschlossen aus: Gutzkow 1838, S. 37 (Z. 2–4); Gutzkow 1838, S. 41 (Z. 5–6); Büchners Brief an die Familie vom 20. September 1835 (Z. 6–8); Gutzkow 1837, S. 345 (Z. 8–10).
b) für Z. 11–24
H *Nicht nachweisbar.*
D^1 *Gutzkow 1837, S. 340.*
D^2 *Gutzkow 1838, S. 39f.*
D^3 *Gutzkow 1845, Bd. 1, S. 345f.*

Datierung
Ergibt sich aus den Daten der Briefe Gutzkows an Büchner vom 28. August und 28. September 1835.

Zum Text
5–6 die Darmstädtschen Polizeydiener nicht *seine* Musen gewesen] die NN'schen Polizeidiener seine Musen gewesen *D^1*; die Darmstädtschen Polizeidiener nicht

seine Musen gewesen D^2; die Darmstädtschen Polizeidiener seine Musen gewesen D^3.

17 habe] haben D^1.

19 gefunden. Aber] gefunden Aber D^1.

132. Von der Familie nach Straßburg

Darmstadt, etwa Mitte September 1835

Inhaltsangabe *Über die Haftentlassung von Gustav Clemm.*

Überlieferung *Erschlossen aus: Brief Büchners vom 20. September 1835.*

133. An die Familie in Darmstadt

Auszug

Straßburg, den 20. September 1835. *Sonntag*

...... Mir hat sich eine Quelle geöffnet; es handelt sich um ein großes Literaturblatt, teutsche Revue betitelt, das mit Anfang des neuen Jahres in Wochenheften erscheinen soll. Gutzkow und Wienbarg werden das Unternehmen leiten; man hat mich zu monatlichen Beyträgen aufgefordert. Ob das gleich eine Gelegenheit gewesen wäre, mir vielleicht ein regelmäßiges Einkommen zu sichern, so habe ich doch meiner Studien halber die Verpflichtung zu regelmäßigen Beyträgen abgelehnt. Vielleicht, daß Ende des Jahres noch etwas von mir erscheint. – Klemm also frei? Er ist mehr ein Unglücklicher, als ein Verbrecher, ich bemitleide ihn eher, als ich ihn verachte; man muß doch gar pfiffig die tolle Leidenschaft des armen Teufels benützt haben. Er hatte sonst Ehrgefühl, ich glaube nicht, daß er seine Schande wird ertragen können. Seine Familie verläugnet ihn, seinen älteren Bruder ausgenommen, der eine Hauptrolle in der Sache gespielt zu haben scheint. Es sind viel Leute dadurch unglücklich geworden. Mit Minnigerode soll es besser gehen. Hat denn Gladbach noch kein Urtheil? Das heiße ich einen doch lebendig begraben. Mich schaudert, wenn ich denke, was vielleicht mein Schicksal gewesen wäre! ......

Überlieferung H *Nicht nachweisbar.*

D *»Nachgelassene Schriften«, S. 270.*

Zum Text 10 Klemm] Kl . . . *D*.

134. Von Karl Gutzkow nach Straßburg

Frankfurt am Main, 28. September 1835 (Poststempel)

Mein lieber Freund,

Sie erbauen weder mich, noch meinen Plan durch Ihren jüngsten, doch so willkommnen Brief. Ich hatte sicher auf Sie gerechnet, ich spekulirte auf lauter Jungfernerzeugnisse, Gedankenblitze aus erster Hand, Lenziana, subjektiv & objektiv: Sie können auch Ihre abschlägige Antwort nicht so rund gemeint haben u werden schon darauf eingehen, folgenden Calcül, mit sich anzustellen: Du hast ein Buch mit deinem Namen geschrieben. Ein Enthusiast hat es unbedingt gelobt. Ja, du hast dich sogar herabgelassen, 2 wahrscheinlich sehr elende Dramen von V. Hugo zu übersetzen; du stehst nun mitten drinnen, und mußt dich entweder behaupten, oder avanciren. Die Deutsche Revüe wird großartig verbreitet, sie zahlt für den 8°Bogen 2 Friedr.d'ors. Sie hat einige glänzende Aushängeschilde von Namen, welche sogar das alte u besorgliche Publikum anlocken. In der That, lieber Büchner, häuten Sie sich zum 2ten Male: geben Sie uns, wenn weiter nichts im Anfang, E r i n n e r u n g e n a n L e n z: da scheinen Sie Thatsachen zu haben, die leicht aufgezeichnet sind. Ihr Name ist einmal heraus, jezt fangen Sie an, geniale Beweise für denselben zu führen.

Das Brockhaussche Repertorium kanzelt Sie mit 2 Worten ab. Die Abend-Zeitung, wie ich aus einem Briefe von Th. Hell, an einen Dritten, sehe, wird deßgleichen thun. Basenhaft genug schreibt dieser Hofrath Hell genannt Winckler: Wer ist dieser Büchner? Antworten Sie ihm darauf!

W. Schulz hat an mich geschrieben. Er scheint recht gedrückt zu seyn; was ich für ihn ausrichten kann, will ich sehen. Er solle sich noch einige Tage gedulden.

Von Menzels elendem Angriffe auf meine Person werden Sie gehört haben. Ich mußte ihn für seine Schaamlosigkeit fordern; er schlug diesen Weg aus u zwingt mich nun ihm öffentlich zu dienen. Menzeln wär' es eine Freude gewesen, wenn ich bei ihm noch immer die zweyte Violine gespielt hätte, u einmal executor seines Testaments geworden wäre. Prinzipien hat er für keine größre Fehde mehr, seine lezten Patronen hat er gegen Göthe verschossen: Nun muß die Religion, die Moral u mein Leben herhalten, um mich zu stürzen. In einigen Tagen erscheinen von mir u Wienbarg Brochüren. Ich kann nichts Besseres thun, als aus seiner Infamie eine literarische Streitfrage machen. Zeit ist's, endlich einmal die Menzelsche Stellung zu revidiren u die kritischen Annalen zu controliren, welche er seit beinahe 10 Jahren geschrieben hat.

Am 1 Dez. erscheint das 1ste Heft der Revüe. Benimmt sich Menzel nicht, als woll' er sagen: »O Herr Zebaoth, siehe, sie wollen herausgeben ein Blatt, das da heißet: Deutsche Revue u soll es erscheinen wöchentlich einmal! spricht der Herr: Sela.«

Ihr Gutzkow

Adressiren Sie nicht an Saurl. sondern kurzweg an meinen Namen.

Adresse À Mr. Georg Büchner / p.A. Mr. Lucius / Straßburg / Rue Guillaume / N° 66 // franco.

Überlieferung H *Weimar, Goethe- und Schiller-Archiv. Gedruckter Briefkopf: »DEUTSCHE REVUE. Adresse der Redaktion: Frankfurt a.M. – Für Zusendungen an Büchern und Packeten: Leipzig bei Herrn Friedrich Volckmar; Frankfurt a. Main bei Herrn J. P. Streng. – Adresse der Verlagshandlung: Herr C. Löwenthal in Mannheim.« Mit Poststempeln »FRANKFURT 28. SEPT. 1835« und »⟨STR⟩ASBOURG 30 SEPT. (67)« und weiteren postalischen Zeichen.*

D[1] *Andler 1897, S. 187f.*

D *Bergemann [7]1958, S. 524f.*

135. An die Familie in Darmstadt

Straßburg, Oktober 1835

Auszug ..... Ich habe mir hier allerhand interessante Notizen über einen Freund Goethe's, einen unglücklichen Poeten Namens L e n z verschafft, der sich gleichzeitig mit Goethe hier aufhielt und halb verrückt wurde. Ich denke darüber einen Aufsatz in der teutschen Revue erscheinen zu lassen. Auch sehe ich mich eben nach Stoff zu einer Abhandlung über einen philosophischen oder naturhistorischen Gegenstand um. Jetzt noch eine Zeit lang anhaltendes Studium, und der Weg ist gebrochen. Es giebt hier Leute, die mir eine glänzende Zukunft prophezeien. Ich habe nichts dawider. . . . . . .

Überlieferung H *Nicht nachweisbar.*

D *»Nachgelassene Schriften«, S. 271.*

Datierung *Wie D.*

136. An die Familie in Darmstadt

Auszug S t r a ß b u r g, den 2. November 1835. *Montag*

..... Ich weiß bestimmt, daß man mir in Darmstadt die abentheuerlichsten Dinge nachsagt; man hat mich bereits dreimal an der Gränze verhaften lassen. Ich finde es natürlich; die außerordentliche Anzahl von Verhaftungen und Steckbriefen muß Aufsehen machen, und da das Publikum jedenfalls nicht weiß, um was es sich eigentlich handelt, so macht es wunderliche Hypothesen. . . . . .

. . . . . Aus der Schweiz habe ich die besten Nachrichten. Es wäre möglich, daß ich noch vor Neujahr von der Züricher Facultät den Doctorhut erhielte, in welchem Fall ich alsdann nächste Ostern anfangen würde, dort zu dociren. In einem Alter von zwei und zwanzig Jahren wäre das Alles, was man fordern kann. . . . . .

. . . . . Neulich hat mein Name in der Allgemeinen Zeitung paradirt. Es handelte sich um eine große literärische Zeitschrift, teutsche Revue, für die ich Artikel zu liefern versprochen habe. Dieß Blatt ist schon vor seinem Erscheinen angegriffen worden, worauf es denn hieß, daß man nur die Herren Heine, Börne, Mundt, Schulz, Büchner etc. zu nennen brauche, um einen Begriff von dem Erfolge zu haben, den dieße Zeitschrift haben würde. – Ueber die Art, wie Minnigerode mißhandelt wird, ist im Temps ein Artikel erschienen. Er scheint mir von Darmstadt aus geschrieben; man muß wahrhaftig weit gehen, um einmal klagen zu dürfen. Meine unglücklichen Freunde! . . . . .

Überlieferung H *Nicht nachweisbar.*
D *»Nachgelassene Schriften«, S. 271f.*

137. An Karl Gutzkow in Frankfurt am Main

Straßburg, um Ende November 1835

Auszug

Sie erhalten hiermit ein Bändchen Gedichte von meinem Freunde Stöber. Die Sagen sind schön, aber ich bin kein Verehrer der Manier à la Schwab und Uhland und der Parthei, die immer rückwärts ins Mittelalter greift, weil sie in der Gegenwart keinen Platz ausfüllen kann. Doch ist mir das Büchlein lieb; sollten Sie nichts Günstiges darüber zu sagen wissen, so bitte ich Sie, lieber zu schweigen. Ich habe mich ganz hier in das Land hineingelebt; die Vogesen sind ein Gebirg, das ich liebe wie eine Mutter, ich kenne jede Bergspitze und jedes Thal und die alten Sagen sind so originell und heimlich und die beyden Stöber sind alte Freunde, mit denen ich zum Erstenmal das Gebirg durchstrich. Adolph hat unstreitig Talent, auch wird Ihnen sein Name durch den Musenalmanach bekannt seyn. August steht ihm nach, doch ist er gewandt in der Sprache.

Die Sache ist nicht ohne Bedeutung für das Elsaß, sie ist einer von den seltnen Versuchen, die noch manche Elsässer machen, um die teutsche Nationalität Frankreich gegenüber zu wahren und wenigstens das geistige Band zwischen ihnen und dem Vaterland nicht reißen zu lassen. Es wäre traurig, wenn das Münster einmal ganz auf fremdem Boden stünde. Die Absicht, welche zum Theil das Büchlein erstehen ließ, würde sehr gefördert werden, wenn das Unternehmen in Teutschland Anerkennung fände und von der Seite empfehle ich es Ihnen besonders.

Ich werde ganz dumm in dem Studium der Philosophie; ich lerne die Armseeligkeit des menschlichen Geistes wieder von einer neuen Seite kennen. Meinetwegen! Wenn man sich nur einbilden könnte, die Löcher in unsern Hosen seien Pallastfenster, so könnte man schon wie ein König leben, so aber friert man erbärmlich.

Beilage »Alsa-Bilder. Vaterländische Sagen und Geschichten, mit Anmerkungen. Von den Brüdern August und Adolph Stöber«, Straßburg 1836.

Überlieferung
H *Nicht nachweisbar.*
D^1 *Gutzkow 1837, S. 346f.*
D^2 *Gutzkow 1838, S. 45–47.*

Datierung *Die »Alsa-Bilder. Vaterländische Sagen und Geschichten« (in Versen) erschienen Mitte November 1835 (Walter (1943),* S. *102). Da von Gutzkows am 30. November erfolgter Verhaftung, die Büchner spätestens durch Gutzkows Brief vom 4. Dezember bekannt wurde, noch keine Rede ist, muß der vorliegende Brief zwischen Mitte November und Anfang Dezember geschrieben worden sein.*

Zum Text
2 hiermit] hierbei D^2.
9 liebe] liebe, D^2.
20 stünde] stände D^2.
28 leben,] leben; D^2.

138. Von Karl Gutzkow nach Straßburg

Mannheim, 4. Dezember 1835, Freitag

Mein Lieber!

Ich sitz' im Gefängniß – wie u wodurch das kam, ein Andermal – wenn ich mich in mein Schicksal zu finden weiß. Zunächst dieß, daß ich des Angriffes auf die Religion beschuldigt bin.

Erst wollt' ich fliehen u schrieb an Mr. Boulet in Paris, für mich zu sorgen. Wahrscheinlich ist unter Ihrer Adresse von da ein Brief an mich gekommen. Schicken Sie ihn mir hieher mit besonderm Couvert an den Dr Löwenthal.

Wie glücklich sind Sie in der Freiheit! Ich sehe voraus, daß ich lange werde geplagt werden. Menzel hat mich so weit gebracht. Ich bin zusammenhängender Ideen nicht fähig. Ein andermal mehr, wenn es sich aus den Eisenstäben schmuggeln läßt.

Mannheim Ihr G.
d. 4 Dez. 35

Adresse À Mr. Georg Büchner / P addr. / à Mr. Lucius / Rue Guillaume N° 66 / à / Straßbourg

Überlieferung — *H* — *Weimar, Goethe- und Schiller-Archiv. Mit den Poststempeln »MANNHEIM G.B. 4 12« und »ST⟨RA⟩SBOU⟨RG⟩ 6 DEC. (67)« und weiteren postalischen Zeichen. Siegelausriß in der rechten oberen Ecke ohne Textverlust.*

D^1 — *Andler 1897, S. 188.*

D — *Bergemann ^{7}1958, S. 525.*

Abbildung: Karl Gutzkow, »Unter dem schwarzen Bären. Erlebtes 1811–1848«, hrsg. von Fritz Böttger, Berlin 1971, S. 388.

Zum Text — *17* Guillaume] Guillamue *H.*

139. An Carl Löwenthal in Mannheim

Straßburg, etwa Mitte Dezember 1835

Übersendung eines an Büchners Adresse gerichteten Briefes von Jean-Baptiste-Etienne Boulet an Karl Gutzkow.

Überlieferung — *Erschlossen aus: Brief Gutzkows an Büchner vom 4. Dezember 1835 und Brief Büchners an Gutzkow von Mitte/Ende Januar 1836.*

140. An Johann David Sauerländer in Frankfurt am Main FAKSIMILE *S. 147*

Straßburg, 18. Dezember 1835, Freitag

Strasburg, den 18 December 1835 Für 10 Friedrichsd'or
Vier Wochen nach Sicht zahlen Sie gegen diesen prima Wechsel
nach Verordnung der Herrn Treuttel und Würz die Summe von
zehn Friedrichsd'or in Gold
den Werth in Rechnung Sie stellen solche laut Berichte von
Herr

Gut für zehn Friedrichsdor
in Gold
G. Büchner.

Herrn David Sauerländer
in Frankfurt a. M.

T & W. N°. 7303.

Für uns nach Verordnung der Hermannischen
Buchhandlung; den Werth in Rechnung.
Straßburg den 22 Decemb. 1835.

Treuttel & Würtz

Empfangen
Joh. Christ. Hermannsche
Buchhandlung

Angenommen den 28/12/35
JDSauerländer
28/29/1. 36.

Überlieferung H *Weimar, Goethe- und Schiller-Archiv. Mit einer weiteren Zahlennotiz und zugehöriger nicht entzifferbarer Unterschrift auf der Vorderseite.*
D[1] *»Philobiblon« 29 (1985), Heft 3, S. 219; Abbildung S. 214.*
D[2] *Hauschild 1985, S. 423f.*
Abbildung der Vorderseite: Auktionskatalog J. A. Stargardt, Nr. 519, Marburg 1955, 2. Umschlagseite.

Zum Text *Textkonstitution nach der vermutlichen Reihenfolge der Beschriftung.*

141. An die Familie in Darmstadt

Auszug

Straßburg, den 1. Januar 1836. *Freitag*

..... Das Verbot der teutschen Revue schadet mir nichts. Einige Artikel, die für sie bereit lagen, kann ich an den Phönix schikken. Ich muß lachen, wie fromm und moralisch plötzlich unsere Regierungen werden; der König von Bayern läßt unsittliche Bücher verbieten! da darf er seine Biographie nicht erscheinen lassen, denn die wäre das Schmutzigste, was je geschrieben worden! Der Großherzog von Baden, erster Ritter vom doppelten Mopsorden, macht sich zum Ritter vom heiligen Geist und läßt Gutzkow arretiren, und der liebe teutsche Michel glaubt, es geschähe Alles aus Religion und Christenthum und klatscht in die Hände. Ich kenne die Bücher nicht, von denen überall die Rede ist; sie sind nicht in den Leihbibliotheken und zu theuer, als daß ich Geld daran wenden sollte. Sollte auch Alles seyn, wie man sagt, so könnte ich darin nur die Verirrungen eines durch philosophische Sophismen falsch geleiteten Geistes sehen. Es ist der gewöhnlichste Kunstgriff, den großen Haufen auf seine Seite zu bekommen, wenn man mit recht vollen Backen: »unmoralisch!« schreit. Uebrigens gehört sehr viel Muth dazu, einen Schriftsteller anzugreifen, der von einem teutschen Gefängniß aus antworten soll. Gutzkow hat bisher einen edlen, kräftigen Character gezeigt, er hat Proben von großem Talent abgelegt; woher denn plötzlich das Geschrei? Es kommt mir vor, als stritte man sehr um das Reich von dießer Welt, während man sich stellt, als müsse man der heiligen Dreifaltigkeit das Leben retten. Gutzkow hat in seiner Sphäre muthig für die Freiheit gekämpft; man muß doch die Wenigen, welche noch aufrecht stehn und zu sprechen wagen, verstummen machen! Uebrigens gehöre ich für meine Person keineswegs zu dem sogenannten Jungen Teutschland, der literarischen Parthei Gutzkow's und Heine's. Nur ein völliges Mißkennen unserer gesellschaftlichen Verhältnisse konnte die Leute glauben machen, daß durch die Tagesliteratur eine völlige Umgestaltung unserer religiösen und gesellschaftlichen Ideen möglich sey. Auch theile ich keineswegs ihre Meinung über die Ehe und das Christenthum, aber ich ärgere mich doch, wenn Leute, die in der Praxis tausendfältig mehr gesündigt, als dieße in der Theorie, gleich moralische Gesichter ziehn und den Stein auf ein jugendliches, tüchtiges Talent werfen. Ich gehe meinen Weg für mich und bleibe auf dem Felde des Drama's, das mit all dießen Streitfragen nichts zu thun hat; ich zeichne meine Charactere, wie ich sie der Natur und der Geschichte angemessen halte, und lache über die Leute, welche mich für die Moralität oder Immoralität derselben verantwortlich machen wollen. Ich habe darüber meine eignen Gedanken. . . . . .

. . . . . Ich komme vom Christkindelsmarkt, überall Haufen zerlumpter, frierender Kinder, die mit aufgerissenen Augen und traurigen Gesichtern vor den Herrlichkeiten aus Wasser und Mehl, Dreck und Goldpapier standen. Der Gedanke, daß für die meisten Menschen auch die armseeligsten Genüsse und Freuden unerreichbare Kostbarkeiten sind, machte mich sehr bitter. . . . .

Überlieferung	*H*	*Nicht nachweisbar.*
	D	*»Nachgelassene Schriften«, S. 272–274.*
Zum Text	*5*	Bayern] X . . . . . *D. Diese und die beiden folgenden Tilgungen sicher nicht in H, sondern zensurbedingt in D.*
	8	Baden] Y . . . . *D.*
	8	Mopsorden] M . . . . . . *D.*

142. An Ludwig Büchner in Darmstadt

FAKSIMILE *S. 148f.*

Straßburg, 1. Januar 1836

Prost Neujahr Hammelmaus!

Ich höre, daß Du ein braver Junge bist, die Eltern haben ihre Freude an Dir. Mache d*aß* es immer so s*ey*. Es ist mir ein schönes Weihnachtgeschenk, dieß von Dir zu hören. Du zeichnest nett, fahre so fort, Louis Jaeglé hatte große Freude daran und am Büchsenlecker und da läßt er Dir durch mich ein Buch mit Zeichnungen schicken. Da hast Du etwas um Dich zu üben. – Ist Lottchen Cellarius mit Dir zufrieden und ist es mit dem Stück am Weihnachtabend gut gegangen? Wenn Du in die Clavirstunde gehst, so sage der Fräulein Lottchen einen schönen Gruß von mir, aber sage um des Himmelswillen Niemand ein Wort davon.

Nächstes Frühjahr gehe ich in die Schweiz. Wenn Du brav bist und etwas größer, als jezt, so mußt Du Stock und Ranzen nehmen und mich besuchen. Erst gehst Du auf das Straßburger Münster und dann gehn wir an den Rheinfall nach Schaffhausen und an de⟨n⟩ Vierwaldstätter-See nach der Tellenplatte und der Tellskapelle. Adieu Mäuschen, ich denke Du bist jezt eine Maus und wenn Du so fort machst, kannst Du es noch weit bringen; ich hoffe, daß Du für den grauen Bieberrock jetzt zu groß bist.

Lebwohl Dein Bruder Georg.

Adresse Herrn / Louis Büchner Obertertianer / auf der 2.n Ordnung / zu / Darmstadt

Überlieferung *H* *Darmstadt, Hessische Landes- und Hochschulbibliothek.*
D[1] *Lorenz 1964, S. 532–537.*
Abbildung: »Rundschau Umschau. Blätter für Theater und Kunst« 7 (1965/66), S. 7.
Abbildung der Adresse: »Insel-Almanach auf das Jahr 1987. Georg Büchner«, hrsg. von Thomas Michael Mayer, Frankfurt a.M. 1987, S. 129.

Datierung *Aufgrund des Briefinhalts. Die Briefe Nr. 141 und 142 dürften eine gemeinsame Sendung gebildet haben.*

Zum Text *16* an de⟨n⟩] [nach] an dem *H.*
23 Darmstadt] Darmstadt, *H.*

143. Von Franz Weller nach Straßburg

Zürich, Januar 1836

Überlieferung *Erschlossen aus: Brief Büchners an Braubach vom 26. Januar 1836.*

144. An Karl Gutzkow in Mannheim

FAKSIMILE *S. 150f.*

Straßburg, Mitte/Ende Januar 1836

Mein Lieber!

Ich weiß nicht ob bey der verdächtigen Adresse dieße Zeilen in Ihre Hände gelangen werden.

Haben Sie den Brief von Boulet erhalten? Ich habe ihn nach Mannheim geschickt. Ich wagte damals nicht einige Zeilen an Sie beyzulegen. Ich hielt die Sache für ernsthafter. Nach den Zeitungen müssen Sie bald frei seyn. 4 Wochen, das ist bald herum. Dann habe ich noch besondere Nachrichten über Sie aus Mannheim. Ihre Haft ist leicht. Sie dürfen Besuche annehmen, sogar ausgehen. Verhält es sich so?

Haben Sie nichts weiter zu fürchten? Geben Sie mir Auskunft so bald, als möglich! Die Frage ist nicht müßig. Glauben Sie, d*aß* man Sie frei läßt, nach Verlauf der bestimmten Frist? Sie sitzen im Amthaus, nicht wahr?

So bald Sie frei sind, verlassen Sie Teutschland so schnell, als möglich. Sie haben von Glück zu sagen, d*aß* es so abzulaufen scheint. Es sollte mich wundern.

Im Fall Sie den Weg über Straßburg nehmen, so fragen Sie nach mir bey Herrn Schroot Gastwirth zum Rebstock.

Ich erwarte Sie mit Ungeduld.

Ihr G.

Adresse Herrn
Karl Guzkow.

Überlieferung *H* *Basel, Universitätsbibliothek.*
D^{1} *Erich Ebstein: »Büchneriana«. In: »Das Inselschiff« 4 (1923), Heft 4, S. 253–255.*
D^{2} *Bergemann ^{2}1926, S. 392f.*
Abbildung: Auktionskatalog J. A. Stargardt, Nr. 326, Berlin 1931, S. 19.

Datierung *Aufgrund der Tatsache, daß Büchner das Strafmaß, zu dem Gutzkow am 13. Januar 1836 verurteilt wurde (*4 Wochen*), bereits aus* den Zeitungen *kennt.*

Zum Text 12 weiter zu fürchten] *in H doppelt unterstrichen.*
20 bey] *folgt in H, nahezu unleserlich getilgt:* Weinhändler Siegfried.

145. Von Eugène Boeckel nach Straßburg

Göttingen, 16. Januar 1836, Samstag

Mademoiselle Wilhelmine Jägle
Entschuldigen Sie gütigst die Freiheit die ich mir nehme den Brief an Sie zu adressiren, ich thue es um mir das Vergnügen zu machen, mich meiner Freundin ins Gedächtniß zurückzurufen, u. um unserm George Unannehmlichkeiten zu ersparen.

Ihr Freund Eugène.

N. B. Da in dem Brief medicinische Gegenstände zur Sprache kommen muß ich Sie bitten zu thun was Ihnen gefällt.

Mein lieber George, wahrscheinlich wirst Du schon einiges von meiner Reise erfahren haben durch meinen Bruder u. Deine Eltern, bey denen ich gerne länger verweilt hätte wenn es die Jahreszeit u. die übrigen Umstände gelitten hätten. Es war mir auf jeden Fall angenehm u. interßant die Familie meines lieben Freundes kennen zu lernen, Deine Mutter ist übrigens eine der angenehmsten u. unterhaltensten Personen welche ich jemalen gesehn habe, ich würde mich sehr freuen Deine Mutter u. Deine Schwester in Straßburg nächsten Ostern zu sehn wenn es möglich wäre – Dein Vater ist billig aber mit Recht etwas ungehalten über Dich – Deine Großmutter ist besonders gut conservirt – Dein kleiner Bruder Louis gleicht Dir außerordentlich. Du kannst leicht denken daß wir sehr viel von Dir u. D^{elle} Wilhelmine sprachen –

In Heidelberg wurden wir sehr gut von Nägele empfangen, ich logirte daselbst auf Kosten des Großherzogs in der Geburtshülflichen Anstalt mit 36, andern schwangern Weibern, ich konnte ohne Übertreibung kaum einen Schritt im Hausgang machen ohne an eine wohlbeleibte Person zu stoßen. Übrigens bewohnte ich ein großes hübsches Zimmer wo gewöhnlich die vornehmen Sünderinnen sich ihrer Last u. Sünde zu entledigen pflegen. Von Heidelberg bis Frankfurth hatten wir einige aventuren, deren Erzählung Du mir ersparen wirst da ich von Cassel aus schon einen ziemlich detaillirten Brief hierüber an meine Familie geschrieben habe. In Cassel hielten wir uns einen Tag auf u. bestiegen daselbst die Wilhelm's Höhe, die Gegend um Cassel herum ist eine der schönsten u. anziehensten in der schönen Jahreszeit, aber wir treffen leider überall Schnee, Regen, Näße u. Kälte an, so daß wir eigentlich die Schönheiten einer Gegend nicht beurtheilen können, dies sah ich namentlich bey Heidelberg das ein sehr tristes Aussehn hatte in dieser Winterzeit. Dch Giesen fuhren wir Nachts so daß ich Deine liebe Musen-Stadt nicht recht genießen konnte. In Marburg hielten wir uns eine halbe Stunde auf, ich sah doch soviel davon um mich zu überzeugen daß es viel hübscher gelegen ist als Giesen. Wirklich sitze ich in Göttinguen wo ich den 15ten ankam, den 20sten dieses Monats reisen wir nach Berlin den 22sten werde ich in Berlin ankommen si diis placet. Wir hatten zuerst beschloßen über Braunschweig u. Magdeburg durch den Harz zu reisen allein das geht nicht bey dieser Jahrszeit. Zu Fuß können wir nicht gehn wegen des Kothes u. der kurzen Tage u. zu Wagen geht es langsam u. unbequem u. theuer. Reisen wir mit Eilwagen über Braunschweig u. Magdeburg so müßen wir entweder blos durch diese Städte fahren ohne etwas zu sehn oder an jedem Ort mehrere Tage liegen bleiben. Also sind wir entschloßen den kürzesten Weg über Halle zu nehmen. Dafür bleiben wir fünf Tage in Göttinguen denn ich denke es ist beßer wenig Universitäten recht zu sehn als blos sich einen Tag aufhalten damit man sagen kann ich bin dort gewesen.

Studirt habe ich nicht viel während meiner Reise, ich glaube auch es wäre sehr deplacirt gewesen – Blos in Heidelberg habe ich während acht Tagen einen Theil von Siebold, Frauenzimmerkrankheiten, u. Cooper über Blasen-Kkht. studirt, ich hatte daselbst beynahe Hausarrest wegen meines podagra's. In Heidelberg habe ich das Clinicum von Chelius u. Nägele besucht, u. hauptsächlich mich im touchiren geübt weil die Gelegenheit dazu vortrefflich war bey meinen 36 Hausgenoßen – In Göttinguen besuchte ich diesen Morgen Langenbeck, Siebold u. Conradi, von beyden leztern wurden wir besonders gut empfangen u. hauptsächlich von D$^{r.}$ Conradi, Sohn des Profeßors, welcher den ganzen Tag mit uns herumlief, u. uns alle möglichen renseignemens über die hiesige Universität gab. Morgen werden wir bey Konradi den Café trinken. Auf der ganzen Reise mußten wir unsere Päße blos in Kehl u. Frankfurth vorweisen, an keinem andern Ort kümmerte sich irgend ein Polizei-Diener um uns.

Wie geht es Dir mein lieber? ist die Dissertation geschrieben, werden wir Dich in Zürich treffen. Kommst Du oft zu Baum – Deine Mutter ⟨läßt⟩ Dir sagen Du sollst nicht oft Nachts arbeiten, u. ich füge mein⟨e⟩ Bitte u. meinen wohlmeinenden ärtzlichen Rath bey, allein ich fürch⟨te⟩ vergebens, ferner sollst Du die Fechtstunde fortsetzen u. dies thue mir Deiner Mutter, u. Deiner Gesundheit zu gefallen –

Frage meinen Bruder ob der Doctor den Brief erhielt den ich ihm von Heidelberg aus schrieb, ferner ob Dr. Schützenberger meinen Brief erhielt, u. endlich ob die Epistel angelangt die ich von Cassel aus an Me Marie Boeckel schrieb, diese Aufträge vergiß nicht. Sage auch meinem Bruder daß ich den 22 Januar in Berlin anlange meiner Berechnung nach u. man soll mir dorthin schreiben, poste restante, was tante Schneegans macht. Sobald ich am Ziel meiner Reise bin schreibe ich an Baum meine Adresse, wenn ich ihm nicht noch diese Tage von Göttinguen aus schreibe, es ist meine lieblings-Beschäftigung mich Abends mit meinen Freunden u. Freundinnen schriftlich zu unterhalten weil es mir unmöglich ist mich mündlich zu unterhalten mit ihnen – Mit meinem Reise-Compagnon Dr. Schwebel bin ich complet zufrieden, er läßt Dir einen freundlichen Gruß entbieten, er sizt in diesem Augenblick bey mir u. schreibt an seine Eltern. Die Aufträge an Hoffmann habe ich ausgerichtet darüber ausführlicher an Baum – Ich habe die chronologische Ordnung in meinem Briefe nicht befolgt weil ich meine Reise in dieser Ordnung an meine Familie beschrieb u. weil ich mich nicht entschließen kann zweimal daselbe zu schreiben.

Grüße mir Baum, Deinen Schwager u. Gust. Schneegans, wenn Du mit ihm Schach spielst so denke an mich.

Dein Freund Eugène.

(Am linken Rand der dritten Seite:)

Göttinguen den 16 Januar 1836.

(Am linken Rand der zweiten Seite:)

Sage meiner Familie ich sey immer lustig u. immer bey Gelde, depensirt habe ich in den 14 Tagen 160 fr. circiter immer economisirt, freilich auf der Reise muß man an table d'hôte essen, Wein u. Café trinken, sich nichts abgehn laßen

Adresse — Mademoiselle / Mademoiselle Jägle / chez Monsieur son père, pasteur à l'église St. Guillaume / à / Strasbourg. // Frankreich.

Überlieferung — H *Zürich, Zentralbibliothek. Mit den Poststempeln »GOETTINGEN 17 1«, »HANNOVRE TT« und »STRASBOURG (67) 21 ⟨JAN⟩ 1836« und einem weiteren postalischen Zeichen. Geringer Textverlust durch Siegelausriß in Z. 72–74.*

D *Bergemann ³1940, S. 475–478.*

Zum Text — *45* Magdeburg] Magedeburg *H.*

146. An Wilhelm Braubach in Zürich FAKSIMILE *S. 152f.*

Straßburg, 26. Januar 1836 (Poststempel)

Lieber Kater!

Eben bringt mir Fasan den b*e*yliegenden Brief. Er lag 2 Tage in Deiner ehemaligen Wohnung. Es ist mir leid. Niemand wußte etwas davon. Er kommt aus Butzbach, wie mir Fasan sagt.

Es ist mir leid, d*a*ß Deine Schritte bisher so erfolglos waren. Deine Aufträge habe ich besorgt. Hier ist Alles b*e*ym Alten. Nächste Ostern bin ich definitiv in Zürich. – Wiligens hat soutenirt. Aus der Heimath haben wir nichts erfahren, als d*a*ß 2 von den Darmstädter Gefangn*en* sich zu entleiben versucht haben, der eine durch Oeffnen der Adern, der and*r*e durch d. Strick. B*e*yde Versuche sind mißglückt. Wer? Das wissen wir nicht.

Grüße die Strömer. Wellers Brief habe ich erhalten. Ich lasse ihm vielmals danken. Lebewohl

Dein

G. Büchner

Adresse Herrn / Dr. Diefenbach / abzugeben b*e*y H. Präceptor Müller / auf Dorf / zu / Zürich.

Beilage *Brief von Jakob Steinhäuser in Butzbach an Wilhelm Braubach in Straßburg, Januar 1836.*

Überlieferung H *Butzbach, Stadtarchiv (Weidig-Forschungsarchiv). Mit Poststempel »STRASBOURG 26 J⟨AN⟩V. 1836 ⟨...⟩«, weiteren postalischen Zeichen und späteren Beschriftungen, darunter von Wilhelm Braubach der Eingangsvermerk: »Jk. Steinhäuser / u Gg Büchner / Btzbch & Strßburg im Jan 36 / angekommen d. 28^{tn} Jan. 1836«. Siegelausriß ohne Textverlust. Beilage nicht nachweisbar.*

D^1 *»Der Spiegel. Das deutsche Nachrichten-Magazin«, 47. Jg., Nr. 36, 6. September 1993, S. 198f. (ohne Adresse).*

D^2 *»Georg Büchner an ›Hund‹ und ›Kater‹. Unbekannte Briefe des Exils«, hrsg. von Erika Gillmann, Thomas Michael Mayer, Reinhard Pabst und Dieter Wolf, Marburg 1993, S. 17; Abb. S. 11f. Mit beigelegtem Faksimile, Text hiernach.*

Zum Text 8 Ostern] Osterm *H.*

147. An Karl Gutzkow in Mannheim

Straßburg, Januar/Anfang Februar 1836

Inhaltsangabe *Büchner rät Gutzkow erneut, nach der Haftentlassung Deutschland zu verlassen und informiert ihn über seine aktuellen Beschäftigungen.*

Überlieferung *Erschlossen aus: Brief Gutzkows vom 6. Februar 1836 und Gutzkow 1837, S. 346.*

148. Von Karl Gutzkow nach Straßburg

Mannheim, 6. Februar 1836, Samstag

Mein lieber Freund!

In kurzer Zeit 3 Briefe von Ihnen: 2 die ziemlich gleich lauteten u einen, der den Alsabildern beilag. Ihre Rathschläge sind entschieden; aber ich möchte sie noch nicht befolgen. Eine Entfernung aus Deutschland brächte mich um die Voraussetzung eines guten Gewissens, auf das ich mich dreist berufe. Wenn auch von Menzel als strikter Republikaner denunzirt, so tritt doch die politische Seite meiner Anschuldigungen ziemlich in den Hintergrund, u. sogar in Preußen scheint man ein andres u milderes Benehmen einleiten zu wollen. Meine Taktik muß die seyn, Preußen (ich bin aus Berlin gebürtig) so lange zu vermeiden, bis ich das entschiedene Wort des Ministeriums hab, daß meiner Freiheit nichts in den Weg tritt. Da Laube u Mundt frey passiren, würde man vielleicht auch Anstand nehmen, gegen mich persönlich einzuschreiten. Solange ich kann, halt' ich mich um Frkft herum; denn ich bin daselbst verlobt; aber die elenden Krämer werden mich unsanft empfangen, u. das b i n n e n 2 4 S t u n d e n hör' ich schon, wie natürlich. Diese Menschen wissen nun Alle, daß mich nichts nach Frkft zieht, als meine Braut; und doch sind sie spitzbübisch genug, mir andre Zwekke unterzuschieben. Kurz, ich sehe Noth u Plage voraus u werde soviel gehänselt werden, daß ich zuletzt doch im »Rebstöckel« nachfragen könnte. Aber die Freude, Sie zu sehen, müßt' ich dann theuer erkaufen, da mir schwerlich der Rückweg dann offen bliebe.

Die gegen mich bereits erhobene Appellation ist zurückgenommen durch die Minister in Carlsruhe. Ich danke Gott, von dieser Ungewißheit befreyt zu seyn. Am 10 Februar bin ich nun frey: mit der Weisung, Baden zu verlassen. Ich saß dann 2 ½ Monate u zwar wie Sie richtig annahmen im Amthause oder Kaufhause, wie der ganze Arcadenwürfel heißt. Behandlung war erst massiv; dann milderte sie sich u endete zuletzt in entschied. Höflichkeit. Erst wollte man mich steinigen, u jezt bin ich ziemlich populär. Die Deutschen sind wenigstens gutmüthig u können Niemanden lange leyden sehen.

Können Sie denn in Str. vollkommen die deutschen Affairen seit einem halb. Jahre übersehen? Eine Kette von Nichtswürdigkeiten u Dummheiten: die gänzliche innre Auflösung Deutschlands characterisirend. Ich will mich nicht in Schutz nehmen, ich weiß, daß ich outrirt habe; aber was erlaubte man sich nicht dagegen! Vieles ist sehr versteckt u Sie erfahren es nocheinmal mündlich.

Ich höre gern von Ihren Beschäftigungen. Eine Novelle Lenz war einmal beabsichtigt. Schrieben Sie mir nicht, daß Lenz Göthes Stelle bei Friederiken vertrat. Was Göthe von ihm in Straßburg erzählt, die Art, wie er eine ihm in Commission gegebene ⟨Geliebt⟩e zu schützen suchte, ist an sich schon ein sehr geeigneter Stoff.

Sie studiren Medizin u sind, wie ich höre, an eine junge Dame in Str. gefesselt, von früherher, wo Ihnen die Flucht dorthin sehr willkommen war. So sagte man mir wenigstens in Rödelheim.

Wenn Sie mir schreiben, so addressiren Sie: Generalconsul Freinsheim in Frankfurt ^{a}/M. Wolfseck

Freundlich grüßend

Mannheim — Ihr Gutzkow

d. 6 Febr. 36

Adresse Herrn G. Büchner

Überlieferung
- H *Weimar, Goethe- und Schiller-Archiv. Geringer Textverlust durch Siegelausriß in Z. 43.*
- D^{1} *Andler 1897, S. 188f.*
- D *Bergemann ^{7}1958, S. 529f.*

149. *Aus: Charles Boeckel an Eugène Boeckel in Berlin*

Straßburg, 14. Februar 1836, Sonntag

⟨...⟩ Am 5.ten dieses sind von Büchner für Dich eingegangen: f. 32.50^{c} da ich die selben grade gut brauchen konnte, so habe ich Dir einen kleinen Conto eröffnet u. Dich dafür à 5.% l' anerkannt. Ich denke es wird Dir ganz recht seyn. – ⟨...⟩

Überlieferung
- H *Zürich, Zentralbibliothek.*
- D *Erstdruck an dieser Stelle.*

150. *An die Familie in Darmstadt*

Auszug

Straßburg, den 15. März 1836. *Dienstag*

..... Ich begreife nicht, daß man gegen Küchler etwas in Händen haben soll; ich dachte, er sey mit nichts beschäftigt, als seine Praxis und Kenntnisse zu erweitern. Wenn er auch nur kurze Zeit sitzt, so ist doch wohl seine ganze Zukunft zerstört: man setzt ihn vorläufig in Freiheit, spricht ihn von der Instanz los, läßt ihn versprechen, das Land nicht zu verlassen, und verbietet ihm seine Praxis, was man nach den neusten Verfügungen kann. – Als sicher und gewiß kann ich Euch sagen, daß man vor Kurzem in Bayern zwei junge Leute, nachdem sie seit fast vier Jahren in strenger Haft gesessen, als unschuldig in Freiheit gesetzt hat! Außer Küchler und Groß sind noch drei Bürger aus Gießen verhaftet worden. Zwei von ihnen haben ihr Geschäft, und der eine ist obendrein Familienvater. Auch hörten wir, Max v. Biegeleben sey verhaftet, aber gleich darauf wieder gegen Caution in Freiheit gesetzt worden. Gladbach soll vor einiger Zeit zu acht Jahren Zuchthaus verurtheilt worden seyn; das Urtheil sey aber wieder umgestoßen, und die Untersuchung fange von Neuem an. Ihr würdet mir einen Gefallen thun, wenn Ihr mir über Beydes Auskunft gäbet.

Ich will Euch dafür sogleich eine sonderbare Geschichte erzählen, die Herr J. in den englischen Blättern gelesen, und die, wie dazu bemerkt, in den teutschen Blättern nicht mitgetheilt werden durfte. Der Director des Theaters zu Braunschweig ist der bekannte Componist Methfessel. Er hat eine hübsche Frau, die dem Herzog gefällt, und ein Paar Augen, die er gern zudrückt, und ein Paar Hände, die er gern aufmacht. Der Herzog hat die sonderbare Manie, Madame Methfessel im Costüm zu bewundern. Er befindet sich daher gewöhnlich vor Anfang des Schauspiels mit ihr allein auf der Bühne. Nun intriguirt Methfessel gegen einen bekannten Schauspieler, dessen Name mir entfallen ist. Der Schauspieler will sich rächen, er gewinnt den Maschinisten, der Maschinist zieht an einem schönen Abend den Vorhang ein Viertelstündchen früher auf, und der Herzog spielt mit Madame Methfessel die erste Scene. Er geräth außer sich, zieht den Degen und ersticht den Maschinisten; der Schauspieler hat sich geflüchtet. –

Ich kann Euch versichern, daß nicht das geringste politische Treiben unter den Flüchtlingen hier herrscht; die vielen und guten Examina, die hier gemacht werden, beweisen hinlänglich das Gegentheil. Uebrigens sind wir Flüchtigen und Verhafteten gerade nicht die Unwissendsten, Einfältigsten oder Liederlichsten! Ich sage nicht zuviel, daß bis jetzt die besten Schüler des Gymnasiums und die fleißigsten und unterrichtetsten Studenten dieß Schicksal getroffen hat, die mitgerechnet, welche von Examen und Staatsdienst zurückgewiesen sind. Es ist doch im Ganzen ein armseeliges, junges Geschlecht, was eben in Darmstadt herumläuft und sich ein Aemtchen zu erkriechen sucht!

Überlieferung H *Nicht nachweisbar.*
D *»Nachgelassene Schriften«, S. 274f.*

Zum Text 2 Küchler] K.....r *D.*
11 unschuldig] *in D zusätzlich halbfett.*
11 Küchler] K.....r *D.*
23 Braunschweig] X..... *D.*
45 Darmstadt] ...... *D.*
Die Chiffrierung des Namens Küchler und die Tilgung der beiden Städtenamen dürfte erst in D erfolgt sein.

Erläuterung 21 Herr J.] *gemeint ist Johann Jakob Jaeglé, der Vater von Büchners Verlobter.*

151. An Eugène Boeckel in Wien

Straßburg, 18. März 1836, Freitag

Inhaltsangabe — *Büchner informiert Boeckel über die Gelegenheit, seine Dissertation in der Schriftenreihe der Straßburger ›Société du Muséum d'histoire naturelle de Strasbourg‹ publizieren zu können. Er richtet einen Gruß von Wilhelmine Jaeglé aus.*

Überlieferung — *Erschlossen aus: Brief Boeckels vom 15. Mai 1836.*

152. An unbekannten Empfänger

Straßburg, vor dem 26. März 1836

Überlieferung — *Erschlossen aus: Schreiben des Großherzoglich Hessischen Hofgerichtsrats Konrad Georgi in Darmstadt an Universitätsrichter Ludwig Trygophorus in Gießen (Prozeß 33/64f.). Darin bittet Georgi Trygophorus, den seinem Schreiben beigelegten, »an den hiesigen Kreisrath, von diesem an mich abgegebenen Brief« dem Studenten Karl Brust vorzulegen, der »mit dem geflüchteten Georg Büchner 〈...〉 in engem Verkehre gestanden« habe, »und Notiz zu nehmen, ob, wie vermuthet wird, der Brief wohl von dem Flüchtling Georg Büchner komme und sich auf die vorliegende Untersuchung« (wegen ›hochverräterischer Umtriebe‹) »beziehe«. Vgl. Mayer 1979, S. 352 und 407f. und Berichtigung Mayer ^{2}1982, S. 463. Es könnte sich um einen ostensiblen Brief Büchners handeln, der zur Entlastung Küchlers dienen sollte (vgl. Nr. 150).*

153. Von Eugène Boeckel nach Straßburg

Sonntag. d. 15ten May 1836.
Wien, an d. Ufern d. Donau

Ma Demoiselle

Erlauben Sie daß ich noch einmal meine Zuflucht zu Ihnen nehme um einen Brief an Büchner gelangen zu laßen, ich weiß durchaus nicht ob er noch in Strasburg od. Zürich ist. Seit vier Monaten erhielt ich gestern die erste Kunde von ihm – Ich ersuche Sie auch die Gefälligkeit zu haben meinem Bruder d. Doctor melden zu laßen daß ich seinen Brief vom ersten May empfangen habe – Verzeihen Sie George zu Gefallen, die Freiheit die ich mir nehme an Sie zu schreiben, u. seyen Sie versichert daß ich die aufrichtigsten Wünsche hege zum Glücke von Ihnen beyden – Ich danke Ihnen wegen des Grußes den Sie durch Büchner an mich sandten, u. verbleibe Ihr Freund

Eug. Boeckel

P. S. Ich erneuere meine Bemerkung daß in d. Brief zuweilen medizinische Gegenstände verhandelt werden – Sie werden thun was Ihnen beliebt.

Mein lieber Freund. Gestern erhielt ich durch Deinen Vetter einen Brief von Dir, adressirt v. d. 18 März, dazumalen konntest Du natürlich meine adresse nicht wißen, denn ich wußte sie selbst nicht. Von meinem Aufenthalt in Berlin wirst Du Nachricht erhalten haben durch Baum, welchem ich von Dresden u. zulezt von hier aus schrieb – Freund Baum hat sich wie immer sehr nachläßig gezeigt u. mir ein einzigesmal geschrieben – Von Dir, mein lieber erwartete ich auch nichts beßeres u. habe mich in meiner Prognose auch nicht getäuscht.

Ende des Monats März zogen wir von Berlin weg über Leipzig nach Dresden. In beyden Städten hielten wir uns mehrere Tage auf um die medizinischen Anstalten u. die übrigen Merkwürdigkeiten der Stadt zu sehn – An Abentheuer aller Art u. beynahe noch ärger als Dir hat es uns durchaus nicht gefehlt, wenn Du noch in Strasburg bist so kann Dir Baum etwas davon erzählen – Dresden ist überaus hübsch gelegen an den Ufern d. Elbe – Von Dresden giengen wir nach Töplitz u. Prag durch die böhmischen Wälder in tiefem Schnee – In Prag wo wir während vier Tagen das abscheulichste Wetter hatten mußten wir gröstentheils auf die Besuchung d. Umgegend Verzicht leisten. Den ersten Tag gleich besuchten wir Charles X. et sa chère famille auf d. Hradschin – Das Theater in Prag ist vortrefflich.

Von Prag nach Wien hatten wir wieder eine abentheuerliche winterliche Reise in den böhmischen u. mährischen Wäldern u. d. schlechten böhmischen Kneipen. In Wien befinde ich mich seit dem 17ten April – In medizinischer Rücksicht gewährt diese Stadt einem jungen Arzt sehr viele Vortheile, aber Berlin für ein Winter-semester noch mehr – Die maternité hier ist sehr groß täglich sind 6–8 accouchemens aber Fremde haben Mühe zum touchiren zugelaßen zu werden, doch geht es wenn man sich recht darum bewirbt – Was hier vorzüglich gut ist daß ist die Augenheilkunde bey Rosas u. Jäger, bey d. leztern nehme ich hierüber ein privatissim. u. ebenfalls eines bey Koletschka üb. Anat. patholgq. welche man hier sehr gut studiren kann wegen der großen Anzahl v. Autopsien in einem Hospital wo mehrere tausend Kranke sich befinden. Was mich hier speziell intereßirte ist die Cholera welche sich wieder hier gezeigt hat, wir hatten einen Bestand von 20 Cholera Kranke, täglich 2 Todte, jezt hat die Cholera wied. abgenommen, die Anzahl d. Kranken im Hospital ist auf zehne heruntergekommen. An Intensität hat die Krankheit nicht abgenommen ich sah mehrere in 6–8 Stunden sterben – Ich habe hierüber ausführlicher an meinen Bruder geschrieben. 30–40 typhus Kranke – 10–15 metro peritonite, Kindbettfieb. oft mit tödlichem Ausgang – Was Annehmlichkeiten anbelangt so bietet Wien Alles dar was sich ein Fremder nur wünschen kann. Die Gegend um Wien ist herrlich. Zwei drei Stunden von d. Stadt befindet man sich mitten in d. Gebirge in den herrlichsten Thälern, gewöhnlich machen wir Sonntags eine Excursion, heute hindert uns das schlechte Wetter daran – Die boulevards u. glacis um Wien selbst herum bieten schon die angenehmsten Spaziergänge mit einer herrlichen Ausicht – Die Bekanntschaften mit den vielen jungen Ärzten aus allen Ländern, Holland, Schweden, Rußland, Preußen etc. etc. ist sehr intereßant angenehm u. instructiv wenn man es zu benutzen weiß – Der Aufenthalt hier ist angenehmer als man es sich in Frankreich denkt. Es herrschen viele Vorurtheile wieder Oestreich welche man ablegt wenn man in das Land selbst kommt. Die Weine hier sind sehr wohlfeil u. gut hauptsächlich d. ungarischen – Theater haben wir fünfe, drei sind ziemlich schlecht. Zwei sind vorzüglich gut – Die italienische Oper am Kärnthner-Thor u. das Burgtheater, dieses lezte ist wohl das beste für Schauspiel, seit ich in Teutschland bin, bin ich ein Liebhaber vom Theater, ich gehe wöchentlich 2–4 mal hinein. Löwe, D. l. Roche, Costenoble, Anchütz d. anmuthige Me Rettich, Me Peche, u. Melle Müller sind ausgezeichnet.

Wirklich gastirt auch hier Devrient aus Dresden, welcher gestern die Rolle v Ferdinand in Kabale u. Liebe hatte – Hamlet, d. Ring u. mehrere andere pièces wurden ausgezeichnet gut gegeben – In Dresden ist das Lustspiel sehr gut, in Prag die Opern, Ballnacht, Zampa etc. in Berlin die Oper u. das ballet. In Prag hat mir D^{elle} Lutzer am besten gefallen, ich weiß nicht ob sie am besten singt, aber sie ist hübsch, anmuthig u. hat eine liebliche Stimme, viel angenehmes in ihrem Betragen –

Dein Cousin lief hier 12 Tage herum ohne mich zu finden, er scheint ein solider junger Mann zu seyn – Du wirst praeceps d.h. über Hals u. Kopf an Deiner These arbeiten, ich zweifle nicht daran daß sie gut ausfallen wird. Sie auf diese Art drucken zu laßen ist sehr bequem – Du wirst durch Baum wahrscheinlich erfahren haben daß ich nicht durch die Schweitz nach Paris gehe sondern über Würzburg, wo ich mich bey professor D'Outrepont, Sept. u. Oct. noch speziell mit accouchem. beschäftigen werde – Also werden wird uns sobald nicht sehn, deswegen müßen wir uns durch schriftliche Unterhaltung trösten wenn es Dir möglich ist. Wo Du auch seyn magst kannst Du bis zum ersten July inclus. Briefe an mich nach Wien adressiren, Du wirst wißen daß alle Briefe bis an die oestreiche Grenze frankirt seyn müßen, u. ebenso muß ich alle Briefe bis an die Grenze frankiren. Denn die oestreiche Regierung steht in dieser Beziehung in Rechnung mit kein. andern gouvernement – Ich finde nichts angenehmeres und ⟨Inte⟩ressanter's als Reisen, auch bin ich ganz zufrieden u. glücklich, ⟨ich denke es ist diese⟩s die glücklichste Zeit meines Lebens, übrigens ist es bey mir Pa⟨role den⟩ Augenblick zu genießen u. nicht sein Glück in einer verborgenen Zukunft zu suchen. Wenn Dich dieser Brief noch in Strasburg trifft so frage Baum ob er meinen Brief erhielt von hier aus adressirt den 4ten May. Schreibe mir auch von Lambossy u. Held, diese beyden werden wahrscheinlich in Paris seyn wo ich sie nächsten Winter zu treffen gedenke. Ich bin jezt bald fünf Monate in Teutschland u. denke noch fünfe zu bleiben, Ende July's gehe ich über Lintz, Salzburg, Inspruck nach München. Grüße D. Schwager Louis u. meine übrigen Freunde

Dein Dich liebd. Freund Eugène

(Am linken Rand der dritte Seite:)

Meine adresse: E. B. Alser-Vorstadt, Wikburg-gasse N° 18 ⟨in⟩ Wien –

Adresse Mademoiselle / Mademoiselle Jägle / chez Mons. son père, pasteur à l'église St. Guillaume / à / Strasbourg. // France

Überlieferung H *Zürich, Zentralbibliothek. Mit den Poststempeln »WIEN FRANCO« und »STRASBOURG 23 MAI ⟨...⟩« und weiteren postalischen Zeichen. Textverlust durch Siegelausriß in Z. 98–100.*

D *Bergemann ³1940, S. 480–483.*

154. An Johann Georg Baiter in Zürich

Straßburg, etwa Mai/Juni 1836

Überlieferung *Erschlossen aus: Brief Büchners an Geilfus, um den 26. Juli 1836.*

155. An Eugène Boeckel in Wien

FAKSIMILE *S. 154–157*

Straßburg, 1. Juni 1836, Mittwoch

D. 1. Juni. Straßburg.

Mein lieber Eugen!

Ich sitze noch hier, wie Du aus dem Datum siehst. »Sehr unvernünftig!« wirst Du sagen und ich sage: meinetwegen! Erst gestern ist meine Abhandlung vollständig fertig geworden. Sie hat sich viel weiter ausgedehnt, als ich Anfangs dachte und ich habe viel gute Zeit mit verloren; doch bilde ich mir dafür ein sie sey gut ausgefallen – und die société d'histoire naturelle scheint der nämlichen Meinung zu seyn. Ich habe in 3 verschiednen Sitzungen 3 Vorträge darüber gehalten, worauf die Gesellschaft sogleich beschloß sie unter ihren Memoiren abdrucken zu lassen; obendrein machte sie mich zu ihrem correspondirenden Mitglied. Du siehst der Zufall hat mir wieder aus der Klemme geholfen, ich bin ihm überhaupt großen Dank schuldig und mein Leichtsinn, der im Grund genommen das unbegränzteste Gottvertrauen ist, hat dadurch wieder großen Zuwachs erhalten. Ich brauche ihn aber auch; wenn ich meinen Doctor bezahlt habe, so bleibt mir kein Heller mehr und schreiben habe ich die Zeit nichts können. Ich muß eine Zeitlang vom lieben Kredit leben und sehen, wie ich mir in den nächsten 6–8 Wochen Rock und Hosen aus meinen großen weißen Papierbogen, die ich vollschmiren soll, schneiden werde. Ich denke: »befiehl du deine Wege.« und lasse mich nicht stören.

Habe ich lange geschwiegen? Doch Du weißt warum und verzeihst mir. Ich war wie ein Kranker der eine ekelhafte Arznei so schnell, als möglich mit einem Schluck nimmt, ich konnte nichts weiter, als mir die fatale Arbeit vom Hals schaffen. Es ist mir unendlich wohl, seit ich das Ding aus dem Haus habe. – Ich denke den Sommer noch hier zu bleiben. Meine Mutter kommt im Herbst. Jezt nach Zürich, im Herbst wider zurück, Zeit und Geld verliren, das wäre Unsinn. Jedenfalls fange ich aber nächste⟨s⟩ Wintersemester meinen Kurs an, auf den ich mich jezt in aller Gemächlichkeit fertig präparire.

Du hast frohe Tage auf Deiner Reise, wie es scheint. Ich freue mich darüber. Das Leben ist überhaupt etwas recht Schönes und jedenfalls ist es nicht so langweilig, als wenn es noch einmal so langweilig wäre. Spute Dich etwas im nächsten Herbst, komme zeitig, dann sehe ich Dich noch hier. Hast Du viel gelernt, unterwegs? Ist Dir die Kranken und Leichenschau noch nicht zur Last geworden? Ich meine eine Tour durch die Spitäler von halb Europa müßte einem sehr melancholisch und die Tour durch die Hörsäle unserer Professor müßte einem halb verrückt und die Tour durch unsere teutschen Staaten müßte einem ganz wüthend machen. 3 Dinge, die man übrigens auch ohne die drei Touren sehr leicht werden kann z. B. wenn es regnet und kalt ist, wie eben; wenn man Zahnweh hat, wie ich vor 8 Tagen, u. wenn man einen vollen Winter und ein halbes Frühjahr nicht aus seinen 4 Wänden gekommen, wie ich dieß Jahr.

Du siehst ich stehe viel aus und ehe ich mir neulich meinen Hohlen Zahn ausziehen lassen, habe ich im vollständigsten Ernst überlegt, ob ich mich nicht lieber todtschießen sollte, was jedenfalls weniger schmerzhaft ist.

Baum seufzt jeden Tag, bekommt dab*e*y einen ungeheuren Bauch und macht ein so selbstmörderisches Gesicht, d*aß* ich fürchte, er will sich auf subtile Weise durch einen Schlagfluß aus der Welt schaffen. Er ärgert sich dab*e*y regelmäßig jeden Tag, seit ich ihn versichert habe, daß Aerger der Gesundheit sehr zuträglich s*e*y. Das Fechten hat er eingestellt und ist dab*e*y so entsetzlich faul, daß er zum großen Verdruß Deines Bruders noch keinen von Deinen Aufträgen ausgerichtet hat. Was ist mit dem Menschen anzufangen? Er muß Pfarrer werden, er zeigt die schönsten Dispositionen.

Die b*e*yden Stöber sitzen noch in Oberbrunn. Leider b*e*stätigt sich das Gerücht hinsichtlich der Frau Pfarrerin. Das arme Mädel hier ist ganz v*e*rlassen und unten sollen die Leute über die poetische Bedeutung des Ehebruchs philosophir*e*n. Letztes glaube ich nicht, – aber zweideutig ist die Geschichte.

Was macht unser Freund und Vetter, Zipfel? Ist ihm die Zeit nirgends weiter gezündet worden? Siehst Du meinen Vetter aus Holland zuweilen? Grüße B*e*yde vielmals von mir.

Wilhelmine war lange Zeit unwohl, sie litt an einem chronischen Friesel, ohne jedoch je bedenklich krank gewesen zu s*e*yn.

à propos, sie hat mir Deine b*e*yden Briefe, unerbrochen gegeben, dennoch hätte ich es passe*n*der gefunden Du hättest schicklichkeitshab eine Couverte um Deinen Brief gemacht; konnte ein Frauzimmer ihn nicht lesen, so war es unpassend ihn auch an ein Frauzimmer zu adressiren; mit einer Couverte ist es etwas anders. Ich hoffe Du verdenkst mir dieße kleine Zurechtweisung nicht.

Jedenfalls bin ich die nächsten 4 Wochen noch hier, währ*en*d des Drucks meiner Abhandlung. Wirst Du mich noch mit einem Brief erfreuen, ehe Du aus Wien abreisest? à propos, Du machst ja ganz ästhetische Studien, Dem. Peche ist eine alte Bekanntin von mir.

Leb⟨wohl⟩ Dein G. B.

Adresse Herrn / Eugen Boeckel Dr. med. / Alser-Vorstadt, Wickburggasse / N. 18 / Wien.

Überlieferung
H *Zürich, Zentralbibliothek. Mit Poststempel »STRASBOURG 4 JUIN (67)« und weiteren postalischen Zeichen. Geringer Textverlust durch Siegelausriß in Z. 79.*
D[1] *Strohl 1936, S. 74–77.*
D[2] *Bergemann* [3]*1940, S. 400–402.*
Teilabbildung: Georg Büchner. Revolutionär, Dichter, Wissenschaftler 1987, S. 291.

Zum Text
30 nächste⟨s⟩ Wintersemester] nächsten Wintersemester *(*W *korr. aus* H*) H.*
46 ich] ist *H.*
72 lesen] lessen *H.*
73 adressiren] ardessiren *H.*

156. An Karl Gutzkow in Frankfurt am Main

Straßburg, Anfang Juni 1836

Auszug

Straßburg.

Lieber Freund!

War ich lange genug stumm? Was soll ich Ihnen sagen? Ich saß auch im Gefängniß und im langweiligsten unter der Sonne, ich habe eine Abhandlung geschrieben in die Länge, Breite und Tiefe. Tag und Nacht über der ekelhaften Geschichte, ich begreife nicht, wo ich die Geduld hergenommen. Ich habe nämlich die fixe Idee, im nächsten Semester zu Zürich einen Kurs über die Entwickelung der teutschen Philosophie seit Cartesius zu lesen; dazu muß ich mein Diplom haben und die Leute scheinen gar nicht geneigt, meinem lieben Sohn Danton den Doctorhut aufzusetzen.

Was war da zu machen?

Sie sind in Frankfurt, und unangefochten?

Es ist mir leid und doch wieder lieb, daß Sie noch nicht im Rebstöckel angeklopft haben. Ueber den Stand der modernen Literatur in Teutschland weiß ich so gut als nichts; nur einige versprengte Broschüren, die, ich weiß nicht wie, über den Rhein gekommen, fielen mir in die Hände.

Es zeigt sich in dem Kampf gegen Sie eine gründliche Niederträchtigkeit, eine recht gesunde Niederträchtigkeit, ich begreife gar nicht, wie wir noch so natürlich seyn können! Und Menzels Hohn über die politischen Narren in den teutschen Festungen – und das von Leuten! mein Gott, ich könnte Ihnen übrigens erbauliche Geschichten erzählen.

Es hat mich im Tiefsten empört; meine armen Freunde! Glauben Sie nicht, daß Menzel nächstens eine Professur in München erhält?

Uebrigens; um aufrichtig zu seyn, Sie und Ihre Freunde scheinen mir nicht grade den klügsten Weg gegangen zu seyn. Die Gesellschaft mittelst der Idee, von der gebildeten Klasse aus reformiren? Unmöglich! Unsere Zeit ist rein materiell, wären Sie je directer politisch zu Werke gegangen, so wären Sie bald auf den Punkt gekommen, wo die Reform von selbst aufgehört hätte. Sie werden nie über den Riß zwischen der gebildeten und ungebildeten Gesellschaft hinauskommen.

Ich habe mich überzeugt, die gebildete und wohlhabende Minorität, so viel Concessionen sie auch von der Gewalt für sich begehrt, wird nie ihr spitzes Verhältniß zur großen Klasse aufgeben wollen. Und die große Klasse selbst? Für die giebt es nur zwei Hebel, materielles Elend und religiöser Fanatismus. Jede Parthei, welche dieße Hebel anzusetzen versteht, wird siegen. Unsre Zeit braucht Eisen und Brod – und dann ein Kreuz oder sonst so was. Ich glaube, man muß in socialen Dingen von einem absoluten Rechtsgrundsatz ausgehen, die Bildung eines neuen geistigen Lebens im Volk suchen und die abgelebte moderne Gesellschaft zum Teufel gehen lassen. Zu was soll ein Ding, wie dieße, zwischen Himmel und Erde herumlaufen? Das ganze Leben desselben besteht nur in Versuchen, sich die entsetzlichste Langeweile zu vertreiben. Sie mag aussterben, das ist das einzig Neue, was sie noch erleben kann.

Inhaltsangabe *Büchner äußert sich des weiteren zu seinen literarischen Projekten und benutzt den Ausdruck* Ferkeldramen.

Überlieferung *H* *Nicht nachweisbar.*
D[1] *Gutzkow 1837, S. 346 (Z. 2–19).*
D[2] *Gutzkow 1838, S. 41–45. Gutzkow ergänzte hier die von der Frankfurter Zensur in D*[1] *gestrichene Briefpassage Z. 20–49.*
Z. 50f. erschlossen aus: Brief Gutzkows vom 10. Juni 1836.

Datierung *Aufgrund des Briefinhalts und Gutzkows Antwortbrief vom 10. Juni.*

157. Von Karl Gutzkow nach Straßburg

Frankfurt am Main, 10. Juni 1836, Freitag

Mein lieber Freund!

Sie geben mir ein Lebenszeichen u wollen eines haben. Allmälig kehr' ich auch wieder unter die Menschen zurück, u lerne vor erträglicher Gegenwart die Vergangenheit vergessen. Es geht mir gut, u es würde noch besser gehen, wenn mir in meiner Resignation nicht die Zeit lang würde.

Sie scheinen die Arzeneykunst verlassen zu wollen, womit Sie, wie ich höre, Ihrem Vater keine Freude machen. Seyen Sie nicht ungerecht gegen dies Studium; denn diesem scheinen Sie mir Ihre hauptsächliche force zu verdanken, ich meine, Ihre seltene Unbefangenheit, fast möcht' i*ch* sagen, Ihre Autopsie, die aus allem spricht, was Sie schreiben. Wenn Sie mit dieser Ungenirtheit unter die deutschen Philosophen treten, muß es einen neuen Effekt geben. Wann werden Sie nach Zürich abgehen?

Die Flüchtigen in d*e*r Schweiz spielen nun auch mit dem jungen Deutschl. Komödie. Dadurch wird der Name, hoff' ich, von mir u meinen Freunden mit d*e*r Zeit abgewälzt, wie fatal es mir auch im Augenblick ist, daß der wunderliche Titel auf diese neue Weise adoptirt wurde. Mit der Zeit wird es ein pappener Begriff werden u sich abnutzen, was immer gut ist unter Umständen, wie die heutigen, wo die Massen schwach sind u das Tüchtige nur aus runden u vollkommenen Individualitäten geboren werden kann. So werd*e*n auch Sie gewiß die Berührungen vermeid*e*n, welche sich in der Schweiz genug darbieten u meinem Ihnen schon früher oft genug gegebenen Zurufe folgen, d*aß* Sie Ihre ungeschwächte K⟨raft⟩ der Literatur opfern.

Von Ihren »Ferkeldramen« erwarte ich mehr als Ferkelhaftes. Ihr Danton zog nicht: vielleicht wissen Sie den Grund nicht? Weil Sie die Geschichte nicht betrogen haben: weil einige der bekannten heroice Dicta in Ihre Comödie hineinliefen u von den Leuten drin gesprochen wurd*e*n, als käme der Witz von Ihnen. Darüber vergaß man, d*aß* in der That doch mehr von Ihnen gekommen ist, als von der Geschichte u machte aus dem Ganzen ein dramatisirtes Capitel des Thiers. Schikken Sie mir, was Sie haben; ich will sehen, was sich thun läßt.

Von mir ist soeben eine Schrift erschienen: Ueber Göthe im Wendep*un*kte zweyer Jahrhunderte. Hätt' ich schon meine Freyexempl. würd' ich Ihnen eines schiken. Also künftig!

Frkft ^{a}/M 10/6 36 Ihr Gutzkow

Adresse Herrn Georg Büchner / in / Straßburg / Im Rebstock // frey

Überlieferung H *Weimar, Goethe- und Schiller-Archiv. Mit Poststempel »FRANKF⟨URT⟩ 10. IUN. 1836« und weiteren postalischen Zeichen. Geringer Textverlust durch Siegelausriß in Z. 26.*

D^{1} *Andler 1897, S. 189f.*

D *Bergemann ^{7}1958, S. 534f.*

158. An die Familie in Darmstadt

Straßburg, Juni 1836

Auszug

..... Ich bin fest entschlossen, bis zum nächsten Herbste hier zu bleiben. Die letzten Vorfälle in Zürich geben mir einen Hauptgrund dazu. Ihr wißt vielleicht, daß man unter dem Vorwande, die teutschen Flüchtlinge beabsichtigten einen Einfall in Teutschland, Verhaftungen unter denselben vorgenommen hat. Das Nämliche geschah an anderen Punkten der Schweiz. Selbst hier äußerte die einfältige Geschichte ihre Wirkung, und es war ziemlich ungewiß, ob wir hier bleiben dürften, weil man wissen wollte, daß wir (höchstens noch sieben bis acht an der Zahl) mit bewaffneter Hand über den Rhein gehen sollten! Doch hat sich Alles in Güte gemacht, und wir haben keine weiteren Schwierigkeiten zu besorgen. Unsere hessische Regierung scheint unserer zuweilen mit Liebe zu gedenken. . . . . .

..... Was an der ganzen Sache eigentlich ist, weiß ich nicht; da ich jedoch weiß, daß die Mehrzahl der Flüchtlinge jeden directen revolutionären Versuch unter den jetzigen Verhältnissen für Unsinn hält, so konnte höchstens eine ganz unbedeutende, durch keine Erfahrung belehrte Minderzahl an dergleichen gedacht haben. Die Hauptrolle unter den Verschworenen soll ein gewisser Herr v. Eib gespielt haben. Daß dießes Individuum ein Agent des Bundestags sey, ist mehr als wahrscheinlich; die Pässe, welche die Züricher Polizey bey ihm fand, und der Umstand, daß er starke Summen von einem Frankfurter Handelshause bezog, sprechen auf das directeste dafür. Der Kerl soll ein ehemaliger Schuster seyn, und dabey zieht er mit einer liederlichen Person aus Mannheim herum, die er für eine ungarische Gräfin ausgiebt. Er scheint wirklich einige Esel unter den Flüchtlingen übertölpelt zu haben. Die ganze Geschichte hatte keinen andern Zweck, als, im Falle die Flüchtlinge sich zu einem öffentlichen Schritt hätten verleiten lassen, dem Bundestag einen gegründeten Vorwand zu geben, um auf die Ausweisung aller Refugiés aus der Schweiz zu dringen. Uebrigens war dießer v. Eib schon früher verdächtig, und man war schon mehrmals vor ihm gewarnt worden. Jedenfalls ist der Plan vereitelt und die Sache wird für die Mehrzahl der Flüchtlinge ohne Folgen bleiben. Nichts destoweniger fände ich es nicht räthlich, im Augenblick nach Zürich zu gehen; unter solchen Umständen hält man sich besser fern. Die Züricher Regierung ist natürlich eben etwas ängstlich und mißtrauisch, und so könnte man wohl unter den jetzigen Verhältnissen meinem Aufenthalte Schwierigkeiten machen. In Zeit von zwei bis drei Monaten ist dagegen die ganze Geschichte vergessen. . . . . .

Überlieferung H *Nicht nachweisbar.*

D *»Nachgelassene Schriften«, S. 276f.*

Datierung *Die Z. 5f. erwähnten* Verhaftungen *erfolgten ab dem 25. Mai 1836.*

159. Von Eugène Boeckel nach Straßburg

Wien den 18ten Juni 36. *Samstag*

Wie sehr mich, Dein lang erwartetes liebes Schreiben freute kannst Du aus meiner schnellen Antwort sehn. Ich rechne es Dir doppelt hoch an wenn Du einmal Dich hinsetzest u. mir einen ordentlichen Brief schreibst, denn Du weißt wie wenig ich mir in dieser Hinsicht von Dir verspreche. Mit dem wohlbeleibten lustig, fidelgrämlichen pädagogen ist also gar nichts zu machen wie ich aus Deinem Brief ersehe. Sage ihm doch daß ich seinen Brief vom 2ten Juni empfangen, ich werde ihm nächstens antworten – Was Du von d. couverte u. der adresse meines Briefes sagtest, daran hast Du vollkommen recht peccavi; ich wollte Dir übrigens das Brief-Porto nicht vertheuern. Was das Lesen des Briefes anbetrifft traue ich es nicht jedem Frauenzimmer zu der Neugierde zu widerstehn, aber in diesem speziellen Fall hat mich doch nicht meine Menschen-Kenntniß verlaßen. Es soll Dir Freude machen durch meinen Fehler, diese Eigenschaft erkannt zu haben – Was Du von Deiner These mir schreibst freuet mich, ich hoffe Du läßt mir ein exemplar davon in Strasburg. Zu Deinem Beitritt zur société d'hist. nat. gratulire ich, Du hast also die Ehre der Collega d. prof. Duvernoy zu seyn. Ist Lauth bald profess. d. physiolog. wie steht es im übrigen mit unserer medizinischen Fakultät in Strasburg.

Was Du mir v. Stöber schreibst, ist sehr betrübend u. für mich bis jezt unglaublich, ich traue Christ mehr Gefühl zu – Wenn übrigens eine Erkältung eingetreten so frägt es sich ob nicht die Erkältung durch gegenseitige Entfernung u. Entfremdung kam – Was macht Apostel Petrus? Er wird mit 1100 Fr. in Weissenburg heirathen, u. er hat recht wenn es ihm Vergnügen macht.

Dein cousin ist ein liebenswürdiger, artiger, vernünftiger naiver Holländer. Er hat Anatomie u. physiolog. gut los, u. dabey hat er die praktische Medizin nicht vernachläßigt. Er macht uns vielen Spaß u. es thut mir leid daß ich mich auf ewig von ihm trennen muß. Er spricht originell, naïv holländisch Teutsch.

Die touren durch die teutschen Hospitäler u. Hörsääle ist für mich nicht so unangenehm wie Du glaubst. Was die Hörsääle betrifft, d.h. die theoretischen Colleg. so gehe ich nicht od. äußerst selten hinein, also fällt dieses weg. Zwei privatissima habe ich. Das eine bey Jäger, ophthalmolog. Operat. mit Uebung. am phantome, das andere bey Koletschka Anatom. patholog – Hier ist nur ein Hospital, Du kannst also denken welche unzahl. v. Leichen sich da vorfinden, so daß man in zwei Monaten alle möglich. Fälle der Anat. patholog. u. viele Fälle med. forens. sehn kann – Diese privatiss. dauern v. 3 – 6 – 7. Uhr Morgens besuche ich den Hospital, da giebt es viele Variationen u. intereßante Gegenstände. Abends gehe ich öfters in das treffliche Burgtheater, od. auf die superben promenaden rings um die Stadt herum – Sontags mache ich in Gesellschaft excursionen in die Gebirge in den schönsten Gegenden, Baden, Schönbrunn, Laxenburg, Dornbach etc. etc. Dabey habe ich hier eine angenehme intereßante Gesellschaft – die ungarischen Weine sind sehr gut, die Cotelettes, Boeuf 'dek, Schnitzel etc. etc. ebenfalls, es wird einem hier so behaglich zu Muthe daß es selbst Dir u. sogar d. pädagogen recht gefallen würde. Freilich würde dieser leztere mit ein. bedeutenden Bauch so groß wie der eines schwangeren Frauenzimmers zurückkehren – Nennst Du dies ein unangenehm Leben?

Was die politischen Verhältniße anbelangt so kümmere ich mich wenig darum, od. vielmehr sie geniren mich nicht, denn Fremde können sich in dieser Rücksicht nicht beklagen, sie sind in sehr vieler Hinsicht hier so frei wie in Frankreich – Wenn Du übrigens Dich einige Zeit in Oestreich aufhalten würdest, so könntest Du Dich überzeugen daß die hiesige Regierung unter ihrer jetzigen Form nothwendig u. wohlthätig für das Land ist, gänzlich den Bedürfnißen u. Begriffen der Untertanen angemeßen, denn sie ist durch die öffentliche Meinung sanctionirt. Es wäre lächerlich u. unsinnig einem Volk daß sich glücklich fühlt u. zufrieden ist eine Form aufzuzwingen die ihm zuwider ist u. nicht für dasselbe paßt.

sed absint politica – Mit d. Cholera hier geht es schlecht sie macht progresse, noch niemalen seit mein. hiesigen Aufenthalt war sie so heftig wie jezt, u. hauptsächlich in der Vorstadt wo ich wohne, u. den zwei zunächst gelegenen. Es ist aber nicht nöthig mein Lieber daß Du dieses meiner Familie mittheilst, da man in Strasburg noch nicht an die Cholera gewohnt ist so ist es noch daselbst ein rechtes Schreckbild, hier sind die Leute vernünftiger in dieser Beziehung. Heute beläuft sich die Anzahl der Cholera-Kranken im Hospital auf 60–70 – 30 darunter sind übrigens mehr od. minder leichte Fälle. Nur Cholerine, die ächt karakteristischen exemplare sind in geringerer Anzahl – Ich bleibe hier bis Mitte July's wo ich July u. August zubringe weiß ich noch nicht bestimmt, wahrscheinlich in Triest Venedig u. Mayland – Sept. u. Oct. in Würzburg, wenn Du v. Strasburg weg bist so schikke Deine adresse an meinen Bruder – Schreibe ich Dir unterdeßen, so schreibe ich Dir über Strasburg mit ein. Couverte.

Bis jezt bin ich keineswegs gesonnen sobald definitivement in's Elsaß zurückzuke⟨hren,⟩ ich werde später wo möglich v. Paris aus suchen weiter zu kommen. Ich bin das ⟨Reisen⟩ noch keineswegs müde, auch wäre es noch zu frühe, denn es sind kaum 6 Mon⟨ate seit⟩ ich von zu Haus weg bin.

Lambossy hat soutenirt wie ich v. Baum erfahren, er wird hoffentlich nächsten Winter in Paris seyn, wo ich ihn zu treffen hoffe. Von meinen hiesigen Bekannten werde ich 6–8 wieder in Paris sehn, einige gehn nach Berlin, mehrere davon siehst Du vielleicht in Zürich. Dieses Jahr gehe ich bestimmt nicht nach d. Schweiz, vielleicht später v. Paris aus si diis placet. Vor dem November dieses Jahres komme ich auch nicht nach Strasburg wenn ich überhaupt hinkomme also muß ich darauf Verzicht leisten Dich dieses Jahr zu sehn – Ist Baum nicht zu bewegen nächsten Winter nach Paris zu kommen, er hat freilich eine Kette am Fuß u. dies ist verflucht unangenehm.

Was Du mir über den Leichtsinn schreibst, daran hast Du vollkommen recht, wer nicht leichtsinnig ist soll sich Mühe geben es zu werden, es trägt viel zu den Anehmlichkeiten dieses Lebens bey; ich habe mir ziemlich Mühe gegeben diesen Grundsätzen gemäß zu denken u. es ist mir auch so ziemlich gelungen. Was die Identität des Leichtsinnes u. des Gottes-Vertrauen betrifft, so ist es blos wahr für einige Menschen die größere Anzahl sind eben blos leichtsinnig, wenigstens kommt es mir so vor, u. ich glaube der pädagog wird hierin meiner Meinung seyn. Die Anspielung des leztern in Beziehung d. Geschichte Lambossy auf Wien ist sehr verzeihlich aber vielleicht nicht gegründet – Meinen Bruder Charles kannst Du gelegentlich fragen ob er den Brief erhielt den ich ihm den 17ten Juni schrieb – Grüße Freund Lambossy u. Heidenreich – Ich muß enden um in's josephinum zu gehn, die superben italienischen Wachspräparaten (Anatomia) zu sehn, Samstags ist das Cabinet offen u. ich habe bis jezt noch keinen versäumt hin zu gehn. Lebe wohl Wenn Du Deine Mutter früher od. später siehst so grüße Sie vielmal von mir so wie die übrigen Mitglieder Deiner Familie, D^{elle} Wilhelm. nicht zu vergeßen

Dein Eugène

Adresse Monsieur / G. Büchner, doct. philosoph. / chez. Mons. Siegfried, marchand d. vins / près des douanes / à / Strasbourg // Roy. d. France.

Überlieferung H *Zürich, Zentralbibliothek. Mit den Poststempeln »WIEN FRANCO« und »STRASBOURG 25 JUIN ⟨...⟩« und weiteren postalischen Zeichen. Textverlust durch Siegelausriß in Z. 81–83.*

D^1 *Strohl 1936, S. 96f. (Auszug und Adresse).*

D^2 *Bergemann ^{3}1940, S. 484–488.*

Zum Text *70* daselbst] dasselbst *H.*

160. Zeugnis mehrerer Straßburger Professoren der »Société du Muséum d'histoire naturelle«

Straßburg, etwa Juli 1836

Überlieferung *Erschlossen aus: Brief Büchners von August 1836. Vgl. »Nachgelassene Schriften», S. 278.*

161. An Georg Geilfus in Zürich

FAKSIMILE *S. 158f.*

Straßburg, um den 26. Juli 1836

Werthester Hund!

Ich hoffe dieße Zeilen treffen Dich noch in Zürich, widrigenfalls erfährst Du nichts von ihnen, was Dich jedenfalls sehr bekümmern wird. Ich ersuche Dich um einen Gefallen, schreibe mir doch sobald als möglich, ob der Professor und Dekan der philosophischen Fakultät Baiter noch unter den Lebenden ist. Ich habe dem Menschen vor längerer Zeit geschrieben, aber keine Antwort erhalten, da ich nun im Begriff bin meine Abhandlung nebst Doctorgebühren an ihn zu adressiren, so möchte ich doch sicher gehn, Du brauchst nur Weller zu fragen, der kennt ihn. Außdem würdest Du mich sehr verbinden, wenn Du mir eine so weit es in Deine Kräften steht menschliche Auskunft über den Stand der Dinge in Zürich gäbst. Soll wirklich eine von Russland, Preussen, Oestreich, Frankreich u. England untzeichnete Note bey der Tagsatzung eingereicht worden seyn, welche die unbedingte Ausweisung aller Flüchtlinge begehrt? und, verhält es sich so, welche Resolution glaubt man, daß d. Tagsatzung fassen dürfte? Oder scheint es, daß die Ausweisung sich nur auf die bey den lezten Vorfällen Betheiligten erstrecken wird? – Geht Alles gut, so denke ich nächsten Winter meinen Kurs über Philosophie zu lesen, und bin im October in Zürich. Glaubst Du daß ich Aussichten dort habe? Die Sachen sehen etwas bunt aus. – Aus Frankreich werden alle ehemaligen und jetzigen Mitglieder des jungen Teutschland verwiesen. Es ist doch ein Jammer was die lächerlichsten Dinge für Folge haben können. Anfangs amüsirte es einem die alten Esel wie kleine Buben spielen zu sehen, – und jezt ist Alles verzweifelt ernsthaft. Es ist gar kein Verhältniß zwischen der Veranlassung und der Folge, es ist doch jämmerlich sich mit einer hölzernen Pistole zu erschießen und mit einem blechernen Dolch zu erstechen – und wenn noch gar bedenkt wie pathetisch und wichtig die Leute dabey zu Werk gehn. – Aus Darmstadt nichts Neues, als daß Advokat Briel auf Befehl des Appellationsgerichts gegen Handgelöbniß in Freiheit gesetzt worden ist.

Hier ist Alles beym Alten. Schnaps hat sein zweites Examen glücklich gemacht!

Was machen Weller, Mikes e.c.t?

Ist Zopf noch in Liestal?

Viel Grüße an Alle.

Ich bitte dringend um baldige Antwort.

Lebwohl
Dein
G. Bü.

Daß Medicinalrath Graf u. Ploennies zum Bericht aufgefordert worden sind, ob Weidig Prügel vertragen könne und daß ihre Antwort bejahend ausgefallen sey, scheint nicht wohl bezweifelt werden zu können.

Adresse An / G. Geilfus / Zürich

Überlieferung *H* *Forschungsstelle Georg Büchner – Literatur und Geschichte des Vormärz, Marburg. Mit Eingangsvermerk von Wilhelm Braubach: »G. Büchner / Stßbug, Monat Juli- / August«. Siegelausriß ohne Textverlust.*

D^1 *»Der Spiegel. Das deutsche Nachrichten-Magazin«, 47. Jg., Nr. 36, 6. September 1993, S. 199 (ohne Adresse; mit Teilabbildung).*

D^2 *»Georg Büchner an ›Hund‹ und ›Kater‹. Unbekannte Briefe des Exils«, hrsg. von Erika Gillmann, Thomas Michael Mayer, Reinhard Pabst und Dieter Wolf, Marburg 1993, S. 18f.; Abb. S. 13–16. Mit beigelegtem Faksimile, Text hiernach.*

Datierung *Die in Z. 15 erwähnte* Note *des französischen Gesandten an den vorörtlichen Staatsrat vom 18. Juli, die bis zum 19. auch von den Gesandten von England, Österreich, Preußen, Rußland, Baden und Sardinien unterstützt worden war, wurde in der Sitzung der Tagsatzung vom 20. Juli verlesen. Der (Büchners Befürchtung, es würde darin* die unbedingte Ausweisung aller Flüchtlinge begehrt, *nicht bestätigende) Wortlaut der Note wurde in der »Allgemeinen Zeitung« (Außerordentliche Beilage) vom 28. Juli veröffentlicht. Büchners Brief dürfte kurz nach dem 20. und vor dem bzw. am 28. Juli geschrieben worden sein.*

Zum Text

3 in] im *H.*

18 Tagsatzung] *über gestr.* Vorort *H.*

18 scheint es,] scheint, es *H.*

26 Anfangs] Anfagns *H.*

28f. jämmerlich] jämmerliche *H.*

39 dringend] *in H doppelt unterstrichen.*

39 baldige] *in H doppelt unterstrichen.*

47 Zürich] Zürich, *H.*

162. An den Dekan der Philosophischen Fakultät der Universität Zürich

Straßburg, August 1836

Inhaltsangabe *Zur Erlangung der philosophischen Doktorwürde reicht Büchner die Schrift »Sur le système nerveux du Barbeau par G. Büchner. Strassbourg 1836« ein.*

Überlieferung *Erschlossen aus: »Protocoll-Buch der Philosophischen Facultät« der Universität Zürich, Sitzung vom 3. September 1836 (Zürich, Archiv der Universität). Vgl. Hauschild 1985, S. 374f.*

Datierung *Erschlossen aus: Brief Büchners an Geilfus, um den 26. Juli 1836.*

163. An die Familie in Darmstadt

Straßburg, August 1836

Auszug

..... Es ist nicht im Entferntesten daran zu denken, daß im Augenblick ein Staat das Asylrecht aufgiebt, weil ein solches Aufgeben ihn den Staaten gegenüber, auf deren Verlangen es geschieht, politisch annulliren würde. Die Schweiz würde durch einen solchen Schritt sich von den liberalen Staaten, zu denen sie ihrer Verfassung nach natürlich gehört, lossagen und sich an die absoluten anschließen, ein Verhältniß, woran unter den jetzigen politischen Constellationen nicht zu denken ist. Daß man aber Flüchtlinge, welche die Sicherheit des Staates, der sie aufgenommen, und das Verhältniß desselben zu den Nachbarstaaten compromittiren, ausweist, ist ganz natürlich und hebt das Asylrecht nicht auf. Auch hat die Tagsatzung bereits ihren Beschluß erlassen. Es werden nur diejenigen Flüchtlinge ausgewiesen, welche als Theilnehmer an dem Savoyer Zuge schon früher waren ausgewiesen worden, und diejenigen, welche an den letzten Vorfällen Theil genommen haben. Dieß ist authentisch. Die Mehrzahl der Flüchtlinge bleibt also ungefährdet, und es bleibt Jedem unbenommen, sich in die Schweiz zu begeben. Nur ist man in vielen Kantonen gezwungen, eine Caution zu stellen, was sich aber schon seit längerer Zeit so verhält. Meiner Reise nach Zürich steht also kein Hinderniß im Weg. – Ihr wißt, daß unsere Regierung uns hier chicanirt, und daß die Rede davon war, uns auszuweisen, weil wir mit den Narren in der Schweiz in Verbindung ständen. Der Präfect wollte genaue Auskunft, wie wir uns hier beschäftigten. Ich gab dem Polizeycommissär mein Diplom als Mitglied der Société d'histoire naturelle nebst einem von den Professoren mir ausgestellten Zeugnisse. Der Präfect war damit außerordentlich zufrieden, und man sagte mir, daß ich namentlich ganz ruhig seyn könne. .....

Überlieferung H *Nicht nachweisbar.*

D *»Nachgelassene Schriften«, S. 277f.*

Datierung *Der erwähnte* Beschluß *der Tagsatzung erfolgte am 11. August aufgrund des Vorschlags einer am 20. Juli von ihr selbst eingesetzten Kommission und wurde am 23. August ratifiziert.*

Zum Text *15* früher waren ausgewiesen] *in D zusätzlich halbfett.*

164. An die Familie in Darmstadt

Auszug

Straßburg, den 2. September 1836. *Freitag*

..... Ich bin ganz vergnügt in mir selbst, ausgenommen, wenn wir Landregen oder Nordwestwind haben, wo ich freilich einer von denjenigen werde, die Abends vor dem Bettgehn, wenn sie den einen

Strumpf vom Fuß haben, im Stande sind, sich an ihre Stubenthür zu hängen, weil es ihnen der Mühe zuviel ist, den andern ebenfalls auszuziehen. . . . . . Ich habe mich jetzt ganz auf das Studium der Naturwissenschaften und der Philosophie gelegt, und werde in Kurzem nach Z ü r i c h gehen, um in meiner Eigenschaft als überflüssiges Mitglied der Gesellschaft meinen Mitmenschen Vorlesungen über etwas ebenfalls höchst Ueberflüssiges, nämlich über die philosophischen Systeme der Teutschen seit Cartesius und Spinoza, zu halten. – Dabey bin ich gerade daran, sich einige Menschen auf dem Papier todtschlagen oder verheirathen zu lassen, und bitte den lieben Gott um einen einfältigen Buchhändler und ein groß Publikum mit so wenig Geschmack, als möglich. Man braucht einmal zu vielerley Dingen unter der Sonne Muth, sogar, um Privatdocent der Philosophie zu seyn . . . . .

Überlieferung	*H*	*Nicht nachweisbar.*
	D	*»Nachgelassene Schriften«, S. 278f.*
Zum Text	5	Strumpf] Strumf *D.*

165. Von Eugène Boeckel nach Straßburg

Würzburg den 4ten Sept. 1836. *Sonntag*

Mein lieber Büchner, wo Du bist weiß ich nicht gewiß, u. darum muß ich auf's neue mich an Deine Geliebte wenden (sous enveloppe) um Dir den Brief zukommen zu laßen – Ich ließ zwar Deine adresse bey Melle Jägle begehren, allein ich erhielt sie nicht, wie mein Bruder versichert durch die Nachläßigkeit v. Melle – Du wirst hoffentlich den Brief erhalten haben welchen ich Dir den 18ten Juni v. Wien aus schrieb, mit d. adresse bey Hr. Siegfried etc – Meine jetzige adresse ist bis Ende Oktobers – Würzburg. E. B. bey Hr. Broili, erstes Distrikt N° 262 – Bist Du noch in Straßburg so gebe meine adresse unserm vielgeliebten dickbauchigen Pädagog. – Vielleicht hat er wieder einmal Lust zu schreiben. Was freilich äußerst selten vorkömmt. Zweimal seit meiner Abreise v. Straßburg. Ich habe ihm 4 mal geschrieben. Jezt mache ich es aber wie d. pädagog, u. schreibe nicht mehr – Mit Dir mein lieber bin ich um so mehr zufrieden da ich aus der Kenntniß Deines Karakters kaum einen Brief zu hoffen wagte. Ich habe mich gänzlich geirrt, dies ist mir sehr lieb u. angenehm – Ich denke Du weißt daß ich den zehnten July v. Wien wegreisete über Graz nach Triest, eine angenehme gebirgige intereßante Gegend. V. Triest nach Venedig dann Verona, Mantua, Mayland u. über d. Garda-See, Roveredo, Trient u. Botzen nach Inspruck, v. Inspruck nach Salzburg, dann München u. endlich Würzburg – Diese Reise wenigstens wirst Du nicht für langweilig u. trocken halten, wie die tournée durch die Hörsaale der teutschen Profeßoren. Ich würde Dir eine detaillirte Reise-

Beschreibung machen allein ich habe schon soviel davon geschrieben daß ich mich nicht dazu entschließen kann. An Baum schrieb ich v. Triest, an meinen Schwager v. Trient, an mein. Bruder v. München, u. an meine Schwester v. hier aus – In Teutschland befinde ich mich sehr wohl, es ist nicht halb so schlimm wie Du glaubst. Ich glaube es gibt keinen besser organisirten Staat in Europa wie Preußen beynahe in aller Beziehung – Die Regierung herrscht nach den bestehenden Gesetzen kraftvoll u. energisch, u. von eigentlichem Despotismus habe ich wenig od. nichts gesehn – Über Politik darf man sich, und hauptsächlich Fremde, ziemlich freimüthig äußern, nur nicht gegen die bestehende Regierungs-Verfaßung. Was ich hauptsächlich in Preußen bewundere dies sind die militairischen Institutionen, es ist nicht zu leugnen das Preußen der erste und best organisirte Militair-Staat der Erde ist, u. d.h. viel. Ich wünschte daß das preußische Militair-System nach Frankreich verpflanzt würde. Man unterscheidet in Preußen die National-Garde nicht von den Linien-Truppen. Die garde nationale bey uns wählt ihre Offiziere selbst ich wollte gern auf dieses privilegium Verzicht leisten u. von der Regierung tüchtige Offiziere ernannt sehn – Denn mit unsern Wahlen werden wir nie tüchtige Offiziere bekommen. Nikolaus d. russische Fürst wird wohl einer der trefflichsten u. besten Fürsten seyn. Er hat viel gegen den hohen Adel zu kämpfen u. sucht einen eigentlichen Bürgerstand zu gründen – Wirklich arbeitet er an der Aufhebung der Leibeigenschaft. Was Polen betrifft so weißt Du wie sehr ich wünsche in aller Beziehung u. hauptsächlich als Franzose daß die Polen den Sieg davon getragen hätten. Aber an Nikolaus Stelle als Kaiser von Rußland hätte ich mir wahrhaftig auch nicht Polen entreißen laßen. Was er that war er dem Ruhme Rußlands u. seinem Throne schuldig.

Die Oestreicher sind zufrieden u. glücklich sie verehren ihren Kaiser mehr als ein von Gott eingeseztes Oberhaupt was brauchen sie mehr. Zudem wäre eine andere Verfaßung als die absolute der Ruin der östreichischen Monarchie bey diesen heterogenen Massen ist es eine Unmöglichkeit eine konstitutionelle Verfaßung zu bilden – Die Italiener verdienen in aller Beziehung ihr Loos, jetzt wünschen sie daß die Franzosen sie von der östreichischen Herrschaft befreien. Wenn die Franzosen ein Jahr daselbst wären würden sie die Östreicher wieder zurückrufen – Denn die Italiener thaten niemalen selbst etwas, sie schauten zu wie sich die Teutschen u. Franzosen um Italien schlugen – Meiner Ansicht nach ist die östreichische Regierung eine wahre Wohlthat für Italien, wo Östreich herrscht kann man wenigstens mit Sicherheit reisen – Du siehst daß ich meine politischen Ansichten in mancher Rücksicht erweitert u. geläutert habe.

Ich wünschte die adresse Deines cousin's zu haben also sobald Du dieselbe erfährst schreibe mir. Bis Ende Oktobers hieher, wenn Du später meine adresse nicht kennst so kannst Du die Briefe immer Eug. Boeckel, librairie Treuttel et Würz à Strasbg. adressiren. Ich reise von hier aus nach Paris über Straßburg. Vielleicht komme ich auch nach

Darmstadt, ich wünsche also zu wißen ob ich Anfangs November Deine Familie in Darmstadt antreffe. Dich werde ich leider in keinem Fall weder in Darmstadt noch in Strasburg treffen, aber im August u. September 37. werden wir uns aller Wahrscheinlichkeit nach sehn – In München hat es mir sehr gut gefallen, ich finde diese Stadt verdient in aller Beziehung den Nahmen des neuen Athens, auch ist der Zudrang der Fre⟨mden⟩ so groß daß man viele Mühe hat in einem ordentlichen Gasthof unterzuko⟨mmen.⟩ Ich wäre sehr gerne 8 Tage in München geblieben u. hätte auch noch hi⟨nlänglich⟩ Zeit u. Geld dazu gehabt, aber v. Salzburg aus reisete ich mit einer ⟨jungen⟩ intereßanten, schönen, liebenswürdigen Dame, diese blieb nur drei Tage in München u. reisete dann über Würzburg nach Frankfurt. Sie redete mir zu mitzureisen, u. schönen jungen Damen kann ich nichts abschlagen also blieb ich auch nur drei Tage in München. Hier mußte ich mich leider von meiner angenehmen Reisegefährtin trennen – Das privatissimum bey D'Outrepont hat seit sechs Tagen angefangen ich bin ganz damit zufrieden, an Gelegenheiten aller Art etwas zu lernen fehlt es nicht. Ich habe hier eigentlich nur einen Bekannten u. lebe viel zurückgezogener u. regelmäßiger als in Wien, auch hat man durchaus diese vielen Zerstreuungen nicht wie in Wien, ich studire hier Me Lachapelle einzelne Abhandlungen v. D'Outrepont über Geburtshülfe, Wigand etc. dann einige Schriften über Cholera – In Strasburg hoffe ich Deine dissertatio vorzufinden. Held war einige Tage hier, ich wurde allenthalben gefragt ob ich diesen jungen Windbeutel kenne. Er soll sich oft geäußert haben die hiesigen Institutionen mögen gut seyn für die Studirenden, aber er docteur en médecine wiße hier nichts zu lernen. Lambossy ist in Paris. Schwebel wird nächstens auch dort eintreffen – In Hoffnung bald einen Brief von Dir zu erhalten schließe ich den meinigen.

Dein Freund Eugène

(Am linken Rand der ersten Seite:)

Adr. E.B. D. M. bey Hr. Broili, erstes Distrikt, N° 262 in Würzburg.

Adresse Monsieur / George Büchner, Doct. Phil. / à / Strasbourg, Zurich ou ailleurs

Überlieferung *H* *Zürich, Zentralbibliothek. Textverlust durch Siegelausriß in Z. 78–81. Umschlagadresse mit späterer Verfügungsnotiz von der Hand Wilhelmine Jaeglés:* »Pour Mr Eugène Böckel, / Docteur en médecine«.

D *Bergemann* ^{3}*1940, S. 488–491.*

Zum Text *17* mir] mehr *H.*

Straßburg d. 22. September 1836, *Donnerstag*

Euer Wohlgeboren

werden, wie ich hoffe, einen Fremden entschuldigen, der sich die Freiheit nimmt in einer für ihn höchst wichtigen Angelegenheit Ihre Güte in Anspruch zu nehmen.

Die politischen Verhältnisse Teutschlands zwangen mich mein Vaterland vor ungefähr anderthalb Jahren zu verlassen. Ich hatte mich der akademischen Laufbahn bestimmt. Ein Ziel aufzugeben, auf dessen Erreichung bisher all meine Kräfte gerichtet waren, konnte ich mich nicht entschließen und so setzte ich in Straßburg meine Studien fort, in der Hoffnung in der Schweiz meine Wünsche realisiren zu können. Wirklich hatte ich vor Kurzem die Ehre von der philosophischen Fakultät zu Zürich einmüthig zum Doctor kreirt zu werden. Nach einem so günstigen Urtheile über meine wissenschaftliche Befähigung konnte ich wohl hoffen auch als Privatdocent von der Züricher Universität angenommen zu werden und, im günstigen Fall, im nächsten Semester meine Vorlesungen beginnen zu können. Ich suchte daher bey den hiesigen Behörden um einen Paß nach. Dieße erklärten mir jedoch, es sey ihnen durch das Ministerium des Innern, auf Ansuchen der Schweiz, untersagt einem Flüchtling einen Paß auszustellen, der nicht von einer Schweizerbehörde die schriftliche Autorisation zum Aufenthalt in ihrem Bezirk vorweisen könne. In dießer Verlegenheit nun wende ich mich an Sie, hochgeehrtester Herr, als die oberste Magistratsperson Zürichs, mit der Bitte um die von den hiesigen Behörden verlangte Autorisation. Das beyliegende Zeugniß kann beweisen, daß ich seit der Entfernung aus meinem Vaterlande allen politischen Umtrieben fremd geblieben bin und somit nicht unter die Kategorie derjenigen Flüchtlinge gehöre, gegen welche die Schweiz und Frankreich neuerdings die bekannten Maaßregeln ergriffen haben. Ich glaube daher auf die Erfüllung einer Bitte zählen zu dürfen, deren Verweigerung die Vernichtung meines ganzen Lebensplanes zur Folge haben würde.

Sollten Euer Wohlgeboren gesonnen seyn, mich mit einer Antwort auf dieß Gesuch zu beehren, so bitte ich dieselbe unter der Adresse: Dr. Büchner bey Herrn Weinhändler Siegfried an der Douane zu Straßburg, an mich gelangen zu lassen.

Mit der grösten Hochachtung

Ihr

ergebenster

D r. B ü c h n e r.

Adresse S.r Wohlgeboren / Herrn Bürgermeister H e s s, / zu / Z ü r i c h. // F r e i

Beilage *Zeugnis der Straßburger Kantonspolizei*

Nous, Jonathan Pfister, Commissaire de Police du Canton Sud, de la ville de Strasbourg, certifions que:

Mons. George Büchner, Docteur en Philosophie, agé de 23 ans, natif de Darmstadt, est inscrit sur nos registres rue de la Douane N° 18, comme demeurant en cette ville depuis dix huit mois jusqu'à ce jour, sans interruption; et que pendant ce laps de tems, sa conduite, tant sous le rapport Politique que moral, n'a donné lieu à aucune plainte.

En foi de quoi le présent

Strasbourg ce 21 Sept$^{b.}$ 1836. Pfister.

Überlieferung

H *Zürich, Staatsarchiv des Kantons. Adresse von der Hand Wilhelmine Jaeglés. Mit Poststempel »STRASBOURG 23 SEPT. 1836 (67)« und weiteren postalischen Zeichen. Beilage mit Dienstsiegel und Gebührenstempel.*

h *Darmstadt, Hessische Landes- und Hochschulbibliothek. Auszugsweise Abschrift von H und Beilage von unbekannter Hand in einem Konvolut »Correspondenz betr. die Umtriebe der deutschen Flüchtlinge und Handwerker«, entstanden auf Veranlassung Reinhold Rüeggs für Karl Emil Franzos (vgl. Franzos an H. R. Sauerländer, 28. Januar 1880; Weimar, Goethe- und Schiller-Archiv). Das Konvolut stammt aus dem Nachlaß Ludwig Büchners (Bergemann ^{3}1940, S. 506f.).*

D^1 *⟨Reinhold Rüegg:⟩ »Ein Brief Georg Büchner's«. In: »Frankfurter Zeitung«, Nr. 15, Morgenblatt, 15. Januar 1878, S. 3, Sp. 3–4, Rubrik »Kleine Mittheilungen«. Beilage leicht gekürzt.*

D^2 *Georg Büchner: »Werke und Briefe«. Nach der historisch-kritischen Ausgabe von Werner R. Lehmann. Kommentiert von Karl Pörnbacher, Gerhard Schaub, Hans-Joachim Simm, Edda Ziegler, München 1980, S. 287f. (Beilage aufgrund von h).*

D^3 *Hauschild 1985, S. 396 (nur Beilage).*

Abbildung der Beilage: Georg Büchner. Leben, Werk, Zeit 1985, S. 210.

167. An das Präsidium des Erziehungsrats des Kantons Zürich FAKSIMILE *S. 162f.*

Straßburg, 26. September 1836, Montag

Herr Präsident, hochgeachtete Herren!

Nach Einreichung einer Abhandlung über einen naturhistorischen Gegenstand, hatte ich die Ehre von der philosophischen Facultät zu Zürich in ihrer Sitzung vom 3ten dieses Monats einmüthig zum Doctor philosophiae ernannt zu werden. Gestützt auf dieses Urtheil über meine wissenschaftliche Befähigung wünsche ich mich als Privatdocent für Vorlesungen an der philosophischen Facultät zu Zürich zu habilitiren. Ich habe daher die Ehre mich an Sie mit der Bitte um Zulassung zu der für diesen Fall nach § 157 des Organisationsgesetzes über das Unterrichtswesen erforderlichen öffentlichen Probevorlesung zu wenden.

Mit der größten Hochachtung und Ergebenheit

Straßburg d 26 Sep. 1836. G. Büchner Dr. phil.

Überlieferung	*h*	*Zürich, Staatsarchiv des Kantons. Text von der Hand Wilhelmine Jaeglés, Unterschrift eigenhändig.*
D^1	*Mayer 1979, S. 358f. (Auszug).*
D^2	*Georg Büchner: »Werke und Briefe«. Nach der historisch-kritischen Ausgabe von Werner R. Lehmann. Kommentiert von Karl Pörnbacher, Gerhard Schaub, Hans-Joachim Simm, Edda Ziegler, München 1980, S. 288.*

Abbildung: Martin Bircher: »Georg Büchner. Gedächtnis-Ausstellung in der Zentralbibliothek Zürich«. In: »Sonntagspost. Wöchentliche Beilage zum ›Landboten und Tagblatt der Stadt Winterthur‹«, 16. Oktober 1964, Nr. 42, S. 1.

168. Einreise-Vorabzustimmung des Polizeirats des Kantons Zürich

Zürich, 28. September 1836, Mittwoch

Wir Prsdt & Mitglieder des Polizey R. des Eidgenößisch Standes Zürich erklären hiermit auf Ansuchen des Herrn Georg Büchner von Darmstadt Doctor der Philosophie daß keine Hinderniße obwalten dem genannten Büchner in seiner Eigenschaft als politischer Flüchtling gegen Erfüllung der gesetzlichen Erforderniße den Aufenthalt in hiesigem Kanton zu gestatten, & daß Büchner in keine der dermal gegen politische Flüchtlinge obwaltenden Untersuchungen implicirt sey.

Actum
Zürich den 28. Sept.
1836.

Im Nahmen
des Pol. Raths
Der Präsdt
Der Secretaire

Überlieferung *H* *Zürich, Staatsarchiv des Kantons (Konzept).*
D^1 *Mayer 1979, S. 359 (Auszug).*
D^2 *Jan-Christoph Hauschild, »Georg Büchner im neunzehnten Jahrhundert. Studien und neue Quellen zu Leben, Werk und Wirkung«, Phil. Diss. Düsseldorf 1984 (masch.), S. 541.*

169. An die Familie in Darmstadt

Straßburg, September 1836

Auszug

Ich habe meine zwei Dramen noch nicht aus den Händen gegeben, ich bin noch mit Manchem unzufrieden und will nicht, daß es mir geht, wie das erste Mal. Das sind Arbeiten, mit denen man nicht zu einer bestimmten Zeit fertig werden kann, wie der Schneider mit seinem Kleid.

Überlieferung *H* *Nicht nachweisbar.*
D *»Nachgelassene Schriften«, S. 37.*

Datierung — *Wie D.*

Erläuterung — *Zu den beiden* Dramen *bemerkt Ludwig Büchner in D, daß sein Bruder »von zwei fertigen Dramen schon in früheren Briefen gesprochen« habe (S. 37).*

170. An die Familie in Darmstadt

Zürich, 25. Oktober 1836, Dienstag

Inhaltsangabe — *Büchner berichtet über Kost und Logis bei Zehnder und über eine Unterredung mit Dekan Baiter bezüglich seiner Vorlesungspläne.*

Überlieferung — *Erschlossen aus: Brief Caroline Büchners vom 30. Oktober 1836.*

171. An die Familie in Darmstadt

Auszug

Zürich, den 26. October 1836. *Mittwoch*

.... Wie es mit dem Streite der Schweiz mit Frankreich gehen wird, weiß der Himmel. Doch hörte ich neulich Jemand sagen: »die Schweiz wird einen kleinen Knicks machen, und Frankreich wird sagen, es sey ein großer gewesen.« Ich glaube, daß er Recht hat. . . . . .

Überlieferung — H *Nicht nachweisbar.*
D *»Nachgelassene Schriften«, S. 279.*

172. Von Caroline Büchner nach Zürich

Darmstadt den 30ten Oktober *1836, Sonntag*

Lieber Georg!

Welche Freude als Dein Brief vom 25ten Oktober das Postzeichen Zürich darauf ankam. Ich jubelte laut; denn obgleich wir uns gegenseitig nichts sagten; so hatten wir alle große Angst, und wir glaubten kaum daß Du glücklich über die Gränze kommen würdest. Die Sache hat mir vielen heimlichen Kummer gemacht, nun Gott lob auch dies ging glücklich vorüber. –

Wir waren die Zeit sehr beschäftiget, Mittwochs legte ich große Wasche ein, und Montags zuvor kamen Beckers aus Frankfurt und blieben bis Donnerstag, sie erkundigten sich sehr nach Dir, und freuten sich recht über Deine guten Aussichten, wir hatten einige sehr vergnügte Tage. Auf Deinen Geburtstag tranken wir alle zusammen Deine Gesundheit. –

Wie Dein Brief ankam den 27ten biegelte ich gerade das letzte Stück, Vater war im Theather, ich kann Dir gar nicht sagen wie sehr er sich freute als er nach Hauße kam. Er stimmt ganz mit Beiter überein und ermahnt Dich dringend ja über vergleichende Anatomie Vorlesungen zu halten, er glaubt sicher, daß Du darin am ersten einen festen Fuß fassen und Dich am ehrenvollsten emphorhelfen könntest. –

Willhelm war ohngefähr 14 Tage hier, und nun ist er seit Mittwoch nach Heidelberg mit Schenk abgereist. Mit Giesen war es für diesen Winter nichts. Ich kann Dir gar nicht sagen wie ich mich über diesen Jungen beunruhige, es ist noch ein gar zu großer Kindskopf, hat gar keinen Begrief vom Schaden hat einen falschen Ehrgeitz, und ist hinter seinem Retzeptiertisch gar zu schro geworden. Wie wir Briefe von ihm erhalten, werde ich ihm schreiben, ihm Deine Addresse schicken, damit er auch an Dich schreiben kann. Antworte ihm nur gleich und ermahne ihn recht. Mathilde wird selbsten an Dich schreiben, sonsten ist alles bei uns beim alten. Den 25ten Ok: war Alexanders Geburtstag er wurde 9 Jahre alt, heute wird er solenn gefeiert, er hat sich 10 Jungens gebeten, der Chokolade ist bereits gekocht könnte ich Dir doch auch eine Tasse einschenken. Onkel Georg ist bei seinem Leutnant, auch noch so ein Stück Stallmeister geworden. Der bekannte Stall Schenk, zeither Stallmeister bei Prinz Louis ist am Nervenfieber gestorben, und nun reitet Onkel die Pferde vom Prinzen, er hofft auch die vom Prinzen Karl zu bekommen, und dann trägt es ihm immer 200 fl ein. Das Reiten ist seine Liebhaberei, er ist sehr vergnügt darüber. –

Wenn Du hörst daß hier das Nervenfieber grasierte, so ängstige Dich nicht es ist nicht so arg, als es die Leute machen, es sind zwar schon viele Menschen daran gestorben. Kürzlich starben aus einer Familie drei jungen Leute. Zwei Söhne und eine Tochter, sie wurden an einem Tage begraben, und gestern soll auch die Mutter gestorben sein. –

Der Vater ist Hoboist. Leider wurde kürzlich ein Mörder hingerichtet die Kinder sahen ihm auf dem Markt den Stab brechen, und Louis ging mit Vater auf die Richtstätte; er hatte vor 2 Jahren einen Förster erschlagen. –

Wie es hier mit den Gefangenen geht weiß Gott, es ist alles still. –

Der Junge Baron von Bechtold ist Leutnant geworden, und wurde nach Butzbach versetzt, und heute hörten wir daß Herr Regierungs: von Bechtold Ministerialrath geworden sei. Dies unsere Neuigkeiten. – Ich kann nun gar nicht erwarten bis Dein nächster Brief kommt, lasse uns nur nicht lange warten, gehe nur recht unter Menschen und suche Dich zu zerstreuen Doch hoffe ich, daß ich Dich nicht mehr zu ermahnen brauche, Dich von alle⟨m⟩ politischen Treiben entfernt zu halten, Du bist nun mitten darin Du wirst Dich denke ich nicht anstecken lassen, es wird mir doch manchmal himmel Angst. – Morgen schreibe ich und Mathilde an Mina, sie dauert mich gar zu sehr, ich kann das Früjahr kaum erwarten, dann hoffe ich fest, sie bei uns zu sehen. Mathilde läßt Dich tausendmal grüßen; wie sie e n d l i c h anfing zu schreiben bekam sie Besuch sie will es also aufsparen bis ich wieder schreibe. –

Vater schickt Dir hier ein Recept für Deine Nase, er bittet Dich sehr es einmal recht ernstlich und anhaltend zu gebrauchen, und ihm über den Erfolg zu berichten. Wie hast Du die Straßburger ⟨nach⟩ einander verlassen? hast Du die Tante Reuß noch gesprochen, w⟨arst⟩ Du bis Himmlies? Wenn Du wieder schreibst so gieb mir Nachricht. Deine Kost und Logie finden wir sehr billig, freilich eine Kost wie bei Fräulein Jäkele wirst Du nicht leicht wieder finden, nun man muß sich an alles gewöhnen. Schreibe uns nur immer recht ausführlich, ich meine seit Du von Straßburg weg bist nun seist Du erst in der Fremde, in Straßburg glaubte ich Dich immer in meiner Nähe. Wirst Du denn mein Geschmier lesen können? Ich schreibe aber in einem solchen Tumult daß ich gar nicht weiß wo mir der Kopf steht. Großmutter grüßt Dich vielmals schreibe ihr bald, weil es ihr Freude macht, sie ist immer sehr niedergeschlagen, denn sie sieht fast gar nichts mehr. Es ist sehr betrübt, und für uns alle traurige Aussichten. Alles grüßt Dich jung und alt, auch Ema die eben da ist auch die träge Mathilde. Nun lebe wohl und schreibe bald wieder Deiner treuen

Mutter C: Büchner

Adresse An / Herrn Doctor G. Büchner / Wohlgeboren / in / Zürich. / In der Schweiz. // Abzugeben bei Herrn / Regierungsrath Zehnder / in der Steinstraße. // Frei.

Überlieferung H *Weimar, Goethe- und Schiller-Archiv. Mit Poststempel »DARMSTADT 1836 30 10« und weiteren postalischen Zeichen. Geringer Textverlust durch Siegelausriß in Z. 67f..*

D[1] *»Insel-Almanach auf das Jahr 1923«, Leipzig ⟨1922⟩, S. 99–102.*

D[2] *Bergemann [1]1922, S. 623–626 und 772 (Adresse).*

Zum Text
3 vom 25] *korr. aus* den 27 *H.*
10 kamen] kammen *H.*
20 könntest. –] [k] [würdest.] könntest. – *H.*
57 alle⟨m⟩] allen *H.*
57 Treiben] *korr. aus* Dingen *H.*
69 bis] *korr. aus* bei *H.*

173. Vom Präsidium des Erziehungsrats des Kantons Zürich

Zürich, 5. November 1836, Samstag

Zusammenfassung *Der Erziehungsrat erteilt Büchner auf Bericht der Philosophischen Fakultät über die von ihm gehaltene Probevorlesung die Bewilligung, als Privatdozent an der Hochschule in Zürich aufzutreten.*

Überlieferung *Erschlossen aus: »Protocoll des Erziehungs-Rathes«, Sitzung vom 5. November 1836 (Zürich, Staatsarchiv des Kantons; vgl. Hauschild 1985, S. 399).*

174. *An die Familie in Darmstadt*

Auszug

Zürich, den 20. November 1836. *Sonntag*

.... Was das politische Treiben anlangt, so könnt Ihr ganz ruhig seyn. Laßt Euch nur nicht durch die Ammenmährchen in unseren Zeitungen stören. Die Schweiz ist eine Republik, und weil die Leute sich gewöhnlich nicht anders zu helfen wissen, als daß sie sagen, jede Republik sey unmöglich, so erzählen sie den guten Teutschen jeden Tag von Anarchie, Mord und Todtschlag. Ihr werdet überrascht seyn, wenn Ihr mich besucht; schon unterwegs überall freundliche Dörfer mit schönen Häusern, und dann, je mehr Ihr Euch Zürich nähert und gar am See hin, ein durchgreifender Wohlstand; Dörfer und Städtchen haben ein Aussehen, wovon man bey uns keinen Begriff hat. Die Straßen laufen hier nicht voll Soldaten, Accessisten und faulen Staatsdienern, man riskirt nicht von einer adligen Kutsche überfahren zu werden; dafür überall ein gesundes, kräftiges Volk, und um wenig Geld eine einfache, gute, rein republicanische Regierung, die sich durch eine Vermögenssteuer erhält, eine Art Steuer, die man bey uns überall als den Gipfel der Anarchie ausschreien würde . . .

Minnigerode ist todt, wie man mir schreibt, das heißt, er ist drei Jahre lang todt gequält worden. Drei Jahre! Die französischen Blutmänner brachten einen doch in ein paar Stunden um, das Urtheil und dann die Guillotine! Aber drei Jahre! Wir haben eine gar menschliche Regierung, sie kann kein Blut sehen. Und so sitzen noch an vierzig Menschen, und das ist keine Anarchie, das ist Ordnung und Recht, und die Herren fühlen sich empört, wenn sie an die anarchische Schweiz denken! Bey Gott, die Leute nehmen ein großes Capital auf, das ihnen einmal mit schweren Zinsen kann abgetragen werden, mit sehr schweren. – . . . . .

Überlieferung H *Nicht nachweisbar.*
D *»Nachgelassene Schriften«, S. 279f.*

175. *An die Familie in Darmstadt*

Zürich, 1836/37

Inhaltsangabe mehrerer Briefe *Büchners Briefe aus Zürich »sind meist heiter und voll Zufriedenheit. Häufig fragt er in denselben nach den Darmstädter Gefangenen (Minnigerode, Küchler, Gladbach und Andere), 〈...〉 und immer wirft die Erinnerung an seine unglücklichen Freunde, die leiden müssen, während er frei ist, einen düstern Schatten in seine sonst fröhliche Stimmung.«*

Überlieferung *Erschlossen aus: »Nachgelassene Schriften«, S. 39.*

176. An Wilhelm Büchner in Heidelberg

Zürich, zwischen Mitte November 1836 und Ende Januar 1837

Auszug Ich sitze am Tage mit dem Scalpell und die Nacht mit den Büchern.

Überlieferung *H Nicht nachweisbar.*

D »Nachgelassene Schriften«, S. 38.

Datierung *D zitiert den Satz ohne Datumsangabe, stellt ihn aber in Zusammenhang mit den Zürcher Vorlesungen, die Büchner Mitte November 1836 begann und vermutlich Ende Januar krankheitshalber einstellen mußte.*

177. An Wilhelm Büchner in Heidelberg (?)

Zürich, 1836/37 (?)

Auszug Eine genaue Bekanntschaft mit dem Treiben der teutschen Revolutionärs im Auslande hat mich überzeugt, daß auch von dießer Seite nicht das Geringste zu hoffen ist. Es herrscht unter ihnen eine babylonische Verwirrung, die nie gelöst werden wird. Hoffen wir auf die Zeit!

Überlieferung *H Nicht nachweisbar.*

D »Nachgelassene Schriften«, S. 28.

Datierung *Die Datierung ist unsicher. Da Büchner auf Erfahrungen mit politischen Flüchtlingen* im Auslande *verweist, scheint er über den Horizont Straßburgs hinaus zu blicken. Es könnte sich um die von der Mutter mit Brief vom 30. Oktober 1836 erbetene Ermahnung (Nr. 172, 28f.) Wilhelms durch seinen großen Bruder handeln.*

178. Vom Polizeirat des Kantons Zürich

Zürich, Anfang Dezember 1836

Zusammenfassung *Aushändigung der Niederlassungs-Urkunde mit dem Bescheid, daß Büchner vor Ablauf der auf sechs Monate beschränkten Bewilligung bei dem Regierungsrat »um Erneuerung ⟨...⟩ einzukommen« und »von allfälliger Veränderung seines Wohnortes sogleich eine schriftliche Anzeige an die Kanzlei einzusenden« habe.*

Überlieferung *Erschlossen aus: »Protokolle des Polizey-Raths«, Sitzung vom 1. Dezember 1836 (Zürich, Staatsarchiv des Kantons; vgl. Hauschild 1985, S. 400).*

179. An die Familie in Darmstadt

Zürich, Dezember 1836

Inhaltsangabe *Büchner wünscht von seinem Vater die von Friedrich Ludwig von Froriep herausgegebene Zeitschrift »Notizen aus dem Gebiete der Natur- und Heilkunde« zu erhalten.*

Überlieferung *Erschlossen aus: Brief Ernst Büchners vom 18. Dezember 1836.*

180. Von der Familie nach Zürich

Darmstadt, Mitte Dezember 1836

Sendung einer Speditionskiste mit Büchern, Geschenken und Briefen. Beigelegt sind zwei Exemplare von: Ernst Büchner, »Versuchter Selbstmord durch Verschlucken von Stecknadeln«, in: »Zeitschrift für die Staatsarzneikunde«, hrsg. von Adolf Henke, 6 (1823), S. 305–348, sowie »Beilage zur Großherzoglich Hessischen Zeitung. 1836. Nr. 29.«

Überlieferung *Erschlosssen aus: Brief Ernst Büchners vom 18. Dezember 1836.*

181. Von Ernst Büchner nach Zürich

Darmstadt den 18ten Dezemb. 1 8 3 6. *Sonntag*

Lieber Georg!

Es ist schon lange her daß ich nicht persönlich an Dich geschrieben habe. Um Dich einigermaßen dafür zu entschädigen, soll Dir das Christkindlein diese Zeilen bescheeren und ich zweifele nicht daran, daß sie Dir eine angenehme Erscheinung seyn werden. Meine Besorgniß um Dein künftiges Wohl war bisher noch zu groß und mein Gemüth war noch zu tief erschüttert, durch die Unannehmlichkeite*n* alle, welche Du uns durch Dein unvorsichtiges Verhalten bereitet und gar viele trübe Stunden verursacht hast, als daß ich mich hätte entschließen können, in herzliche Relation mit Dir zu treten; wobei ich jedoch nicht ermangelt habe, Dir pünctlich die nöthigen Geldmitteln, bis zu der Dir bekannten Summe, welche ich zu Deiner Ausbildung für hinreichend erachtete, zufließen zu laßen.

Nachdem Du nun aber mir den Beweis geliefert, daß Du diese Mittel nicht muthwillig oder leichtsinnig vergeudet, sondern wirklich zu Deinem wahren Besten angewendet und ein gewisses Ziel erreicht hast, von welchem Standpuncte aus Du weiter vorwärts schreiten wirst, und ich mit Dir über Dein ferneres Gedeihen der Zukunft beruhigt entgegen sehen darf, sollst Du auch so gleich wieder den gütigen und besorgten Vater um das Glück seiner Kinder in mir erkennen.

Um Dir hiervon sogleich einen Beweis zu geben, habe ich Deinem Wunsche »v. Froriep's Notizen« von mir zu erhalten, alsbald entsprochen, welche längstens bis zum 24ten d. M. per Kiste und ganz franco bei Dir eintreffen werden. Dieselben sind als eine kleine Bibliothek zu betrachten und werden Dir vielen Nutzen gewähren. Bis iezt ist der 50ste Band im Erscheinen. Ich besaß nur 26 Bände welche mich, ohne Einband, 93 fl. 36 x kosteten u diese mache ich Dir zum Weihnachtsgeschenk. Die Bände 29–46, welche Du ebenfalls iezt erhälst, habe ich für Deine dereinstige Rechnung mit Deinen Geschwistern um 20 fl. 52 x erkauft und um diesen 3theil Preis sollst Du durch mich die Fortsetzung u eben so die fehlenden Bände 27 u 28 erhalten. Sollten Dir meine anatomischen Tafeln von Weber, welche Dir schon genau bekannt sind und die ich iezt vollständig habe nöthig seyn, so will ich Dir auch diese schicken, oder wenn Du sonst Bücher nöthig hast, so mache mir solche namhaft und bemerke mir genau den Ladenpreis, um welchen Du solche in Zürich würdest erhalten können. Auch findest Du in der Kiste unter anderem 2 Exemplare meiner Nadelgeschichte, die mir beim Packen als altes Papier in die Hände fielen. Vieleicht kannst Du Deinen Schülern gelegentlich eine Erzählung davon machen. So dann legte ich auch eine Beilage zu unsrer Zeitung in die Kieste, worin eine Concurrenzeröffnung von Zürich aus bekannt gemacht wird. Hättest Du früher meinen so wohlgemeinten Rath befolgt und Dich mehr mit Mathematik beschäftigt, so könntest Du vieleicht iezt mit concurriren. Doch dieß sey blos nebenher bemerkt. Deine Abhandlung hat mir recht viel Freude gemacht, und nicht weniger war ich erfreut über Deine Creirung zum Doctor der Philosophie, so wie überhaupt über Deine gute Aufnahme in Zürich. Sey nur recht v⟨orsichtig⟩ in Deinem Benehmen und in Deinen Äußerungen gegen u über jederman. Bedenke stets daß man Freunde nöthig hat u daß auch der geringste Feind schaden kann. Ich bin recht begierig zu hören, wie es Dir bisher mit Deinen Vorlesungen ergangen und worauf besonders Dein weiterer Plan gerichtet ist. Zoologie u vergleichende Anatomie sind Felder worin noch viel zu kennen ist und wer Fleiß darauf verwendet dem kann es nirgends fehlen, merks tibi. Auch Kaups systematische Beschreibung des Thierreichs, wovon das 10 Heft erschienen ist, könnte ich Dir schicken.

Bei uns ist alles wohl u es werden die nöthigen Vorbereitungen zur Weinachten gemacht. Deine weitere Bescheerung findest Du eben falls in der Kiste. In Reinheim ist kürzlich Oheim's jüngstes Kind, ein schöner Knabe von 1 ½ J. gestorben. Deine Mutter wollte meinem Brief noch einige Zeilen beilegen, bei dem theuren Porto aber, wollen wir es unterlaßen, zumal Du per Kiste Briefe erhälst. Mutter u Tante Helene sitzen oben bei der Großmutter, welche iezt beinahe völlig blind ist. Im Frühling soll das eine Auge operirt werden. Mathilde u Louise sind in der Oper »Die Stumme«. Louis ist wahrscheinlich mit Anfertigung von Weinachtsgeschenken beschäftigt u Alexander liest wie gewöhnlich sehr emsig die Geschichte. Dieser wird ein r u h i g e r Gelehrter werden in allem Ernste. Endlich ich sitze am Schreibtische u schreibe in diesem Augenblicke am Ende meines Briefes meinen Namen. E. Büchner

Adresse An / den Privatdocenten / Dr. G. B ü c h n e r / in / Z ü r i c h / wohnhaft bei Herrn / Regierungsrath / Zehnder in der Stein- / Straße. // f r a n c o

Überlieferung *H* *Weimar, Goethe- und Schiller-Archiv. Mit Poststempel »DARMSTADT 1836 19 12« und weiteren postalischen Zeichen. Geringer Textverlust durch Siegelausschnitt in Z. 50.*

D^1 *»Insel-Almanach auf das Jahr 1923«, Leipzig (1922), S. 103–105.*

D^2 *Bergemann ^{1}1922, S. 626–628.*

Zum Text *13f.* zu Deiner Ausbildung für hinreichend] *korr. aus:* für Deine Ausbildung nöthig *H.*

182. Von Eugène Boeckel nach Zürich

Paris den 11 Januar 1837. *Mittwoch*

Mein lieber, il vaut mieux tard que jamais, allein es ist zu bemerken daß ich Deine adresse erst vor 14 Tagen erhielt, diejenige welche mir Melle Jägle gab verlor ich auf d. Reise hieher. Seit meinem Aufenthalt in Strasburg hab ich nichts mehr von Dir erfahren Du kannst Dir also denken wie begierig ich bin von Dir Nachricht zu erhalten. Ich hoffe Du wirst mit gutem Erfolg in Zürich aufgetreten seyn u. so Deinem Ziele nähergekommen. Schreibe mir doch wenn Du dieses Jahr nach Strasburg kommst, weil ich meine Reise darnach einrichten will, wenn Deine Vacanzen wie ich glaube im May statt haben so kann ich Dich auf jeden Fall sehn, aber früher werde ich wahrscheinlich nicht von hier fortgehn können. Ob ich durch die Schweiz nach Strasburg gehe ist noch ungewiß. Mit meinem Aufenthalt hier bin ich zufrieden, Du weißt übrigens daß ich ungefähr überall zufrieden bin. Im ganzen genommen hat es mir weit besser in Teutschland als in Frankreich gefallen. Ich gebe mich hier mit Syphilis, Auscultation u. Chirurgie ab, dies wären anziehende Studien für Dich. Die Auscultation seh ich als eine sehr wichtige Entdeckung an. Übrigens ist es hier ziemlich leicht viele Übung im Auscultiren zu erlangen. Die syphilitisch

Kkht. wden besonders gut von Ricord behandelt. Für médecine operatoire sd gute privatissima u. viele Cadaver's vorhanden. Von der übrigen medizinischen Fakultät schreibe ich Dir nichts, weil Dich die praktische Medizin nicht intereßirt u. ich mich hier außschließlich mit abgebe.
Paris ist in Vergleich d. andern Städte welche ich gesehn, immens, grandios, u. reich Es wundert mich nicht mehr daß man von Paris d. hyperbolischen Ausdruck braucht la capitale du monde, denn es ist hier auch so außerordentlich vieles vereinigt. Für Naturgeschichte, physiolog. u. Anatomie simple et comparée wäre eine Aufenthalt hier sehr intereßant für Dich. Die Gemälde Gallerie würde Dich auch größtentheils intereßiren; übrigens weißt Du wie wenig ich davon verstehe – Unterdessen bin ich jedoch ein außerordentlicher Liebhaber d. italienischen Oper, Laplache, Tamburini u. Delle Grisi sd unübertrefflich u. müßen durch ihren Gesang selbst einen Laien Unkundigen ergreifen. Du würdest hier gewiß öfters in die Oper gehn puritani, Il matrimonio secreto, Othello etc – Die französische Oper ist ziemlich gut. – Im theatre français tritt die Delle Mars zuweilen auf. Die große Masse der übrigen Theater ist mittelmäßig od. schlecht u. gemein, zuweilen unerträglich. Die berühmte delle Ferrand, jezt Me Roy sah ich in d. opera-comique. Du wirst die tragische Geschichte dieser edlen Dame kennen; ich denke que les poils auront repoussé. Seit meinem Aufenthalt in Wien bin ich wider meine frühern Gewohnheiten ein ziemlich fleißiger Theater-Besucher worden. Aber freilich ein Theater wie das Burgtheater in Wien hab ich nicht wider gefunden. Nirgends ist es angenehmer sich ohne Zweck in den Straßen herumtreiben flaner als hier, von der Pracht u. dem Reichthum der superben Buden, Bazar's hauptsächlich derjenigen im palais-royal hat man in andern Städten kaum eine Idee – An Spaziergängen hier fehlt es auch nicht hauptsächlich die boulevards, d. jardin des tuileries Luxembourg, jardin du roi, u. dann noch einige breite schöne Straßen w. z. B. rue d. Rivoli, Castiglione, place Vendôme etc.

Viele excursionen habe ich noch nicht gemacht, theils weil ich viel zu thun habe, theils wegen des schlechten Wetters, ich verspare die weiten Ausflüge auf das Frühjahr. In Paris selbsten kann man für 6 sols überall in dem omnibus, hirondelles, Orléanaises etc. herumfahren, ein wohlfeiles u. zuweilen angenehmes Vergnügen. Den arc d. triomphe, d. Obelisken, d. colonne Vendôme, den Platz d. bastille u. mehrere andere Merkwürdigkeiten habe ich öfters besucht. In den salon's des palais-royal haben mich die historischen Gemählde aus der revolution am meisten intereßirt. Lese-Cabinet's sd hier unzählige, in einigen hat man auch die allgemeine Zeitung. In d. Café's wd. nicht geraucht. Dies ist etwas für Dich. Dagegen gibt es viele estaminets in welchen geraucht wd.

Lambossy ist schon lang von hier weg. Es hat ihm hier nicht gefallen, wahrschlch. weil er sich in der ungeheuren Masse verlor. Held u. Schwebel sd noch hier, lezterer wd. in einigen Wochen von hier absegeln um sich in Barr als Arzt zu etabliren. Sonstige Bekannte habe ich hier viele getroffen. Der dickbauchige pädagog liegt im Gloster in Strasburg, sauft Café, streicht sich den Bauch u. schneidet Gesichter, i⟨ch⟩ habe zweimal an ihn geschrieben; natürlich ohne jemalen ⟨eine⟩ Zeile von ihm zu erhalten. Von einem Theologen muß man nicht ⟨zu⟩ viel begehren. Müntz welcher einige Zeit hier war ist leide⟨r⟩ ⟨++⟩ abgereiset. Er hat eine Stelle als professeur du collège ⟨communal⟩ Schlettstadt. Selestat. Ich denke mich nächsten Sommer irgend⟨wo zu⟩ etabliren, ich weiß nicht ob ich in Strasburg bleibe oder ob ich in den Oberrhein gehe, geschieht lezteres so sind wir ganz nahe bey einander.

Sehr theuer ist d. Aufenthalt in Paris nicht wenn man keine besondern Auslagen für Bücher od. Collegien od. sonstige Dinge hat so kann man mit 200 fr. monatlich leben. Die Zimmer sind etwas theuer. Das Mittagessen nicht so sehr wie man glaubt für 20 sols ißt man erträglich für 30 ziemlich gut.

Die Kleider sind hier sehr theuer, für ein. schwarzen Frack zahlte ich 100 fr. u. es gibt auch zu 150–200 fr – Im ganzen habe ich im Laufe des vorigen Jahres 4000 fr. gebraucht. Dies ist auch ein Beweggrund weswegen ich dieses Jahr dem Reisen ein Ende machen will, denn mein kleines Capital geht zu Grunde, u einige Tausend Franken will ich für mein établissement reserviren. Lange wd. sich nächstens verheurathen. Stöber hat seine fiancée, definitif aufgegeben wie man mir sagte; d*a*s arme Mädchen dauert mich Sie wd. schwer eine andere Parthie machen können. Ich bin Dieu merci noch frei, theils weil ich es aus Grundsatz bleiben will, theils weil ich nicht weiß ob mich andere Leute wollen

Dein Eugène.

(Am linken Rand der zweiten Seite:)

Meine adresse Eug. Bkl. quai st. Michel N° 13. hôtel d. l' étoile du nord.

(Am linken Rand der dritten Seite:)

Adresse. Eug. Boeckel, D. M. quai st. Michel N° 13. hôtel d. l' étoile du nord.

Adresse Monsieur / George Büchner, Doct. philosoph. / chez M^r. le docteur Zehnder, / Steingaße. / à / Z ü r i c // S u i s s e

Überlieferung *H* *Zürich, Zentralbibliothek. Mit Poststempel »PARIS 12 JANV 1837* ⟨…⟩*« und weiteren postalischen Zeichen. Textverlust durch Siegelausriß in Z. 70–75.*

D *Bergemann ³1940, S. 496–499.*

Zum Text *46* Pracht u.] Prachtu. *H.*

183. An Wilhelmine Jaeglé in Straßburg

Zürich, 13. Januar 1837, Freitag

Auszug Mein lieb Kind! ..... Ich zähle die Wochen bis zu Ostern an den Fingern. Es wird immer öder. So im Anfange ging's: neue Umgebungen, Menschen, Verhältnisse, Beschäftigungen – aber jetzt, da ich an Alles gewöhnt bin, Alles mit Regelmäßigkeit vor sich geht, man vergißt sich nicht mehr. Das Beste ist, meine Phantasie ist thätig, und die mechanische Beschäftigung des Präparirens läßt ihr Raum. Ich sehe Dich immer so halb durch zwischen Fischschwänzen, Froschzehen etc. Ist das nicht rührender, als die Geschichte von Abälard, wie sich ihm Heloise immer zwischen die Lippen und das Gebet drängt? O, ich werde jeden Tag poetischer, alle meine Gedanken schwimmen in Spiritus. Gott sey Dank, ich träume wieder viel Nachts, mein Schlaf ist nicht mehr so schwer.

Überlieferung H *Nicht nachweisbar.*

D *»Nachgelassene Schriften«, S. 40f.*

Datierung *Wie D.*

184. Vom Rektorat der Universität Zürich

Zürich, 16. Januar 1837, Montag

Zusammenfassung *Die Dozenten werden aufgefordert, bis zum 1. Februar das Verzeichnis ihrer Vorlesungen im Sommersemester einzureichen.*

Überlieferung *Erschlossen aus: »Geschäfts- und Einlaufbuch« des Rektorats der Universität Zürich, 1833–1864 (Zürich, Archiv der Universität; vgl. Hauschild 1985, S. 400f.).*

185. An Wilhelmine Jaeglé in Straßburg

Zürich, 20. Januar 1837, Freitag

Auszug Ich habe mich verkältet und im Bett gelegen. Aber jetzt ist's besser. Wenn man so ein wenig unwohl ist, hat man ein so groß Gelüsten nach Faulheit; aber das Mühlrad dreht sich als fort ohne Rast und Ruh. . . . Heute und gestern gönne ich mir jedoch ein wenig Ruhe und lese nicht; morgen geht's wieder im alten Trab, Du glaubst nicht, wie regelmäßig und ordentlich. Ich gehe fast so richtig, wie eine Schwarzwälder Uhr. Doch ist's gut: auf all das aufgeregte, geistige Leben Ruhe, und dabey die Freude am Schaffen meiner poetischen Producte. Der arme Shakspeare war Schreiber den Tag über und mußte Nachts dichten, und ich, der ich nicht werth bin, ihm die Schuhriemen zu lösen, hab's weit besser. – ...... Lernst Du bis

Ostern die Volkslieder singen, wenn's Dich nicht angreift? Man hört hier keine Stimme; das Volk singt nicht, und Du weißt, wie ich die Frauenzimmer lieb habe, die in einer Soiree oder einem Concerte einige Töne todtschreien oder winseln. Ich komme dem Volk und dem Mittelalter immer näher, jeden Tag wird mir's heller – und gelt, Du singst die Lieder? Ich bekomme halb das Heimweh, wenn ich mir eine Melodie summe. . . . . Jeden Abend sitz' ich eine oder zwei Stunden im Casino; Du kennst meine Vorliebe für schöne Säle, Lichter und Menschen um mich. . . . .

Überlieferung H *Nicht nachweisbar.*
D *»Nachgelassene Schriften«, S. 41f.*
Datierung *Wie D.*

186. An Wilhelmine Jaeglé in Straßburg

Zürich, 27. Januar 1837, Freitag

Auszug

Mein lieb Kind, Du bist voll zärtlicher Besorgniß und willst krank werden vor Angst; ich glaube gar, Du stirbst – aber ich habe keine Lust zum Sterben und bin gesund wie je. Ich glaube, die Furcht vor der Pflege hier hat mich gesund gemacht; in Straßburg wäre es ganz angenehm gewesen, und ich hätte mich mit dem größten Behagen in's Bett gelegt, vierzehn Tage lang, rue St. Guillaume Nro. 66, links eine Treppe hoch, in einem etwas überzwergen Zimmer, mit grüner Tapete! Hätt' ich dort umsonst geklingelt? Es ist mir heut einigermaßen innerlich wohl, ich zehre noch von gestern, die Sonne war groß und warm im reinsten Himmel – und dazu hab' ich meine Laterne gelöscht und einen edlen Menschen an die Brust gedrückt, nämlich einen kleinen Wirth, der aussieht, wie ein betrunkenes Kaninchen, und mir in seinem prächtigen Hause vor der Stadt ein großes elegantes Zimmer vermiethet hat. Edler Mensch! Das Haus steht nicht weit vom See, vor meinen Fenstern die Wasserfläche und von allen Seiten die Alpen, wie sonnenglänzendes Gewölk. – Du kommst bald? mit dem Jugendmuth ist's fort, ich bekomme sonst graue Haare, ich muß mich bald wieder an Deiner inneren Glückseeligkeit stärken und Deiner göttlichen Unbefangenheit und Deinem lieben Leichtsinn und all Deinen bösen Eigenschaften, böses Mädchen. Adio piccola mia! –

Überlieferung H *Nicht nachweisbar.*
D *»Nachgelassene Schriften«, S. 42.*
Datierung *Wie D.*
Zum Text *21* piccola] piccolo *D.*

187. An das Rektorat der Universität Zürich

Zürich, etwa Ende Januar 1837

Zusammenfassung — *Büchner gibt den Titel seiner Vorlesung im Sommersemester 1837 an: »Vergleichende Anatomie der Wirbelthiere«.*

Überlieferung — *Erschlossen aus: »Geschäfts- und Einlaufbuch« des Rektorats der Universität Zürich, 1833–1864 (Zürich, Archiv der Universität) und Verzeichnis der »Vorlesungen an der Hochschule Zürich im Sommer-Semester 1837« (Zürich, Staatsarchiv des Kantons; vgl. Hauschild 1985, S. 401).*

188. An Wilhelmine Jaeglé in Straßburg

Zürich, Ende Januar 1837

Auszug — *Büchner schreibt, er werde* in längstens acht Tagen Leonce und Lena mit noch zwei anderen Dramen erscheinen lassen.

Überlieferung — *Erschlossen aus: »Nachgelassene Schriften«, S. 39 (mit dem Datierungshinweis, Büchner habe dies seiner Verlobten »(k)urz vor Beginn der tödtlichen Krankheit« geschrieben).*

Datierung — *Nach Fritz Bergemanns Vorschlag (Bergemann ³1940, S. 526).*

189. Von Wilhelmine Jaeglé nach Zürich

Straßburg, etwa 6. Februar 1837

Überlieferung — *Erschlossen aus: Bericht von Caroline Schulz zum 8. Februar 1837 (Weimar, Goethe- und Schiller-Archiv; vgl. Grab/Mayer 1985, S. 133).*

190. An Wilhelmine Jaeglé in Straßburg

Zürich, etwa 8. Februar 1837

Überlieferung — *Erschlossen aus: Brief von Wilhelm Baum in Straßburg an Eugène Boeckel in Paris, 20. Februar 1837 (Halle, Universitäts- und Landesbibliothek; vgl. Hauschild 1988/89, S. 381).*

191. Caroline Schulz an Wilhelmine Jaeglé in Straßburg

Zürich, 10. Februar 1837, Freitag

Zusammenfassung

Wilhelmine Jaeglé wird darüber informiert, daß Büchner an einem gastrischen Fieber erkrankt, inzwischen aber bereits auf dem Wege der Besserung sei. An den Schluß setzt Büchner fünf Worte von eigener Hand: Adieu mein Kind ⟨Dein Georg⟩.

Überlieferung

Erschlossen aus: Brief Wilhelmine Jaeglés an Eugène Boeckel vom 5. März 1837 (Zürich, Zentralbibliothek; vgl. Strohl 1936, S. 78f.) und Bericht von Caroline Schulz zum 10. Februar 1837 (Weimar, Goethe- und Schiller-Archiv; vgl. Grab / Mayer 1985, S. 133).

FAKSIMILES

Die Faksimiles reproduzieren die Dokumente in ca. 80 Prozent der Originalgröße..

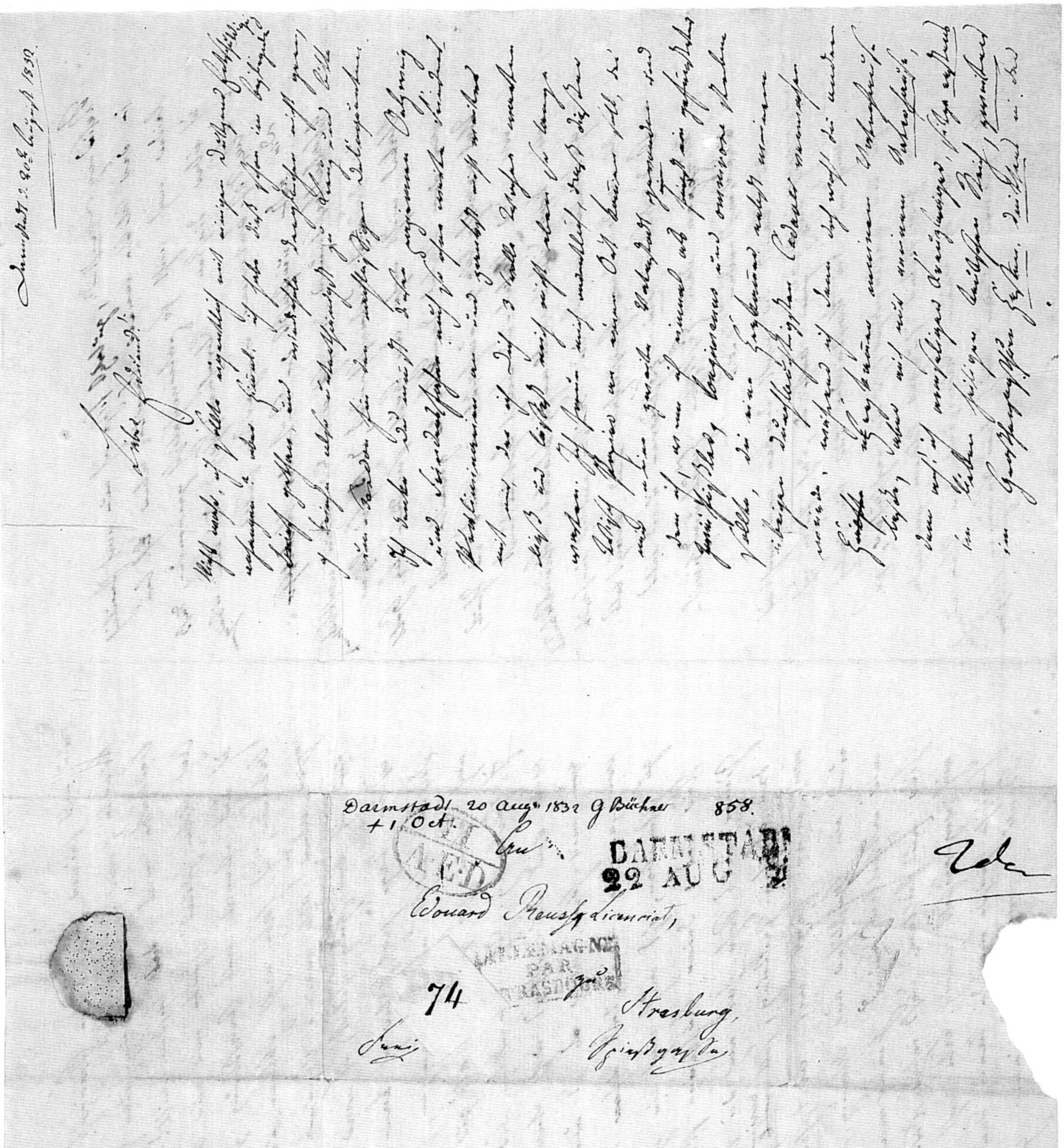
Darmstadt 20 Aug. 1832 G Büchner 858.

DARMSTADT
22 AUG

Edouard Reuss, Licenciat,

74

Strasburg.

17. *An Edouard Reuss in Straßburg*
Darmstadt, 20. August 1832, Montag
Strasbourg, Archives de la Ville

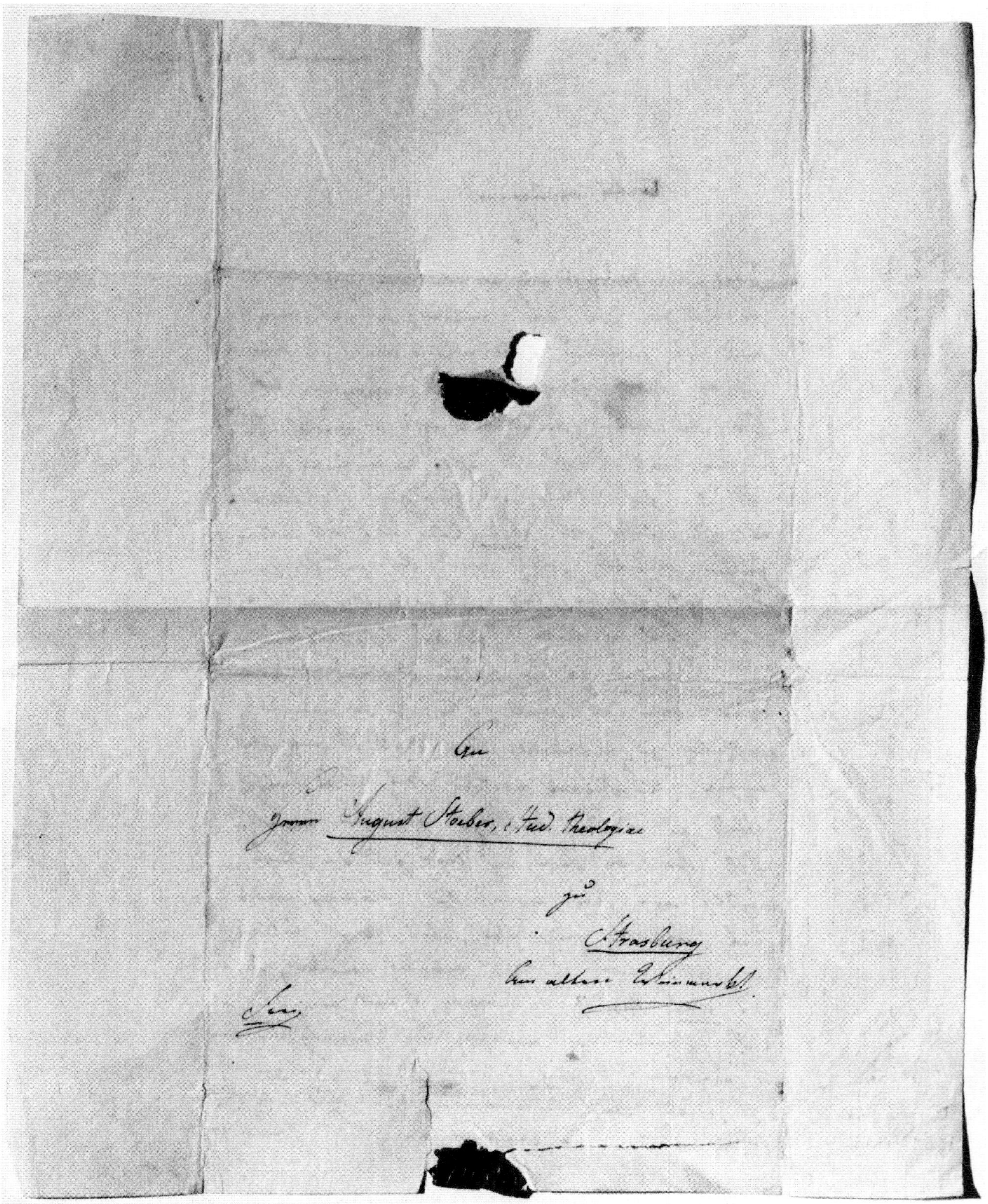

18. An August und Adolph Stoeber in Straßburg
Darmstadt, 24. August 1832, Freitag
Fonds Littéraire Stoeber, Foto: Thomas Michael Mayer

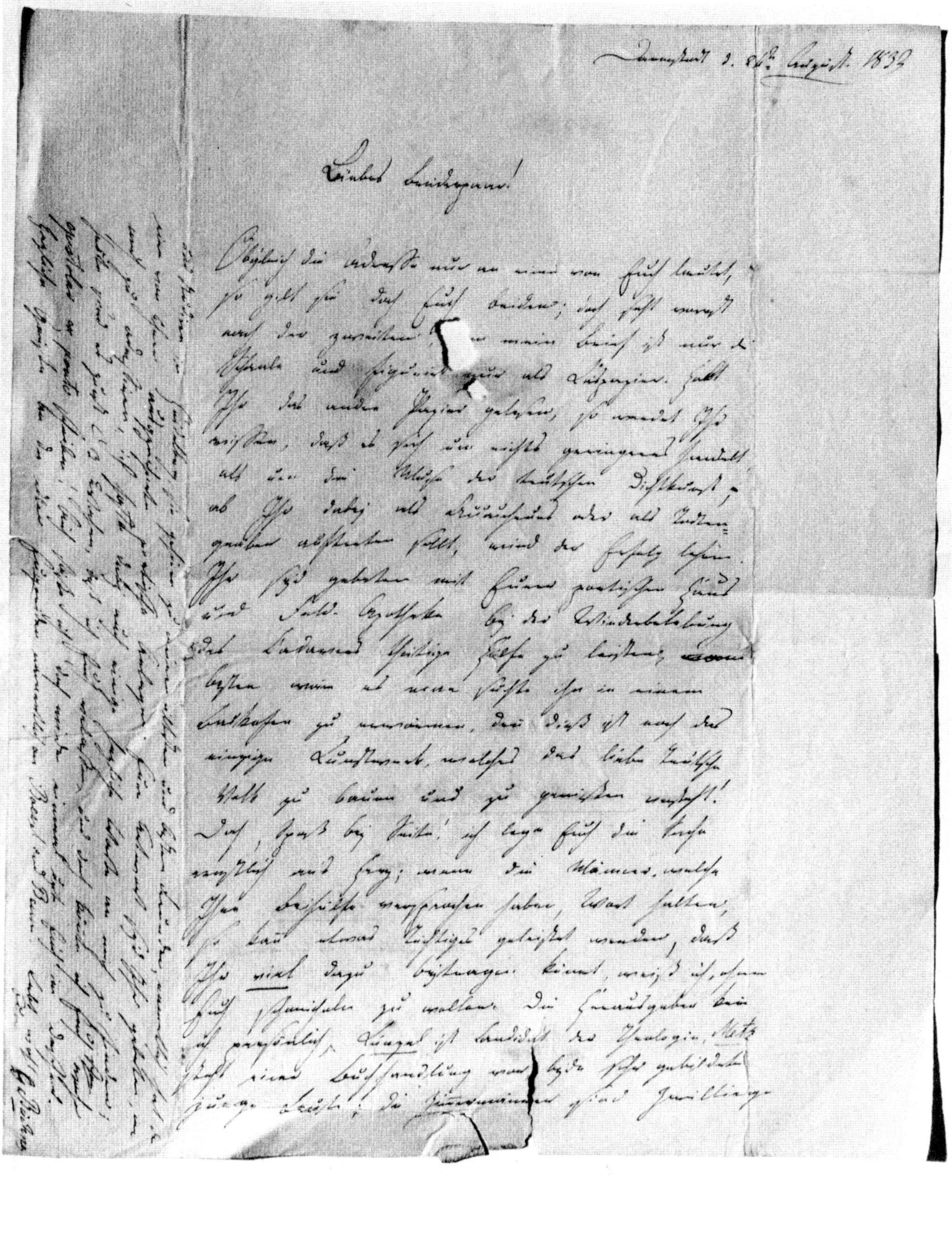

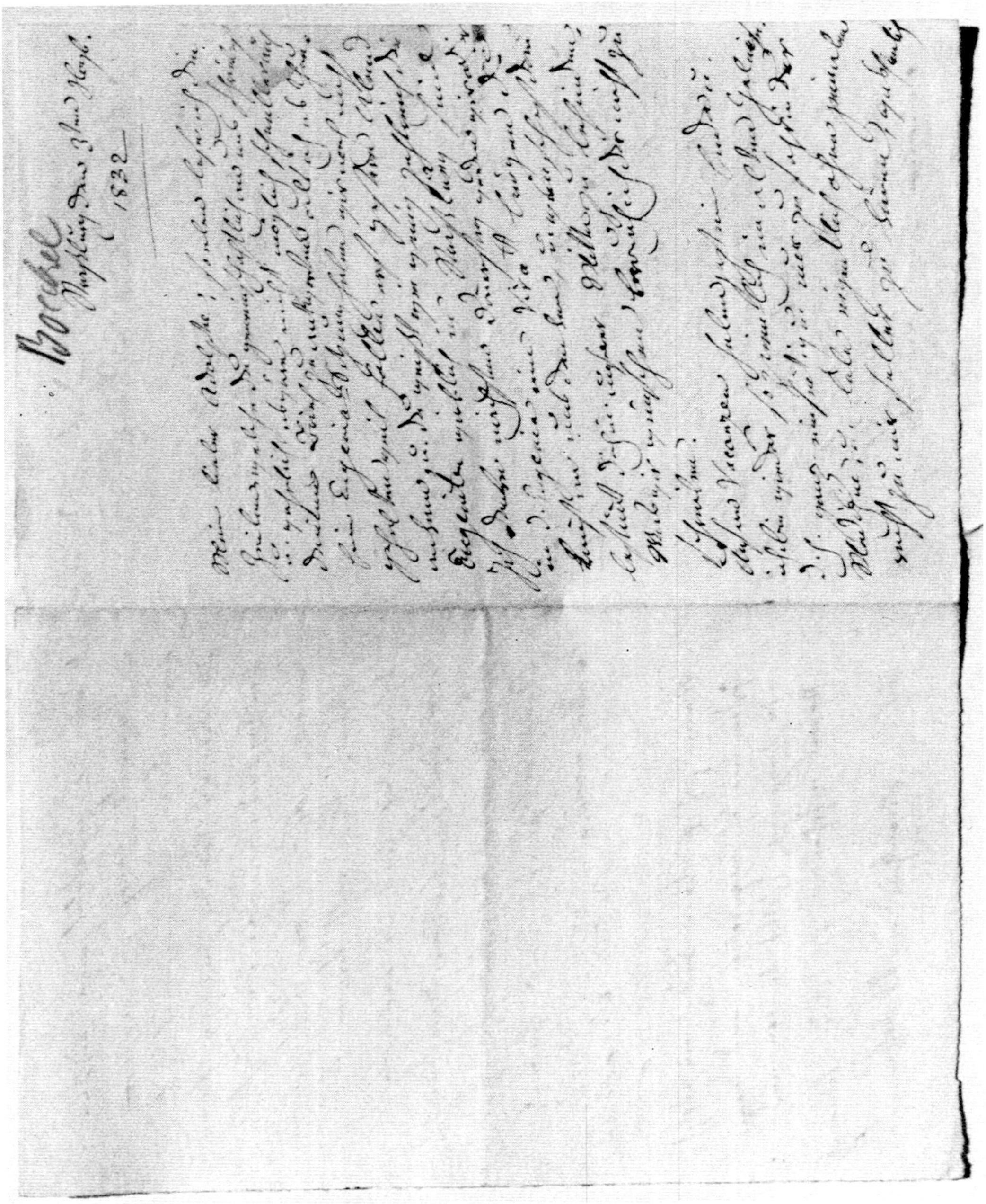

23. *An Adolph Stoeber in Metz*

Straßburg, 3. November 1832, Samstag

Fonds Littéraire Stoeber, Foto: Thomas Michael Mayer

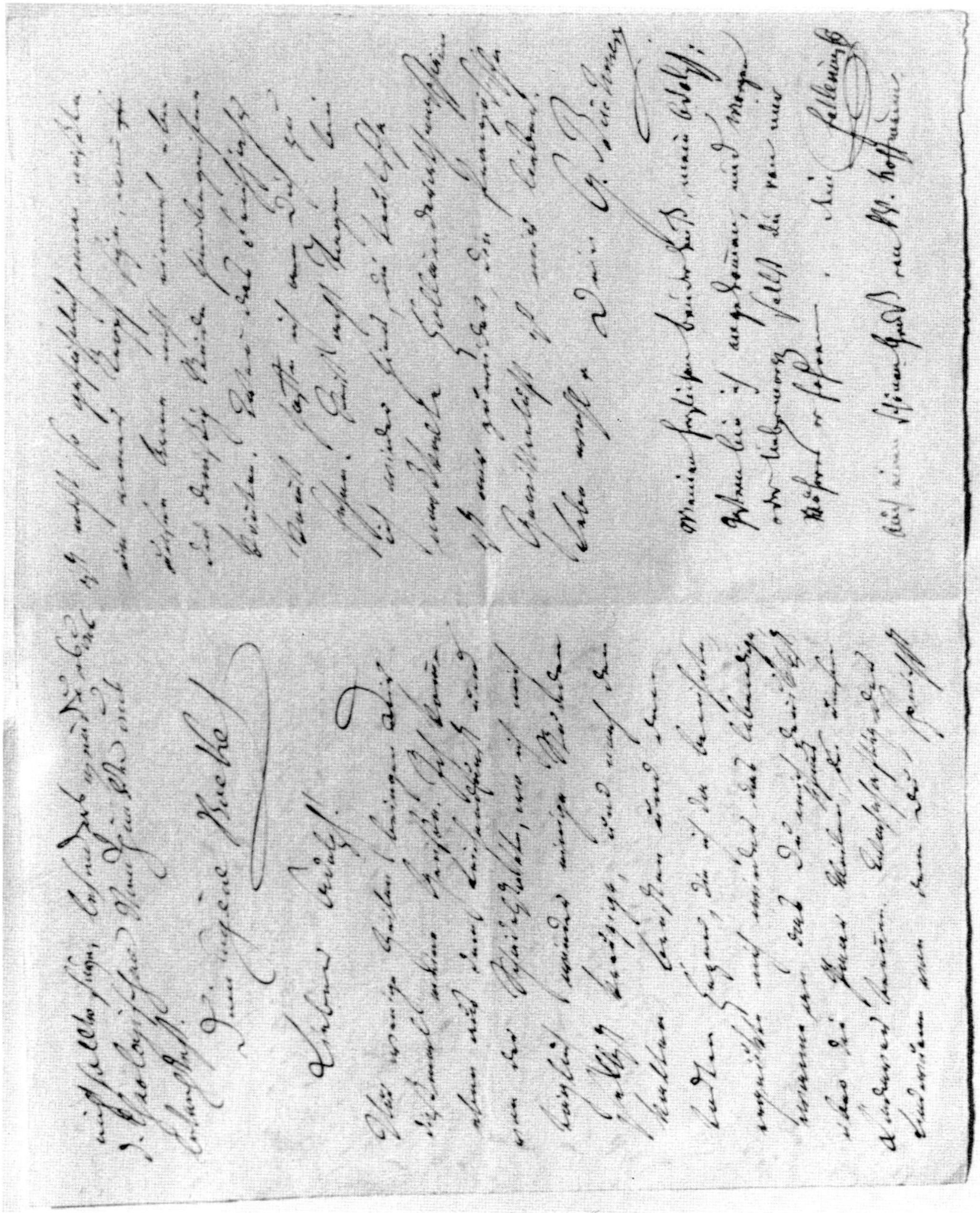

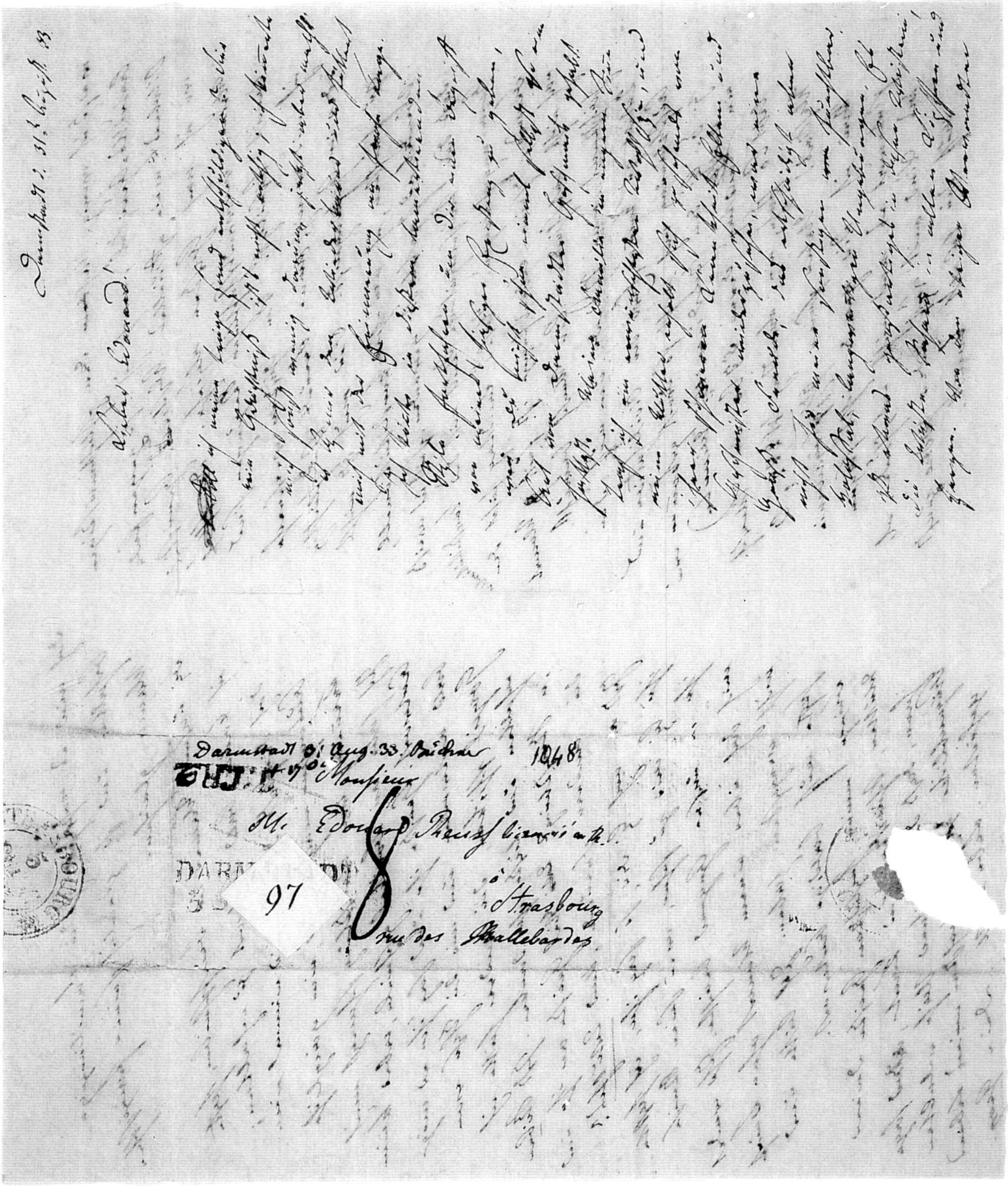
Monsieur
M. Edouard Reuss
à Strasbourg
rue des Hallebardes

42. *An Edouard Reuss in Straßburg*
Darmstadt, 31. August 1833, Samstag
Strasbourg, Archives de la Ville

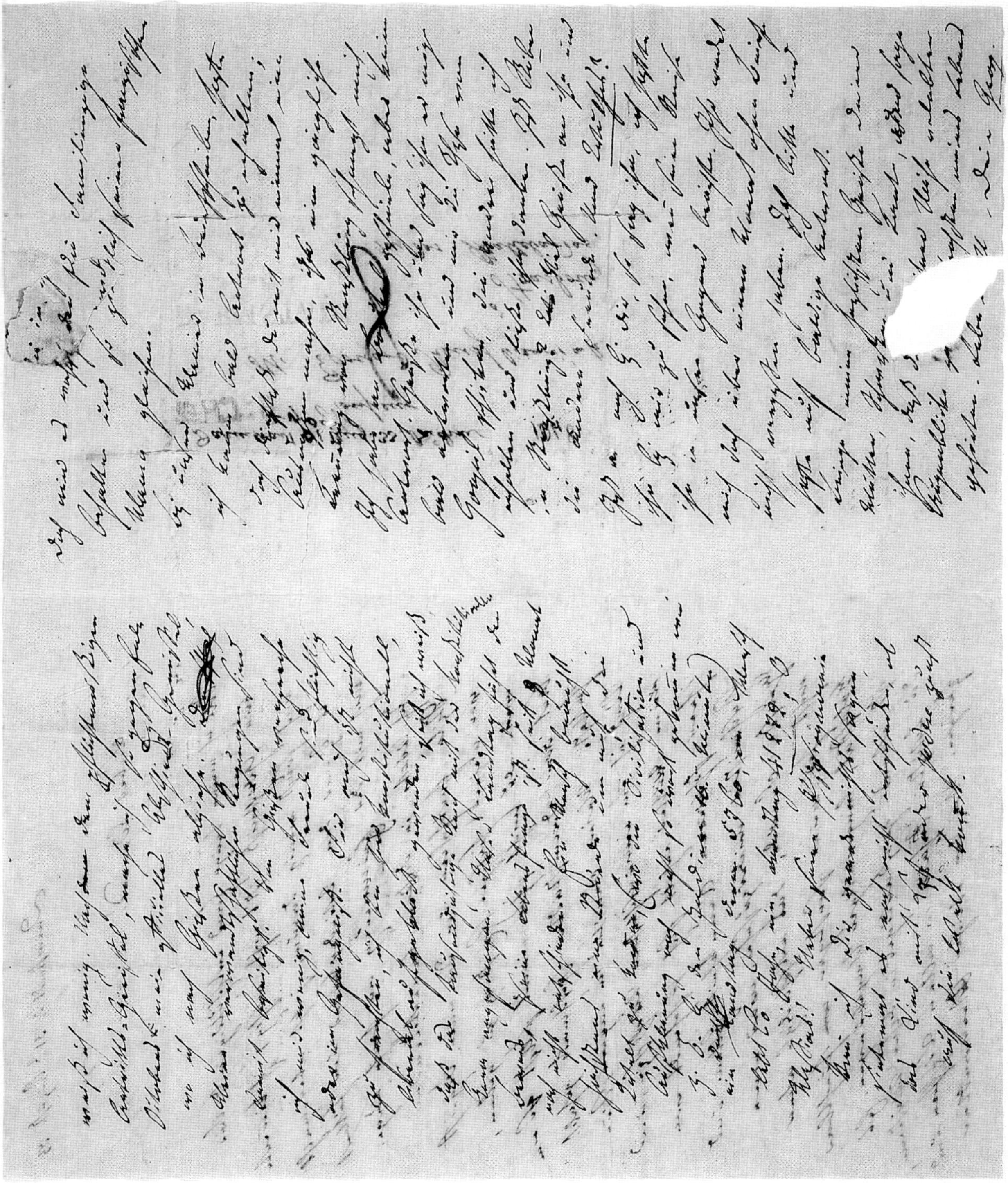

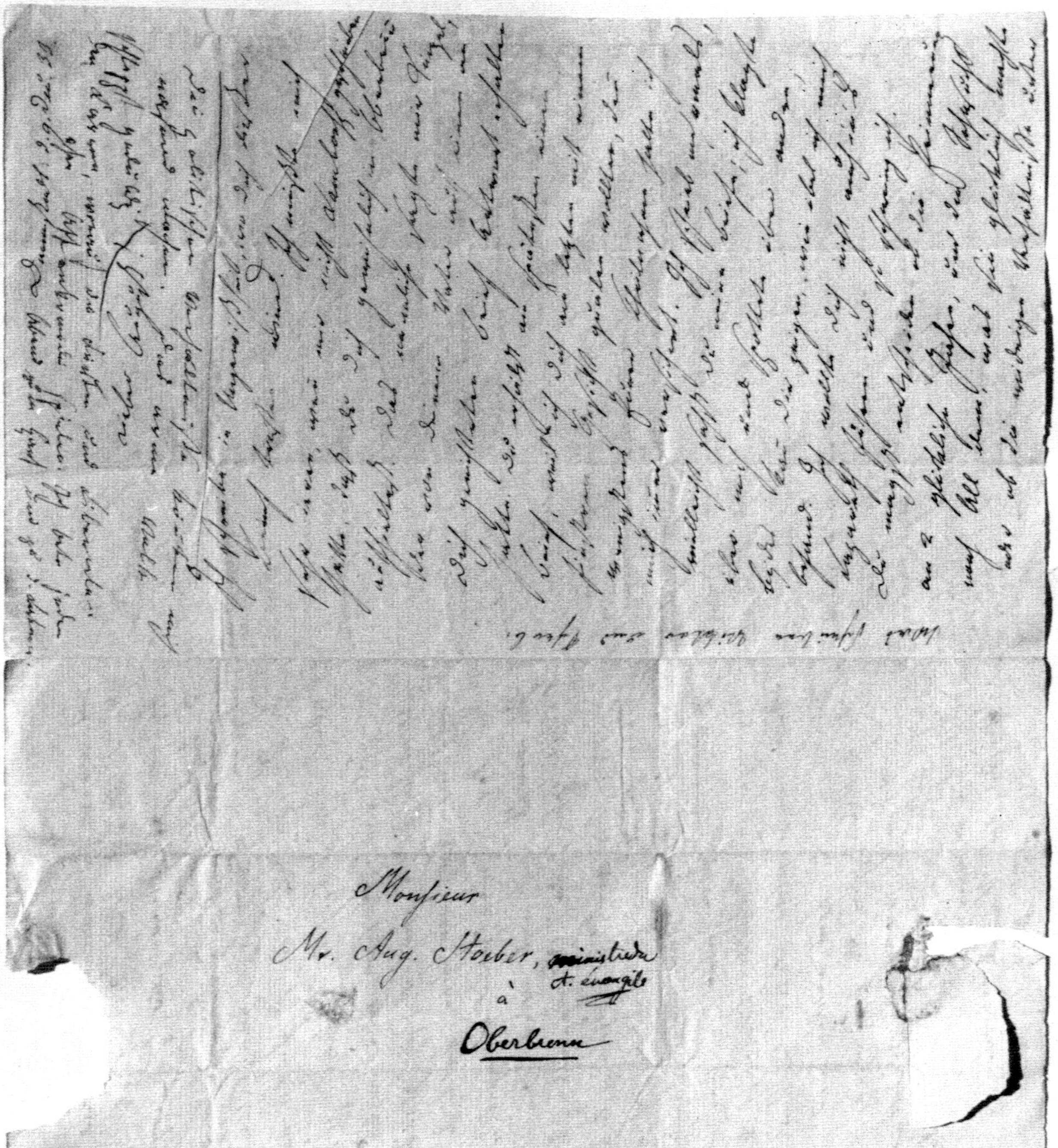

Monsieur
Mr. Aug. Stoeber, ~~ministre~~ du st. évangile
à
Oberbronn

52. *An August Stoeber in Oberbronn*
Darmstadt, 9. Dezember 1833, Montag
Fonds Littéraire Stoeber, Foto: Thomas Michael Mayer

92. An Johann David Sauerländer in Frankfurt am Main
Darmstadt, 21. Februar 1835, Samstag
Darmstadt, Hessische Landes- und Hochschulbibliothek, Br./Büchner, G.: 1a

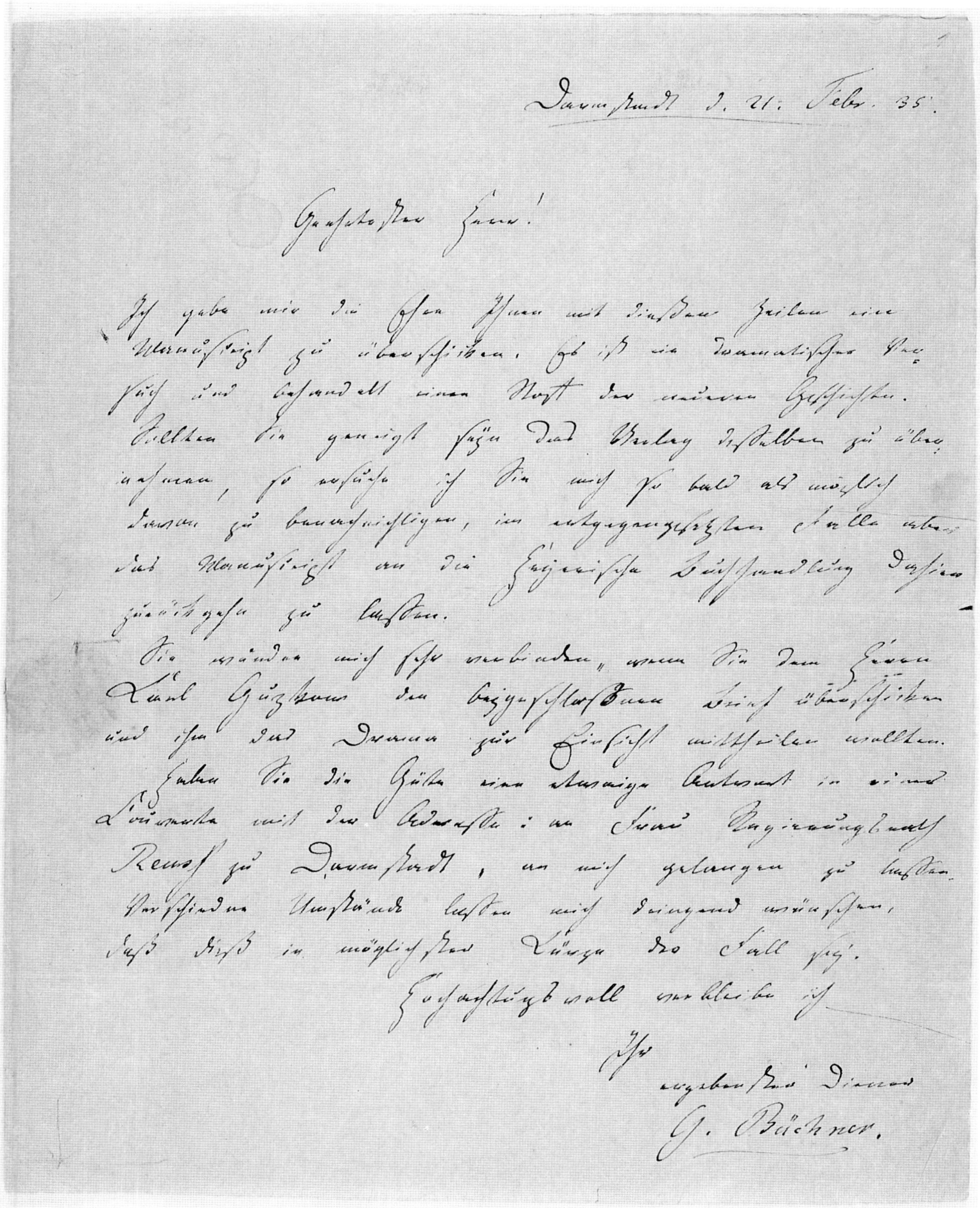
Darmstadt d. 21. Febr. 35.

Geehrtester Herr!

Ich gebe mir die Ehre Ihnen mit diesen Zeilen ein
Manuscript zu überschicken. Es ist ein dramatischer Ver-
such und behandelt einen Stoff der neueren Geschichte.
Sollten Sie geneigt seyn den Verlag desselben zu über-
nehmen, so ersuche ich Sie mich so bald als möglich
davon zu benachrichtigen, im entgegengesetzten Falle aber
das Manuscript an die Heyer'sche Buchhandlung dahier
zurückgehen zu lassen.
Sie würden mich sehr verbinden, wenn Sie dem Herrn
Karl Gutzkow den beigeschlossenen Brief überschicken
und ihm das Drama zur Einsicht mittheilen wollten.
Haben Sie die Güte eine etwaige Antwort in einem
Couverte mit der Adresse: an Frau Regierungsräthin
Reuss zu Darmstadt, an mich gelangen zu lassen.
Verschiedene Umstände lassen mich dringend wünschen,
daß dieß in möglichster Kürze der Fall sey.
Hochachtungsvoll verbleibe ich

Ihr
ergebenster Diener
G. Büchner.

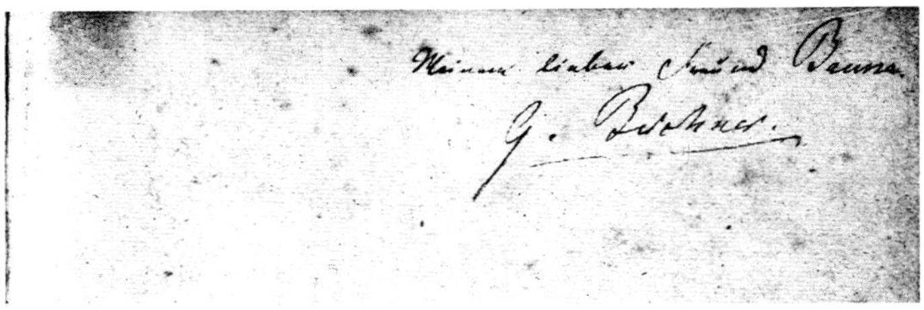
Meinem lieben Freund Baum
G. Büchner.

120. Widmung für Wilhelm Baum
Straßburg, etwa Mitte Juli 1835
Marburg, Georg Büchner Gesellschaft

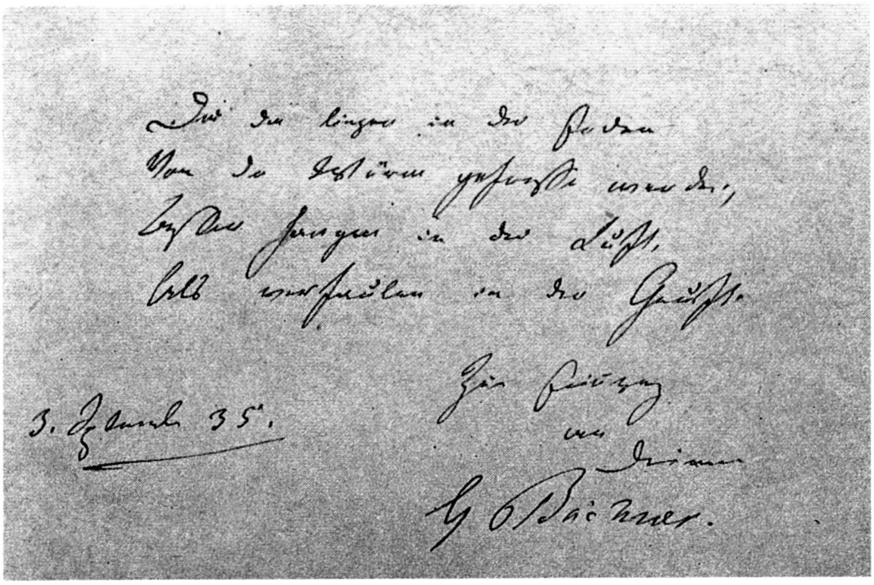
Die da liegen in der Erden
Von de Würme gefresse werde,
Besser hangen in der Luft,
Als verfaule in der Grufft.

Zur Erinnerung
an deinen
G. Büchner.

3. Septbr. 35.

130. Albumblatt für Heinrich Ferber
Straßburg, 3. September 1835, Donnerstag
Aus: Heimat im Bild, Beilage zum Gießener Anzeiger, 6. Januar 1938, Reproduktion: Universitätsbibliothek Gießen

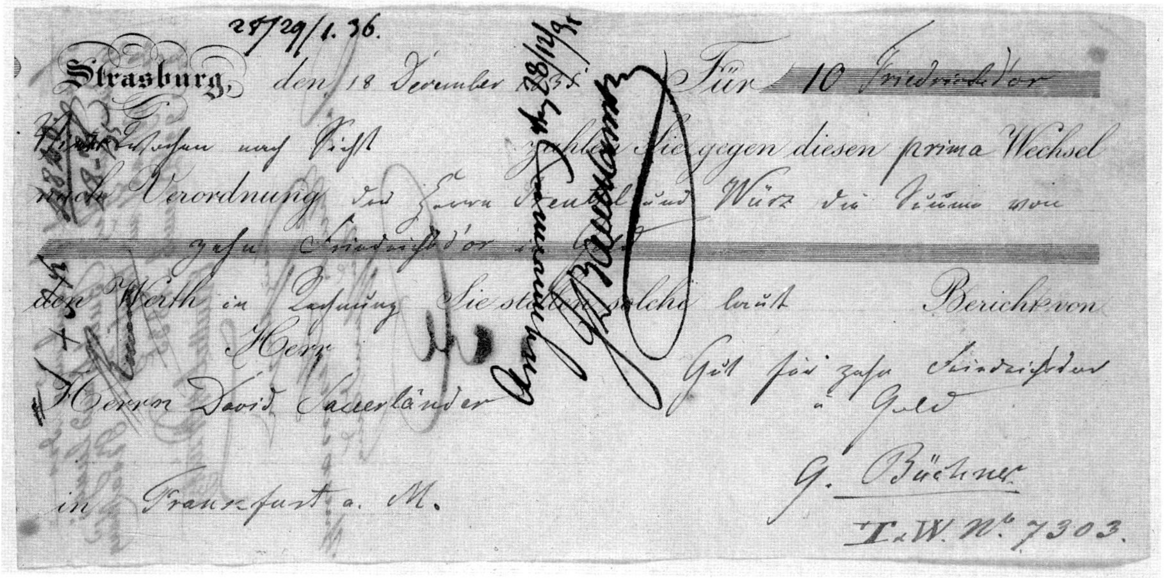
25/29/1. 36.

Strasburg, den 18 December 1835. Für 10 Friedrichsdor

Vierzehn Tage nach Sicht zahlen Sie gegen diesen prima Wechsel an die Verordnung des Herrn Treuttel und Würz die Summe von zehn Friedrichsd'or in Gold

den Werth in Rechnung Sie stellen solche laut Bericht von

Herrn David Sauerländer

in Frankfurt a. M.

Gut für zehn Friedrichsdor in Gold

G. Büchner

T. W. No. 7303.

140. An Johann David Sauerländer in Frankfurt am Main
Straßburg, 18. Dezember 1835, Freitag
Weimar, Goethe- und Schiller-Archiv 10/35, Foto: Stiftung Weimarer Klassik

142. An Ludwig Büchner in Darmstadt
Straßburg, 1. Januar 1836, Freitag
Darmstadt, Hessische Landes- und Hochschulbibliothek, Br./Büchner, G.: 4

Prost Neujahr Bruderherz!

Ich höre, daß du ein braver Junge bist, die Eltern haben ihre Freude an dir. Weißt, das ist immer so: Es ist mir ein schönes Weihnachtsgeschenk, dies von Dir zu hören. Du zeichnest mit, sehen so fort, Louis Jaeglé hatte große Freude daran und am Büchsenlicht und da läßt er Dir durch mich ein Buch mit Zeichnungen schicken. Da hast du etwas um dich zu üben. Ist Lottchen Ollarius mit dir zufrieden und ist es mit dem Buch am Weihnachtsabend gut gegangen? Wenn du in die Klavierstunde gehst, so sage der Fräulein Lottchen einen schönen Gruß von mir, aber sage um des Himmelswillen Niemand ein Wort davon.

Nächstes Frühjahr gehe ich in die Schweiz. Wenn du brav bist und etwas größer, als jetzt, so mußt du Kost und Wagen nehmen und mich besuchen. Erst gehst du auf das Straßburger Münster und dann gehen wir an den Rheinfall nach Schaffhausen und ~~nach~~ an den Vierwaldstätter-See nach der Tellsplatte und der Tellskapelle. Adieu Kläubchen, ich denke du bist jetzt ein Mann und wenn du [illegible] machst, bringst du es noch weit bringen; ich hoffe, daß du für den großen Liebesworte jetzt zu groß bist.

Lebewohl Dein Bruder Georg.

144. An Karl Gutzkow in Mannheim
Straßburg, Mitte/Ende Januar 1836
Basel, Universitätsbibliothek, Autographensammlung Geigy-Hagenbach 2352

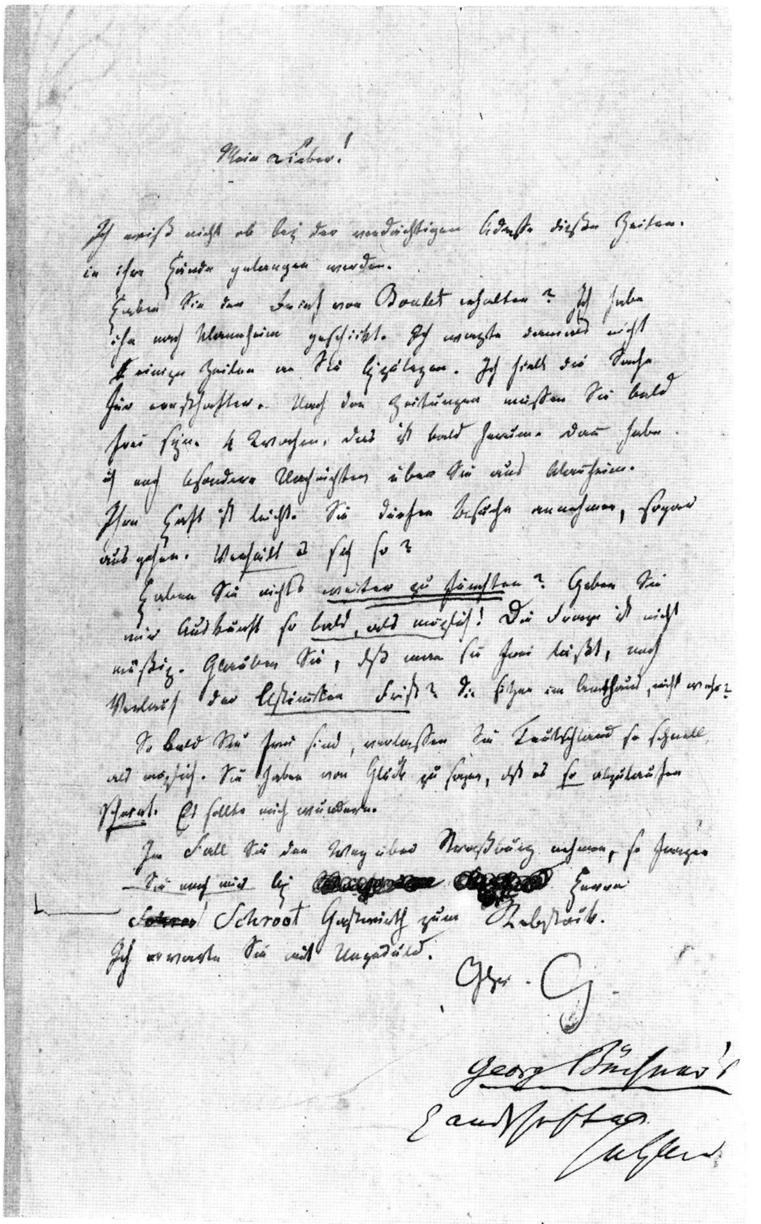

146. An Wilhelm Braubach in Zürich
Straßburg, 26. Januar 1836 (Poststempel)
Butzbach, Stadtarchiv (Weidig-Forschungsarchiv), Abbildungsrechte: Sparkassen-Kulturstiftung Hessen-Thüringen, Foto: Jonas Verlag, Marburg

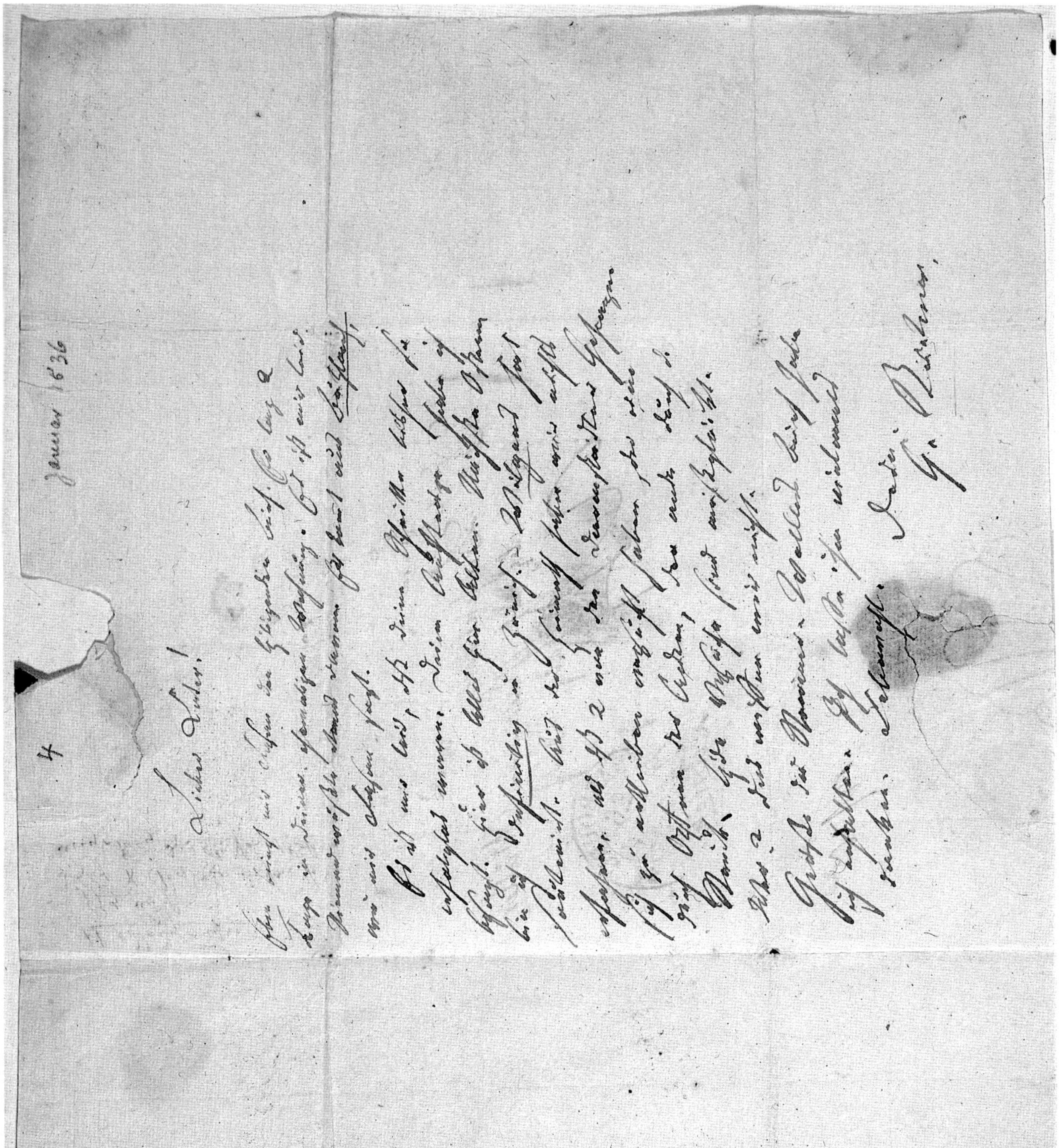
Januar 1836

155. An Eugène Boeckel in Wien
Straßburg, 1. Juni 1836, Mittwoch
Zürich, Zentralbibliothek, Ms. Z XII 384.1

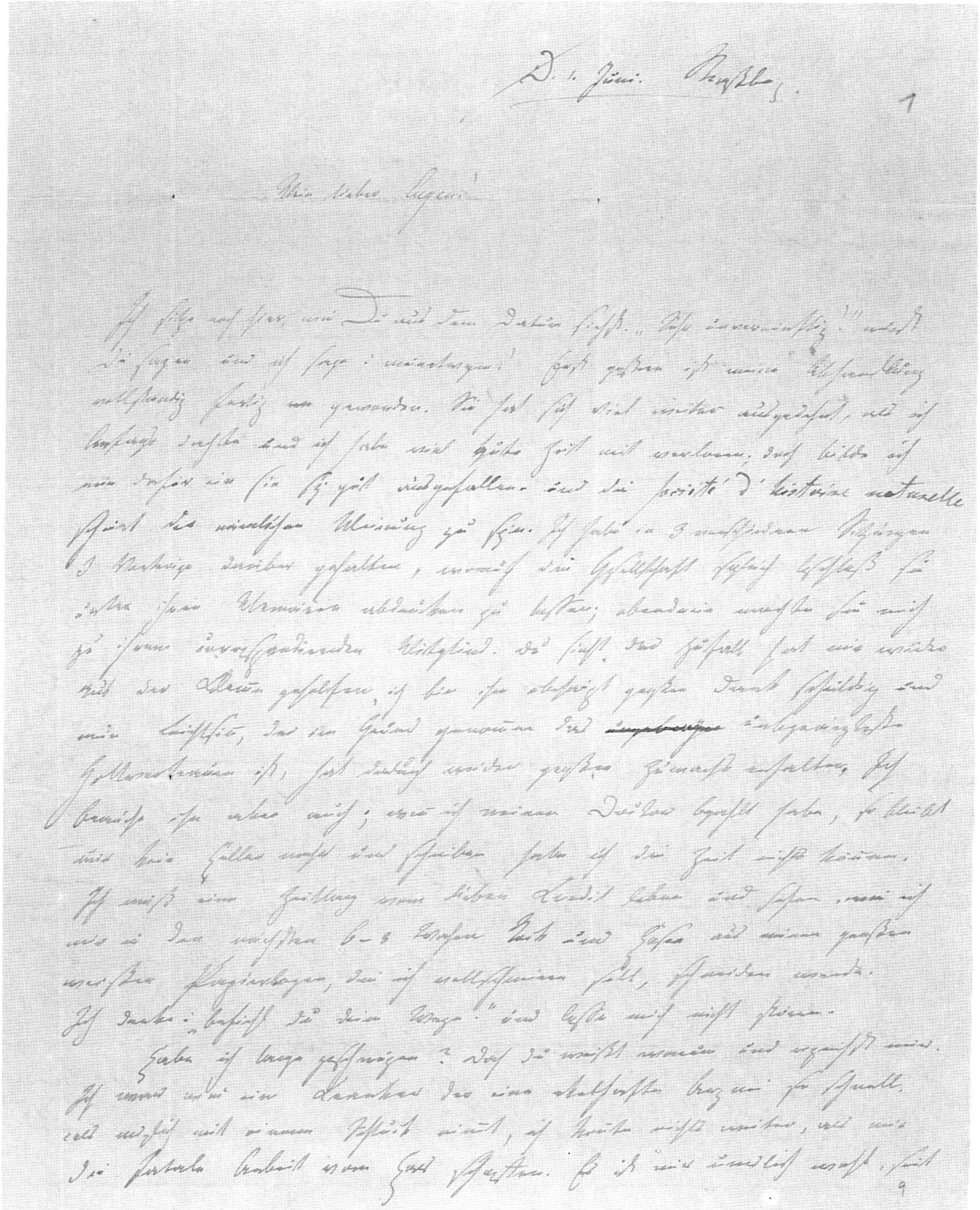

D. 1. Juni. Strßbg. 1

Mein lieber Eugen!

Ich sitze noch hier, wie Du aus dem Datum siehst. „Sehr unvernünftig!" wirst du sagen und ich sage: meinetwegen! Erst gestern ist meine Abhandlung vollständig fertig geworden. Sie hat sich viel weiter ausgedehnt, als ich anfangs dachte und ich habe viel gute Zeit mit verloren, doch bilde ich mir dafür ein sie sei gut ausgefallen und die société d'histoire naturelle scheint der nämlichen Meinung zu sein. Ich habe in 3 verschiedenen Sitzungen 3 Vorträge darüber gehalten, worauf die Gesellschaft sofort beschloß sie unter ihren Memoiren abdrucken zu lassen; obendrein machte sie mich zu ihrem correspondirenden Mitglied. Du siehst, der Zufall hat mir wieder aus der Klemme geholfen, ich bin ihm überhaupt großen Dank schuldig und mein Leichtsinn, der im Grund genommen das ~~ungeheuerste~~ unverwüstlichste Gottvertrauen ist, hat dadurch wieder großen Zuwachs erhalten. Ich brauche ihn aber auch; wenn ich meinen Doctor bezahlt habe, so bleibt mir kein Heller mehr und schreiben habe ich die Zeit nicht können. Ich muß eine Zeitlang vom lieben Credit leben und sehen, wie ich mir in den nächsten 6–8 Wochen Rock und Hosen aus einem großen weißen Papierbogen, den ich vollschmieren soll, schneiden werde.
Ich denke: „befiehl du deine Wege" und lasse mich nicht stören.

Habe ich lange geschwiegen? Doch du weißt warum und verzeihst mir. Ich war wie ein Renner der eine Wettfahrt begann so schnell, und rechts sich mit einem Schritt umsieht, ich konnte nichts weiter, als mir die fatale Arbeit vom Hals schaffen. Es ist mir ordentlich wohl, seit 9

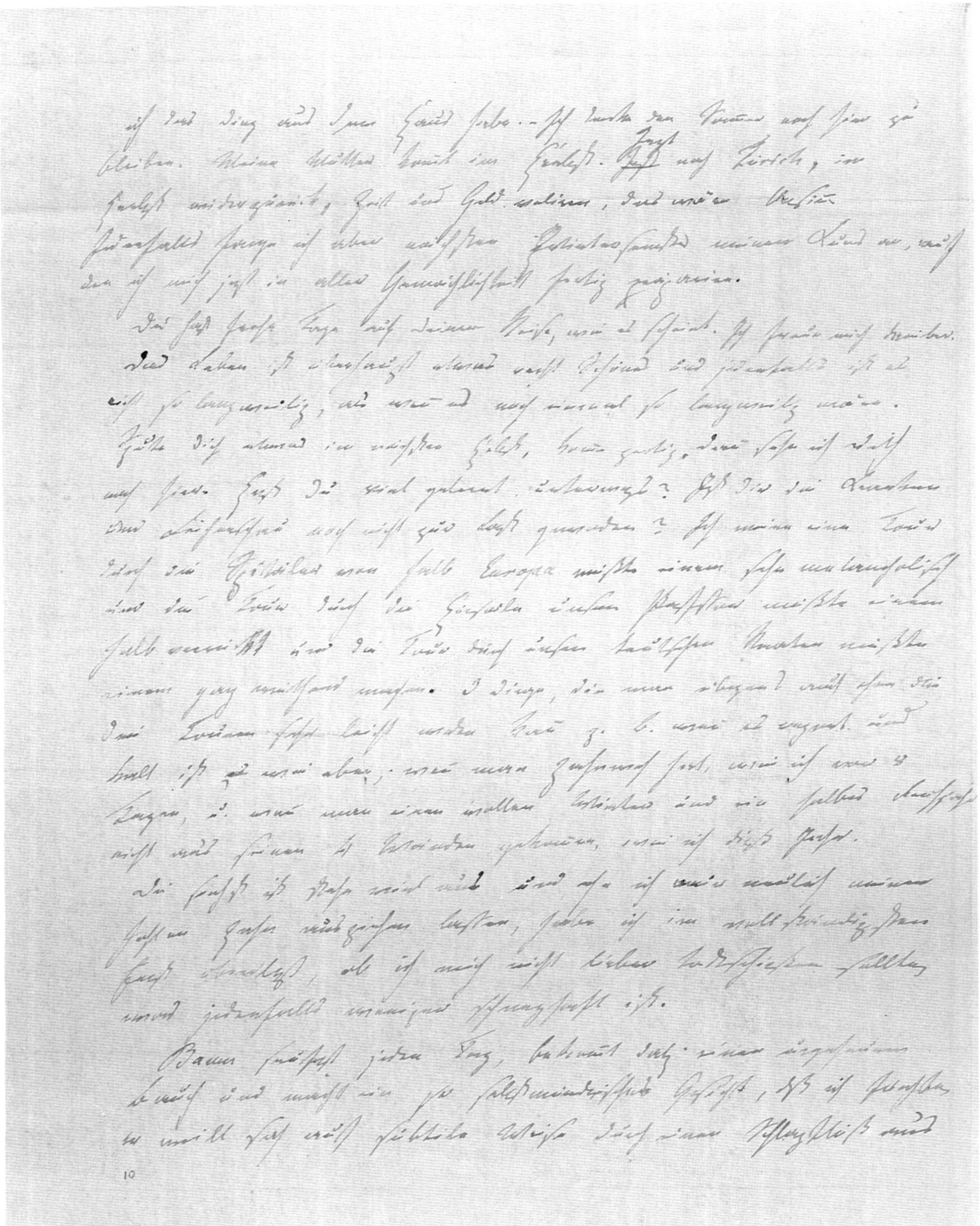

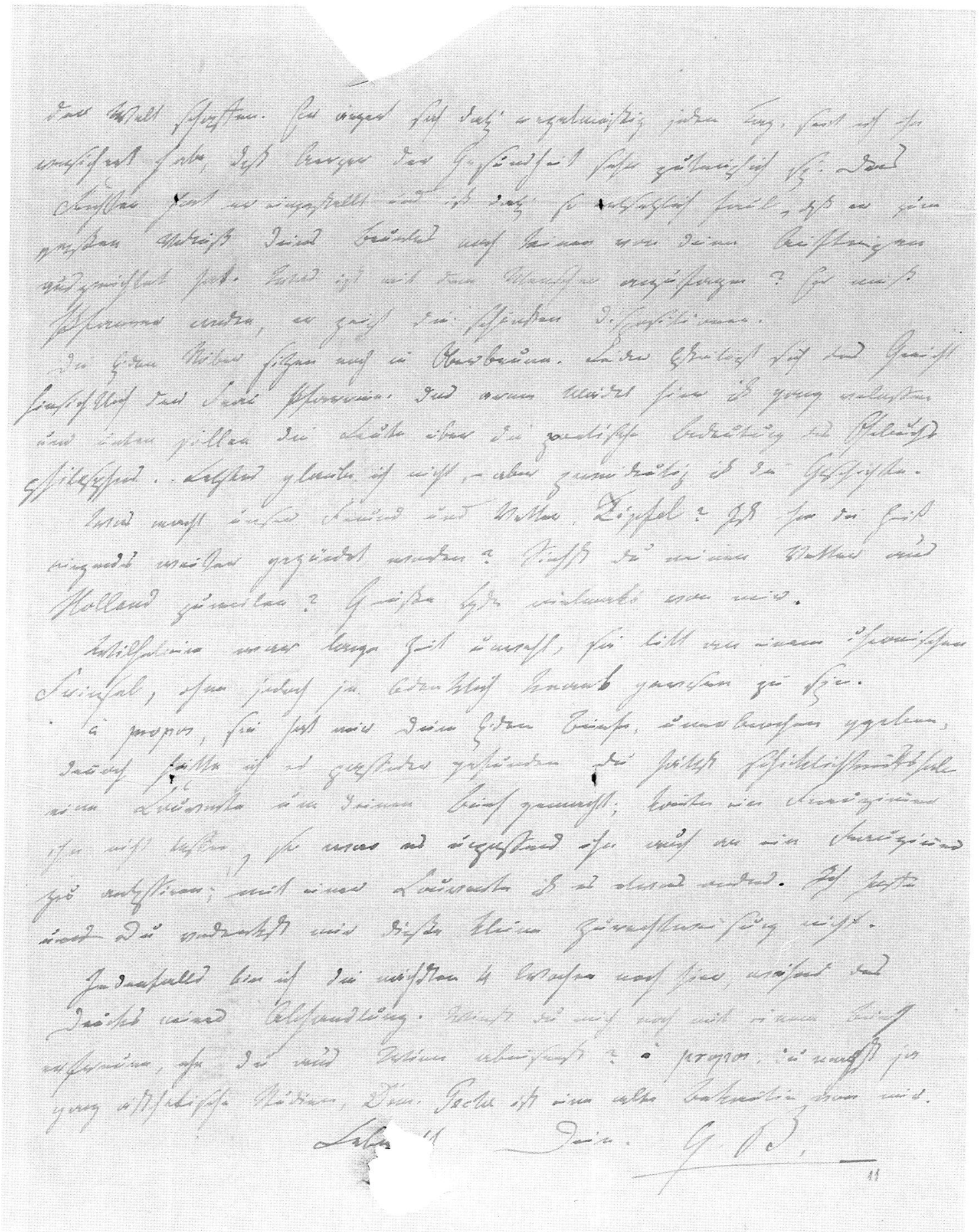

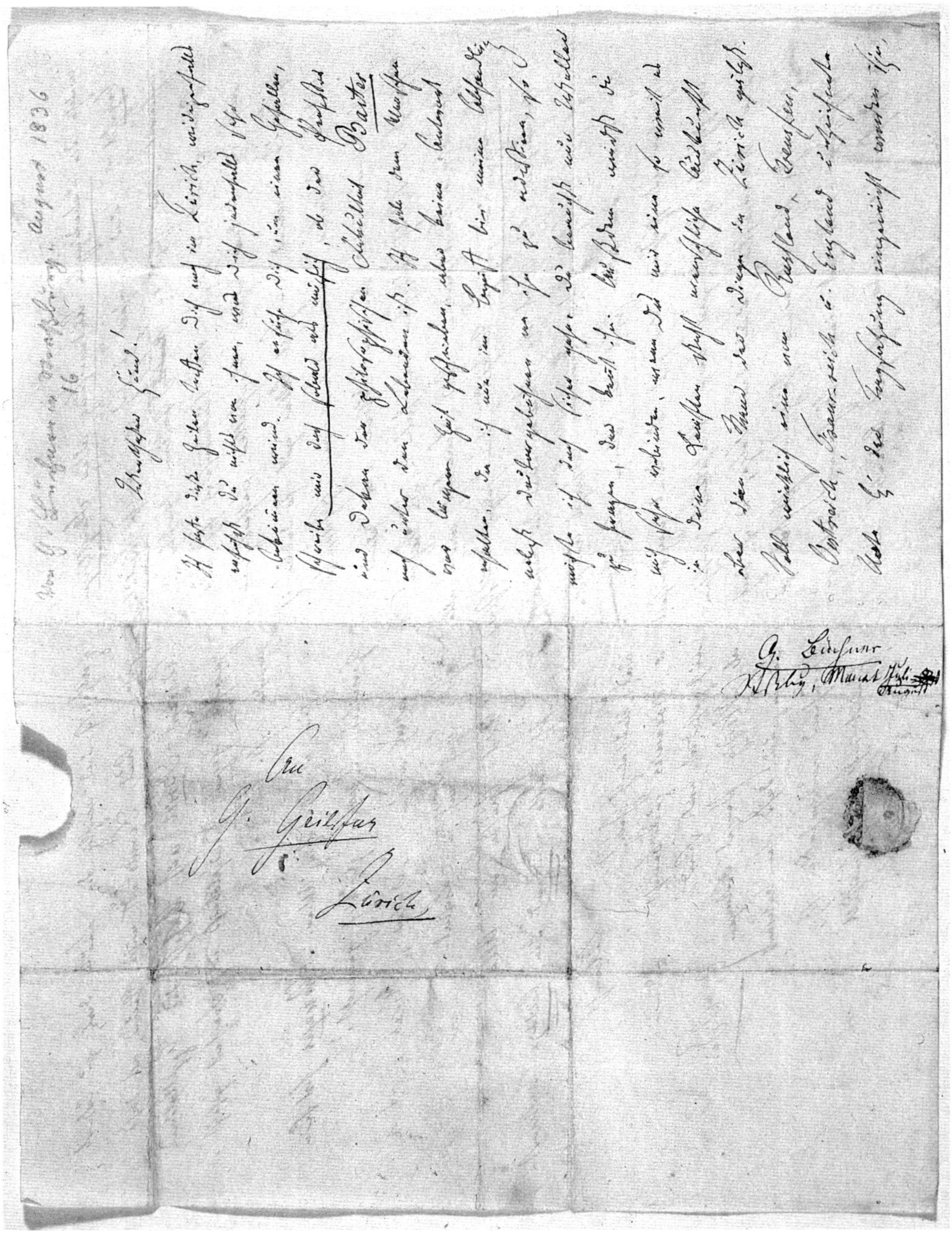

161. An Georg Geilfus in Zürich
Straßburg, um den 26. Juli 1836
Forschungsstelle Georg Büchner – Literatur und Geschichte des Vormärz – am Institut f. Neuere deutsche Literatur u. Medien der Philipps-Universität Marburg, Abbildungsrechte: Sparkassen-Kulturstiftung Hessen-Thüringen, Foto: Jonas Verlag, Marburg

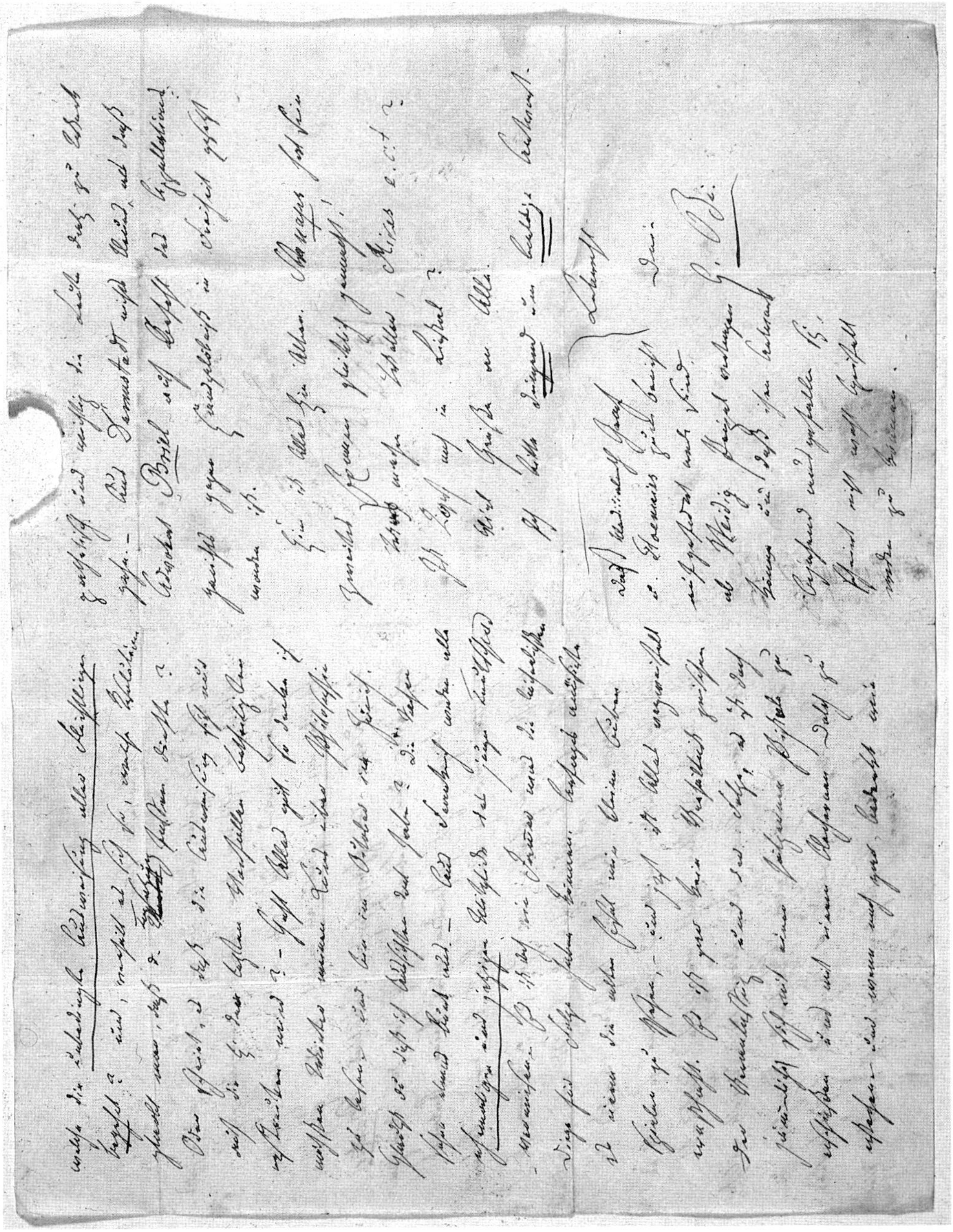

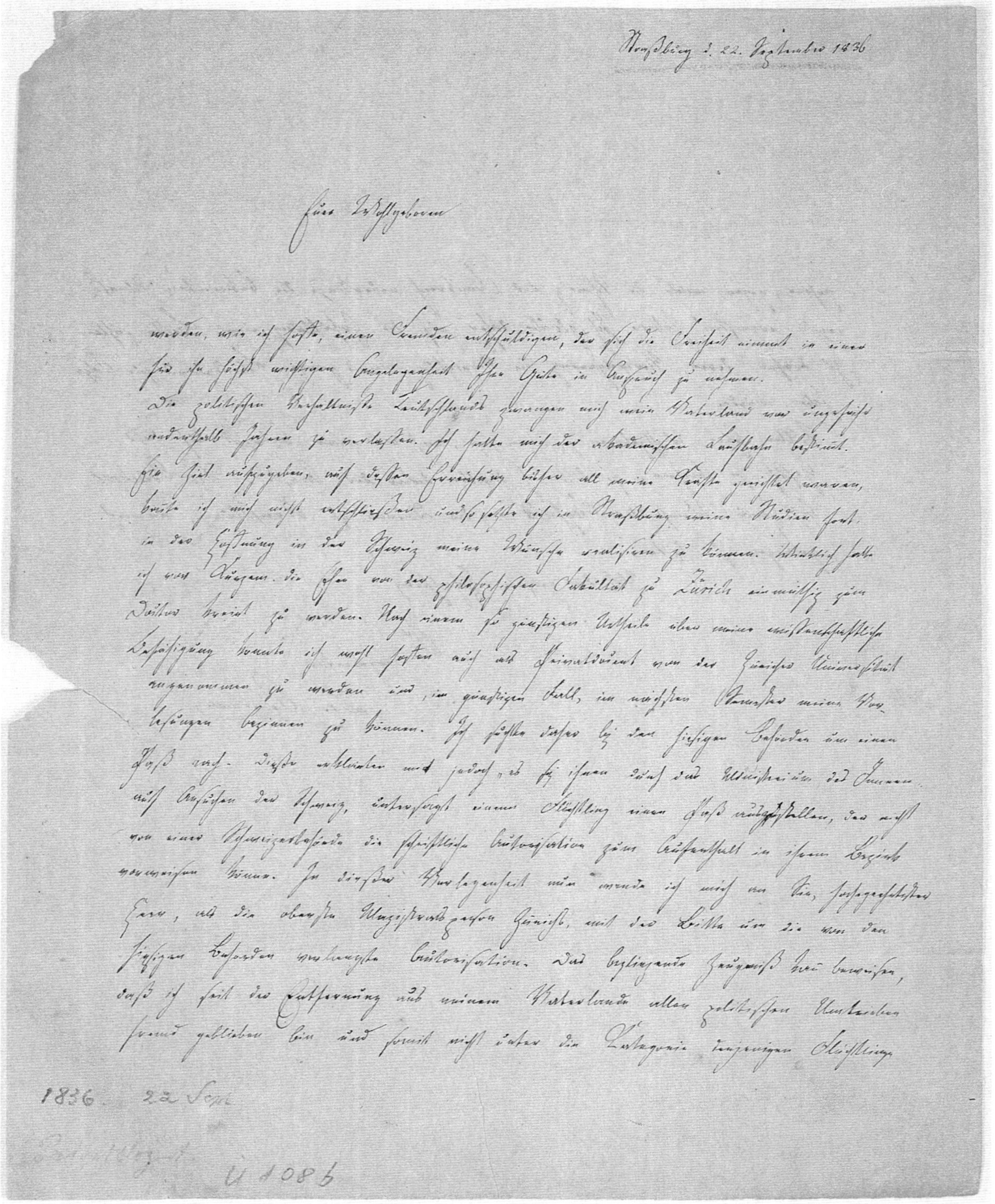

166. An Johann Jakob Hess in Zürich
Straßburg, 22. September 1836, Donnerstag
Zürich, Staatsarchiv des Kantons

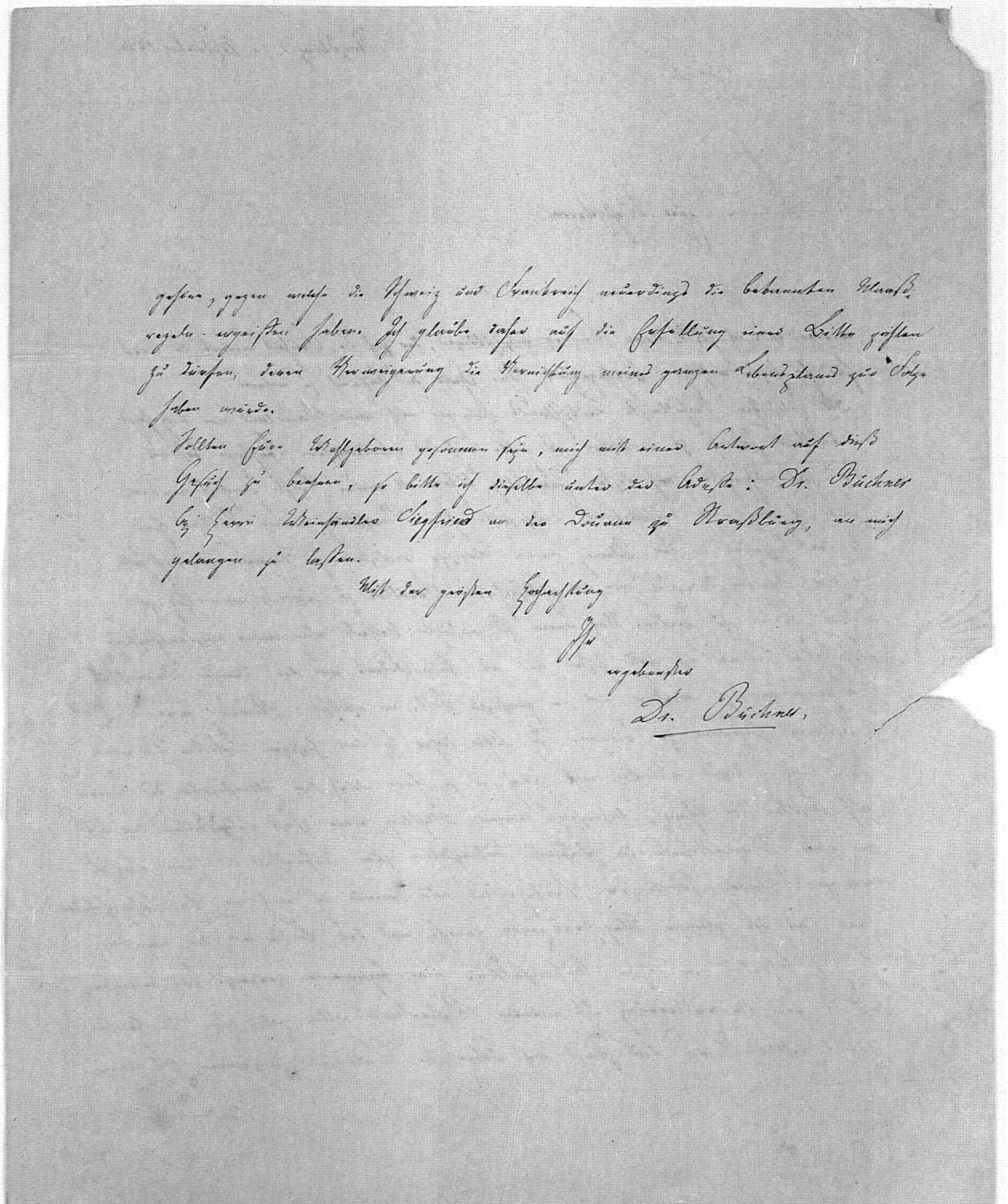

gehören, gegen welche die Schweiz und Frankreich neuerdings die bekannten Maaß-
regeln ergriffen haben. Ich glaube daher auf die Erfüllung einer Bitte hoffen
zu dürfen, deren Verweigerung die Vernichtung meines ganzen Lebensplanes zur Folge
haben würde.

Sollten Euer Wohlgeboren gesonnen seyn, mich mit einer Antwort auf dieses
Gesuch zu beehren, so bitte ich dieselbe unter der Adresse: Dr. Büchner
bey Herrn Weinhändler Siegfried an der Douane zu Straßburg, an mich
gelangen zu lassen.

Mit der größten Hochachtung

Ihr

ergebenster

Dr. Büchner.

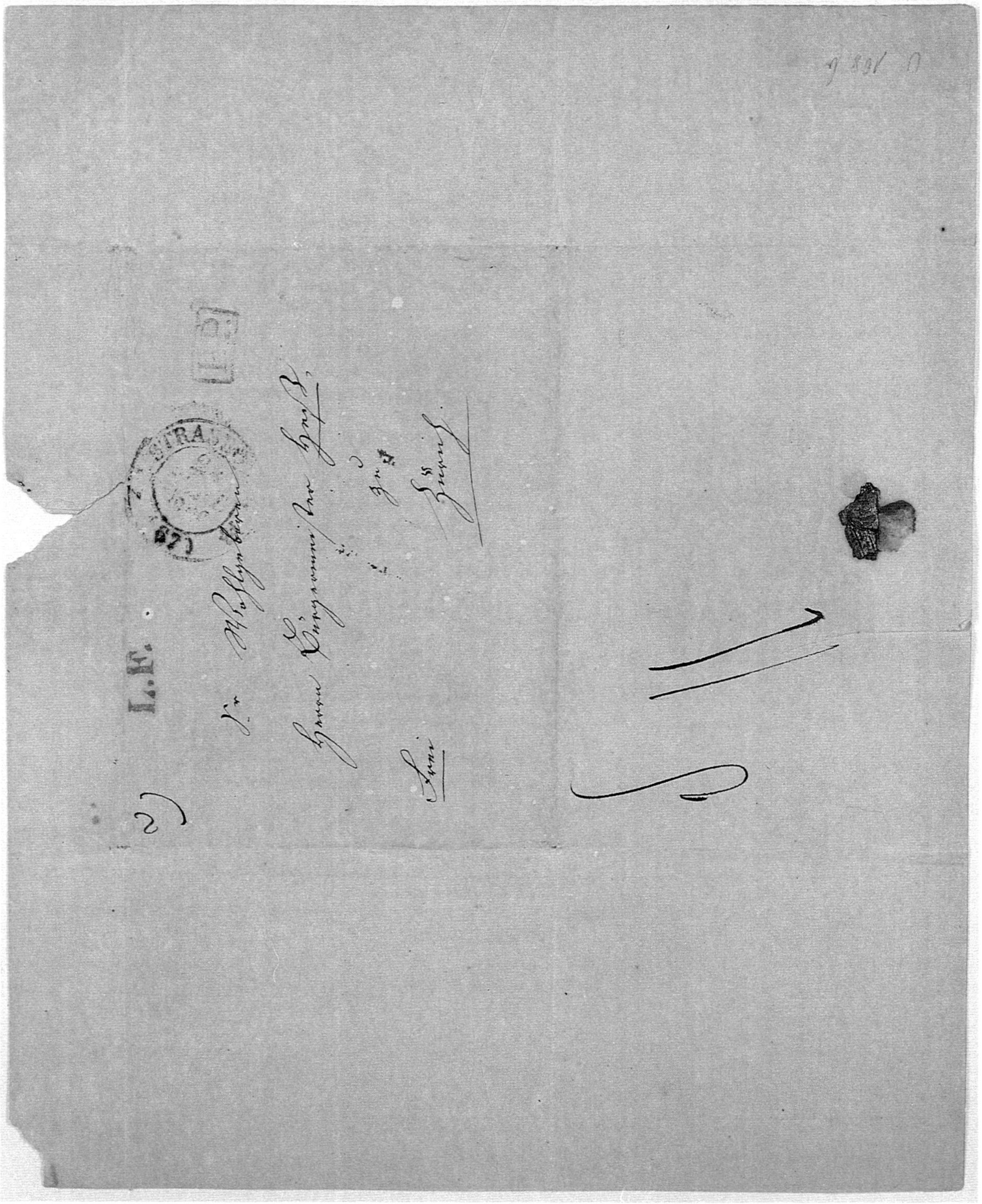

167. An das Präsidium des Erziehungsrats des Kantons Zürich
Straßburg, 26. September 1836, Montag
Zürich, Staatsarchiv des Kantons

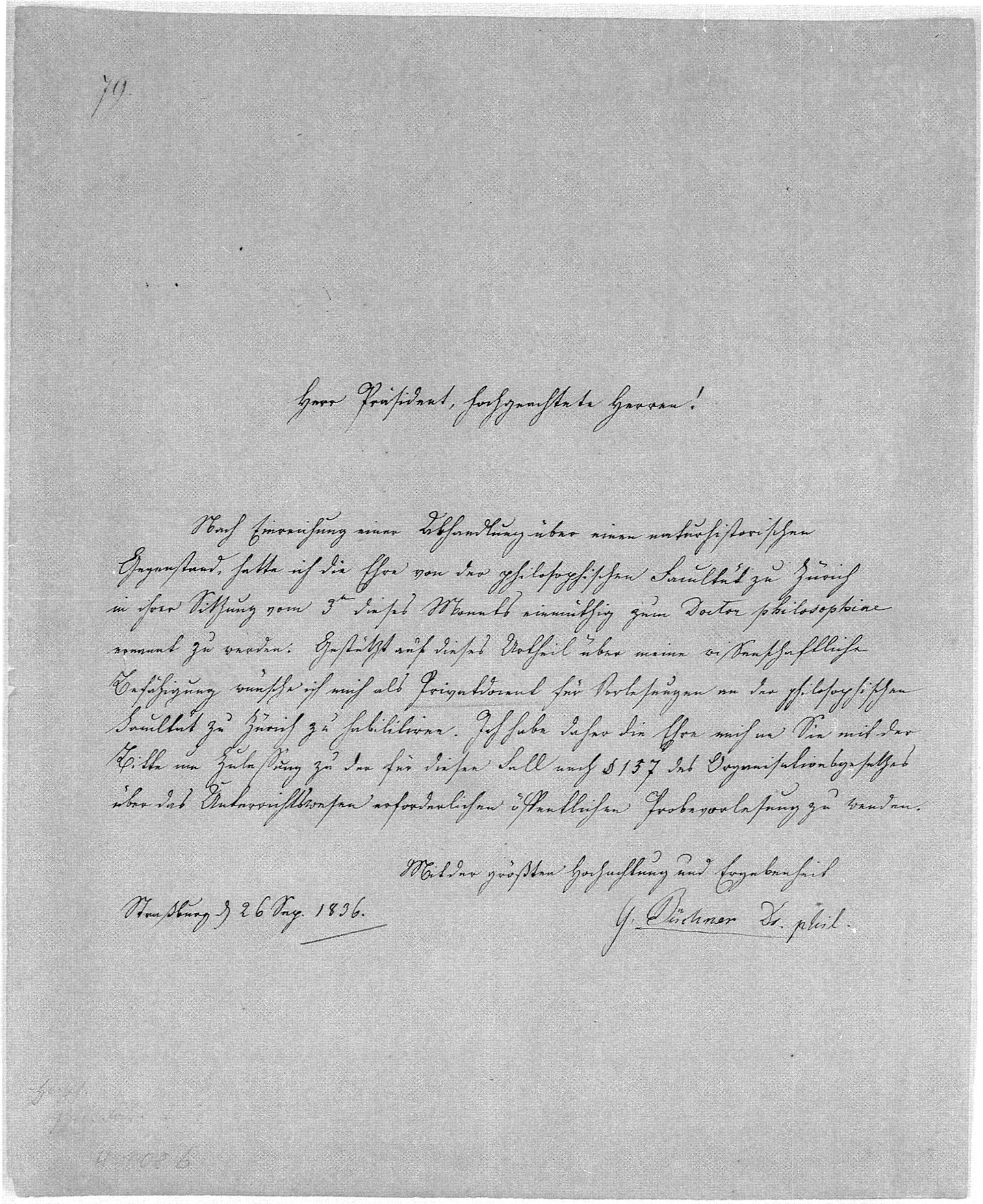

79

Herr Präsident, hochgeachtete Herren!

Nach Einreichung einer Abhandlung über einen naturhistorischen Gegenstand, hatte ich die Ehre von der philosophischen Facultät zu Zürich in ihrer Sitzung vom 3ten dieses Monats einmüthig zum Doctor philosophiae ernannt zu werden. Gestützt auf dieses Urtheil über meine wissenschaftliche Befähigung wünsche ich mich als Privatdocent für Vorlesungen an der philosophischen Facultät zu Zürich zu habilitiren. Ich habe daher die Ehre mich an Sie mit der Bitte um Zulassung zu der für diesen Fall nach §157 des Organisationsgesetzes über das Unterrichtswesen erforderlichen öffentlichen Probevorlesung zu wenden.

Mit der größten Hochachtung und Ergebenheit

Straßburg d. 26 Sep. 1836.

G. Büchner Dr. phil.

REGISTER

1 Absender und Empfänger

*Das Zeichen * markiert die erschlossenen Briefe, empfangene Briefe sind kursiv gesetzt.*

2 Personen und Figuren

3 Orte und topographische Namen

4 *Werke und Zeitschriften*

[*Straßenräuberlied*] *79*

Tasso, Torquato: *La Gierusalemme liberata* *63*

Le Temps. Journal des Progrès, Paris *84*

Thiers, Adolphe: *Histoire de la Revolution française.* Paris 1823–1827 *27, 104*

Weber, Moritz Ignatz: *Anatomischer Atlas des Menschlichen Körpers in natürlicher Größe, Lage und Verbindung der Theile in 84 Tafeln und erklärendem Texte.* Düsseldorf [1833–1835] *124*

Wienbarg, Ludolf: *Menzel und die junge Literatur. Programm zur deutschen Revue.* Mannheim 1835 *82*

Wigand, Justus Heinrich: *Die Geburt des Menschen, in physiologisch-diätetischer und pathologisch-therapeutischer Beziehung größtentheils nach eigenen Beobachtungen und Versuchen mitgetheilt.* Hrsg. von Franz Karl Nägele. 2 Bde. Berlin 1820 *114*

VERZEICHNIS DES BRIEFWECHSELS

*Das Zeichen * markiert die erschlossenen Briefe.*
Die mit F bezeichneten Briefe werden zusätzlich als Faksimile wiedergegeben.